正名之路

英国宪法学方法论的三重学术根脉

王宏英 ◎著

JOURNEY OF
FINDING ITSELF

The Triple Academic Roots of British
Constitutional Methodology

北京大学出版社
PEKING UNIVERSITY PRESS

图书在版编目(CIP)数据

正名之路：英国宪法学方法论的三重学术根脉 / 王宏英著. -- 北京：北京大学出版社，2025.1. -- ISBN 978-7-301-35862-7

I．D956.11

中国国家版本馆 CIP 数据核字第 20241J34J2 号

书　　　名	正名之路：英国宪法学方法论的三重学术根脉 ZHENGMING ZHILU：YINGGUO XIANFAXUE FANGFALUN DE SANCHONG XUESHU GENMAI
著作责任者	王宏英　著
责 任 编 辑	姚沁钰
标 准 书 号	ISBN 978-7-301-35862-7
出 版 发 行	北京大学出版社
地　　　址	北京市海淀区成府路 205 号　100871
网　　　址	http://www.pup.cn　新浪微博:@北京大学出版社
电 子 邮 箱	zpup@pup.cn
电　　　话	邮购部 010-62752015　发行部 010-62750672 编辑部 021-62071998
印 刷 者	河北博文科技印务有限公司
经 销 者	新华书店 965 毫米×1300 毫米　16 开本　17.5 印张　252 千字 2025 年 1 月第 1 版　2025 年 1 月第 1 次印刷
定　　　价	78.00 元

未经许可，不得以任何方式复制或抄袭本书之部分或全部内容。
版权所有，侵权必究
举报电话：010-62752024　电子邮箱：fd@pup.cn
图书如有印装质量问题，请与出版部联系，电话：010-62756370

目 录

引 论 / 001

第一章 英国宪法学方法论的科学哲学根脉（约前7—前4世纪）

第一节 科学的内在本质、外在表征和方法论意涵 / 017

第二节 游弋于概念与体系间的科学方法论谱系 / 024

第三节 以科学哲学分析人文社会科学之"科学性" / 040

第二章 英国宪法学方法论的古典罗马法学根脉（约前2—3世纪）

第一节 罗马法学兴起的时代背景 / 047

第二节 作为前提的两个基础性法学知识工具 / 052

第三节 罗马法的渊源 / 056

第四节 建构在法律渊源基础之上的古典罗马法学 / 065

第三章 英国宪法学方法论的中世纪普通法学根脉（6—15世纪）

第一节 重返中世纪的必要性 / 081

第二节 中世纪英国法的时代背景 / 087

第三节 中世纪英国法的渊源 / 094

第四节 中世纪普通法学体系的生成 / 122

第四章 英国宪法学方法论的近现代英国法学根脉（16—20世纪）	第一节 近代以来英国法学的时代背景　/ 147
	第二节 近代以来英国法渊源的变革与沿袭　/ 152
	第三节 近代以来英国法学"多米诺骨牌"的重整　/ 172

第五章 以一般法学为根柢的英国宪法学方法论的生成（19世纪以来）	第一节 英国有没有宪法？　/ 215
	第二节 识别英国宪法的渊源　/ 221
	第三节 宪法概念：法律性宪法或政治性宪法　/ 231
	第四节 由阐释宪法概念形成的英国宪法学及其方法论　/ 240

代结语
英国宪法学方法论学术根脉之启示　/ 253

参考文献　/ 261

附　录　/ 271

后　记　/ 274

引　论

方法（methods）就叫作"跟踪之路"。总是像人们走过的路一样让人跟随着走，这就是方法，它标志出科学的进程。如果说可验证性——不管何种方式的验证——才构成真理的特性，那么衡量知识的尺度就不再是它的真理，而只是它的确定性。

——〔德〕汉斯-格奥尔格·伽达默尔

一、问题的提出

16世纪以来,西方在人类思想上统治全球已达五百年之久,西学东渐让我国诸多学科的基本概念、研究框架、研究范式深受影响。在看到这一事实的同时,我们仍然需要对这些外来影响因素进行客观的分析与甄别。当前,中国社会科学力求建构属于自己的"学科体系、学术体系、话语体系"的风气已然成为自觉。中国社会科学三大体系如何建构?是与西方社会科学完全隔绝,另起炉灶,还是继续秉持"中国问题,世界眼光"[①]的研究立场?一般而言,所有国际社会中的大国,在坚守自我学术体系品格的同时,从不忽视对域外国家的科学及其方法论的鉴别与审视。

科学意义上的"中体西用"之"用"主要是指西方科学研究方法论,因为方法论是联结话语体系、学术体系以及学科体系的中轴,只要将一门学科的方法论地图考证完整,该学科三大体系的形成脉络自然会被剥离出来。是故,本书研究英国宪法学方法论就是为了厘清其宪法学三大体系间的内在逻辑关联,从而为中国宪法学体系化发展谋求智力资源。综观我国宪法学界域外宪法学方法论研究成果,整体上存在十分明显地对美、法、德、日、韩等成文宪法国家宪法学的偏好,对不成文宪法国家宪法学的研究则较为粗浅。当然,出现这一局面也有不可忽视的客观理由,一是因为我国的宪法是成文宪法,因此对不成文宪法研究的急迫性不是那么强烈;二是因为不成文宪法研究的难度更高。

英国宪法是典型的不成文宪法,但也是公认的世界上最早的宪法。由于英国宪法的不成文性自带某种"神秘感",因此长期以来引发了众多学术争议,尤其是在近代美国革命和法国革命之后,当成文宪法愈来

---

① 陈瑞华:《论法学研究方法:法学研究的第三条道路》,北京大学出版社2009年版,第86页。

愈遍地出现时,无数人开始如法国思想家托克维尔那样认为,"英国宪法实际上并不存在"①。"英国无宪法"论调本质上是在强调英国缺乏一部成文宪法典,但是不具备单一成文宪法典并不能推导出英国不存在宪法的简单结论,关键问题是,"宪法"究竟是指什么?此时,体系性的宪法学阐释功能显得无比重要。在世界性的成文宪法洪流的重重包围之下,数代英国宪法学者始终在努力证明,英国是有宪法的,只不过它既不是美国式的,也不是欧陆式的,而是英国式的。19世纪以降,英国面临多重挑战,包括国内民主主义的方兴未艾,帝国联盟的日渐瓦解,议会与司法的自我"革命",加入欧洲政治共同体后又脱离欧洲联盟等。英国宪法究竟是如何适应这些巨大社会变革而又保存了英国的?英国宪法学界是如何为英国宪法找到世界存在感的?又是如何解决域内宪法与政治间张力的?这些问题都需要进一步解答。

19世纪,英国宪法学在为英国宪法的独特性寻找话语出口的同时完成了其体系化构造,英国宪法学的体系化过程也成为其宪法学方法论的自觉形成过程。众所周知,19世纪以来的英国宪法学方法论由两个支系构成,一支是以戴雪为代表的规范主义;另一支是以白芝浩为代表的功能主义。问题在于,英国宪法学方法论的这种二元格局是如何形成的?揭示这一问题就是在探索英国宪法学方法论的学术根脉及其逻辑进路。因此,本书要处理的分支问题包括:什么是方法论?在发生学意义上,方法论与体系化科学之间是什么关系?宪法学方法论与一般法学的方法论有没有逻辑上的关联和差异?英国宪法学以及作为其根柢的一般法学是否从罗马古典法学汲取了养分?这些深层次难题织密了英国宪法学方法论的面纱。

二、研究现状述评

(一)国外研究现状述评

大略观之,英国宪法学者产出的有关英国宪法学方法论的成果主

---

① 〔英〕A.V.戴雪:《英国宪法研究导论》,何永红译,商务印书馆2020年版,第104页。

要有两类,第一类是单一的宪法学方法论选择性叙事,即要么是规范主义方法论,要么是功能主义方法论;第二类是综合性的宪法学方法论叙事。

1. 单一的宪法学方法论选择性叙事

系统性的英国宪法学形成于 19 世纪。1867 年,白芝浩发表《英国宪法》一书,此作是最早的系统研究英国宪法的论著,但其方法论明显是一种政治事实的考察。1885 年,戴雪的《英国宪法研究导论》出版,他一方面将白芝浩的宪法观视为"政治理论家的宪法观"①,另一方面明确提出"作为法律研究对象的宪法,仅仅指宪法性法律"②。如此,因为方法论的不同,英国宪法学的两大流派初步形成,后续的英国宪法学大体上沿袭了这两种方法论路径。

(1) 规范主义方法论

戴雪探索的规范主义传统在英国宪法学界至今仍占据着主流地位,因循这一路线的颇具影响力的著作包括惠尔的《现代宪法》,③布拉德利和尤因的《宪法与行政法》,④波格丹诺的《新英国宪法》等,⑤这些宪法学论著的作者统一显现出对规范主义宪法学方法论的尊崇。

(2) 功能主义方法论

白芝浩尝试的功能主义传统虽然遭到规范主义的批判,但是这一方法论传统并未因此后继乏力。其代表性成果包括詹宁斯的《法与宪法》,⑥马歇尔的《宪法理论》,⑦艾伦的《法律、自由与正义——英国宪政的法律基础》,⑧贝拉米的《政治宪政主义:民主合宪性的一种共和主义

---

① 〔英〕A. V. 戴雪:《英国宪法研究导论》,何永红译,商务印书馆 2020 年版,第 102 页。
② 同上书,第 110 页。
③ 〔英〕K. C. 惠尔:《现代宪法》,翟小波译,法律出版社 2006 年版。
④ 〔英〕A. W. 布拉德利、K. D. 尤因:《宪法与行政法(第十四版·上册)》,程洁译,商务印书馆 2008 年版。
⑤ 〔英〕韦农·波格丹诺:《新英国宪法》,李松锋译,法律出版社 2013 年版。
⑥ 〔英〕詹宁斯:《法与宪法》,龚祥瑞等译,生活·读书·新知三联书店 1997 年版。
⑦ 〔英〕杰弗里·马歇尔:《宪法理论》,刘刚译,法律出版社 2006 年版。
⑧ 〔英〕T. R. S. 艾伦:《法律、自由与正义——英国宪政的法律基础》,成协中、江菁译,法律出版社 2006 年版。

辩护》,①汤姆金斯的《我们的共和宪法》。②这些宪法学作品显现出学界对功能主义方法论的尊崇。

2. 综合性的英国宪法学方法论叙事

伦敦政治经济学院的马丁·洛克林于 20 世纪 90 年代初出版了《公法与政治理论》,该著作呈现出明显的对于英国宪法学方法论的综合性叙事特点。洛克林将主宰英国公法两极化的意识称为以戴雪为代表的"规范主义"和以白芝浩为代表的"功能主义",且将二者基本观点的分野总结为:"规范主义"彰显一种法律自治的理想,"功能主义"将法律视为政府机器的一个组成部分;"规范主义"相信权利先于国家,而"功能主义"则认为权利来源于国家。此外,他又将二者的地位总结为"规范主义"构成英国公法的主流传统,"功能主义"只是作为一种异议传统而存在,其方法和价值始终未能对保守规范主义的统治地位构成真正的挑战。③ 最后,他还分析了两种方法论的缺陷,认为"所有主要的当代公法思想风格都无法给所经历的现代法律现象提供一种恰当的解释。规范主义风格的概念主义特征扭曲了考察法律的社会意义的努力,而功能主义风格的工具主义或行为主义取向又使它无法恰如其分地帮助人们理解法律的规范特质"④。因此,他主张公法研究应当打破嫌隙,走中间路线。2010 年,洛克林《公法的基础》一书出版。该书沿袭了其力图弥合规范主义与功能主义,且更为强调功能主义的立场。因为《公法的基础》的主旨是"对那些塑造了法律与政府关系的观念和行动进行一种历史考察,希望能够呈现公法作为政治法的现代重要性所在"⑤。

综上所述,19 世纪中期到 20 世纪末的英国宪法学方法论的基本分野及其各自谱系大体是清晰的,但也存在一些缺陷。单一宪法学方法

---

① 〔英〕理查德·贝拉米:《政治宪政主义:民主合宪性的一种共和主义辩护》,田飞龙译,法律出版社 2014 年版。
② 〔英〕亚当·汤姆金斯:《我们的共和宪法》,翟小波、翟涛译,法律出版社 2016 年版。
③ 〔英〕马丁·洛克林:《公法与政治理论》,郑戈译,商务印书馆 2002 年版,第 85、86、255 页。
④ 同上书,第 345 页。
⑤ 〔英〕马丁·洛克林:《公法的基础》,张晓燕译,复旦大学出版社 2022 年版,第 15 页。

论的选择性叙事仅呈现某一方法论的思考方式,难以看到宪法学方法论的全貌;虽然洛克林在综合意义上反思了英国宪法学方法论的两支谱系,但是其基本宗旨是反思英国公法学的弊病,重申政治理论的价值,提出"公法中的规范主义的基础可以在保守主义和自由主义的政治意识形态中找到……功能主义风格的支持者们信奉一种集体主义的社会本位论"①。总体上,洛克林在《公法与政治理论》一书中侧重从方法论视角寻找英国宪法学的政治理论基础而非法律理论基础;而在《公法的基础》一书中,他从"'law'到底是指实证法,还是正义秩序"②这一法概念问题入手,旗帜鲜明地提出"在 1689 年革命之后的那段英国宪法被塑造的重要时期,基本法的概念被彻底摒弃了,代之以另外一种主张:英国只有一种真正的法律概念,即由议会的法案所确立的一般法,这是全体公民和权力机构唯一需要服从的法律"③。易言之,洛克林既关注了英国宪法学方法论问题,又探讨了英国宪法概念问题。但是,英国宪法学方法论法律意义上的来路依然是模糊的。因此,英国宪法学的整体知识谱系及其学科内在逻辑体系仍然存在较大的研究空间。

(二) 国内研究现状述评

二十余年来,我国宪法学界出现了方法论意识的觉醒及方法论论争的学术现象,这对于宪法学学科的良性发展无疑意义重大。2001 年,林来梵教授出版专著《从宪法规范到规范宪法:规范宪法学的一种前言》。④ 此作可谓中国规范宪法学的标杆性成果。此后,规范宪法学方法论的研究成果大量涌现,如张翔的《基本权利的规范建构》,⑤ 白斌的《宪法教义学》,⑥ 李忠夏的《宪法变迁与宪法教义学:迈向功能分化社会的宪法观》⑦等。与此同时,中国宪法学界出现了另一种与规范宪法学

---

① 〔英〕马丁·洛克林:《公法与政治理论》,郑戈译,商务印书馆 2002 年版,第 89、146 页。
② 〔英〕马丁·洛克林:《公法的基础》,张晓燕译,复旦大学出版社 2022 年版,第 12 页。
③ 同上书,第 5 页。
④ 林来梵:《从宪法规范到规范宪法:规范宪法学的一种前言》,法律出版社 2001 年版。
⑤ 张翔:《基本权利的规范建构》,法律出版社 2008 年版。
⑥ 白斌:《宪法教义学》,北京大学出版社 2014 年版。
⑦ 李忠夏:《宪法变迁与宪法教义学:迈向功能分化社会的宪法观》,法律出版社 2018 年版。

针锋相对的宪法学方法论,即政治宪法学。其代表性成果有陈端洪的《制宪权与根本法》,①高全喜的《政治宪法学纲要》,②田飞龙的《中国宪制转型的政治宪法原理》③等。其中,有关英国宪法学及其方法论的研究成果主要呈现出三大特点:

1. 总体数量偏少

相比域外成文宪法国家的宪法学研究成果,我国宪法学界对英国不成文宪法的研究明显不足。通过"中国知网"数据库检索发现的有关英国宪法的专门论文主要有:1995 年,龚祥瑞曾对白芝浩、戴雪、詹宁斯三位学者的宪法学著作进行过个别解读。④ 2006 年,夏彦才发表《白芝浩和他的〈英国宪法〉——白芝浩〈英国宪法〉译后》。⑤ 2009 年,谢红星发表《论英国宪法的进化及其启示——一种宪法发展形态的研究》。⑥ 同年,强世功发表《"不成文宪法":英国宪法学传统的启示》。⑦ 2014 年,何永红发表《政治宪法论的英国渊源及其误读》。⑧ 2019 年,于明发表《"不可追忆时代"的用途与滥用——英国"古代宪法"理论的再检讨》。⑨ 但从总体看,这方面的成果仍屈指可数。

2. 译著多于原创性成果

2012 年 5 月 7 日,北京航空航天大学法学院曾专门组织过一次主题为"英国宪法方法论"的沙龙,其中提及"中国政治宪法学者,并不是主要从英国宪法学那里获得启发的,而主要是受到施密特和阿克曼的

---

① 陈端洪:《制宪权与根本法》,中国法制出版社 2010 年版。
② 高全喜:《政治宪法学纲要》,中央编译出版社 2014 年版。
③ 田飞龙:《中国宪制转型的政治宪法原理》,中央编译出版社 2015 年版。
④ 龚祥瑞:《宪法与法律——读戴雪〈英宪之法的研究导论〉》,载《比较法研究》1995 年第 3 期;龚祥瑞:《法与宪法——读詹宁斯〈法与宪法〉》,载《比较法研究》1995 年第 4 期;龚祥瑞:《法与政治——读白芝浩〈英国宪法〉》,载《比较法研究》1995 年第 2 期。
⑤ 夏彦才:《白芝浩和他的〈英国宪法〉——白芝浩〈英国宪法〉译后》,载《武汉理工大学学报(社会科学版)》2006 年第 4 期。
⑥ 谢红星:《论英国宪法的进化及其启示——一种宪法发展形态的研究》,载《理论月刊》2009 年第 7 期。
⑦ 强世功:《"不成文宪法":英国宪法学传统的启示》,载《读书》2009 年第 11 期。
⑧ 何永红:《政治宪法论的英国渊源及其误读》,载《清华法学》2014 年第 3 期。
⑨ 于明:《"不可追忆时代"的用途与滥用——英国"古代宪法"理论的再检讨》,载《学术月刊》2019 年第 5 期。

影响……英国政治宪法资源并没有真正进来"①。十余年过去了,国内有关英国宪法学的译著有所增加,在原来白芝浩的《英国宪法》②、戴雪的《英宪精义》③和詹宁斯《法与宪法》④译著的基础之上,新出版了规范宪法学译著三本⑤、政治宪法学译著四本⑥、综合性的宪法学方法论译著两本⑦、英国宪法史译著两本⑧、英国宪法文献性译著两本⑨、戴雪思想源流的译著一本⑩。在这些译著之外,虽然也出现了一些有关英国宪法的原创性文献,但是以法史学界和法理学界学者的产出居多,宪法学界对于英国宪法学体系性的研究成果则较为匮乏。

3. 研究不深入且沦为规范宪法学和政治宪法学的论争工具

在我国规范宪法学和政治宪法学长期的激烈论争中,英国宪法一度成了双方的"矛"和"盾"。一些政治宪法学者曾主张英国宪法是典型的"政治宪法",但是也被其他学者回击为"误读";也有些规范宪法学者将英国宪法视为规范宪法之典范。英国宪法究竟是什么?这一问题的答案整体还不清晰,其深层次追问还包括:英国宪法学是如何言说其主体性内涵的?英国宪法学何时体系化的?具体采用了怎样的方法论路径?我国现有的英国宪法学文献对这些问题的研究几乎付之阙如。

---

① 在那次沙龙上,田飞龙提出了以上观点。王锴主编:《宪法学方法论(第一卷)》,中国政法大学出版社 2013 年版,第 239 页。
② 〔英〕沃尔特·白芝浩:《英国宪法》,夏彦才译,商务印书馆 2005 年版。
③ 这本书目前有两个版本,第一个版本由雷宾南翻译,书名为《英宪精义》,第二个版本译名为《英国宪法研究导论》,译者何永红。
④ 〔英〕詹宁斯:《法与宪法》,龚祥瑞等译,生活·读书·新知三联书店 1997 年版。
⑤ 先后出版的中文版译作有惠尔的《现代宪法》(2006)、布拉德利和尤因的《宪法与行政法》(2008)、波格丹诺的《新英国宪法》(2014)。
⑥ 先后出版的中文版译作有马歇尔的《宪法理论》(2006)、艾伦的《法律、自由与正义——英国宪政的法律基础》(2006)、贝拉米的《政治宪政主义:民主合宪性的一种共和主义辩护》(2014)、汤姆金斯的《我们的共和宪法》(2016)。
⑦ 出版的中文版译著有洛克林的《公法与政治理论》(2002)和《公法的基础》(2022)。
⑧ 出版的中文版译著有梅特兰的《英格兰宪政史》(2010)和波考克的《古代宪法与封建法》(2014)。
⑨ 出版的中文版译著有霍尔特的《大宪章》(2010)和诺顿主编的《英国宪法百年经纬》(2022)。
⑩ 出版的中文版译著有科斯格罗夫的《法治:维多利亚时代的法学家戴雪》(2021)。

三、研究框架

洛克林虽然总结了英国宪法学方法论,但是其研究存在两方面缺陷,一是仅仅作了政治阐释而缺少规范阐释;二是仅仅对19世纪以来的宪法学方法论作了归纳梳理。对英国宪法学及其方法论的二元格局是如何形成的问题则未予以全面的追究。这个问题显然不是一个单纯的制度史问题,而是一个学科史问题。因此,本书采取了一种倒推的方式,从四个维度穷究英国宪法学方法论的形成线索。

(一) 英国宪法学方法论生成的科学哲学根脉

方法论是一个科学哲学层面的问题,除非回溯至科学哲学,否则很难理解其本意。没有抽象的方法论,只有服务于科学体系化的方法论,体系化是科学的基本表征,德国法学家萨维尼曾积极倡导"法学的体系化研究",他解释说,"体系等于解释的各种对象的统一……(反之则是)尚未达到真正的体系化高度的研究成果,即拥有多样性的素材,但没有成功的整合"[①]。即科学体系化都是从概念阐释开始的,阐释概念的基本立场决定了一个学者所遵循的方法论。故而,本书第一章首先需要锁定方法论的"坐标系"及其基本意涵。

(二) 英国宪法学方法论生成的古典罗马法学根脉

古希腊科学哲学之体系化方法论被古罗马人吸收承袭后成了初步的法学体系框架。在这一学科初创过程中,古希腊人提供了"法的概念"智识工具,古罗马人贡献了"法的渊源"智识工具,而罗马法学家则从有效的法形式中再析出他们认为正确的法,此乃法学科学及其方法论的基本形成路径。完整意义上的罗马法学应该有两个分支,一支为古典罗马法学,鼎盛于2世纪;另一支为后古典罗马法学。以研究私法为主的古典罗马法学倾向于认为源于生活的习惯法是真正的法;后古典罗马法学基本受制于君主,倾向于认为制定法才是真正的法。古典罗马法学显现出实践技艺法学的面相;后古典罗马法学则呈现出文本

[①] 《萨维尼法学方法论讲义与格林笔记》,杨代雄译,法律出版社2014年版,第105—107页。

阐释主义面相。两者恰巧构成了后世普通法系和大陆法系的法学根基。普通法系汲取了古典罗马法学法律渊源多元的实践技艺特质,形成了判例法风格;大陆法系则承袭了后古典罗马法学法律渊源相对单一的成文法学特质,形成了成文法风格。英国作为普通法系的发源地和代表性国家,其法学乃至宪法学知识仍然可以从古典罗马法学中寻根,毕竟它属于古典罗马法学的后法学类型。

(三) 英国宪法学方法论生成的英国一般法学根脉

英国宪法学生成的第三重根脉当然是英国的一般法学,否则英国宪法学就是无源之水。既然古希腊已经为科学研究提供了思考方式,古罗马又初步探索了法学学科的展开框架,那么处于以上知识体系之中的英国法学自然不会出离于这个精神框架。英国法学自中世纪开始,就形成了其普通法学的独特气质,这一特质类似于实践技艺型的古典罗马法学。此后,近代出现的英国法学流派要么是普通法学的捍卫者,要么是普通法学的异见者。前者如略有变形的实证分析法学;后者如衡平法学。

(四) 建基于三重根脉之上的英国宪法学及其方法论

英国宪法学基本上是围绕"英国宪法是什么?"这一问题展开的方法论论争。政治宪法学之功能主义方法论是将那些实际存在的政治事实或影响权力格局的政治惯例当作宪法,认为宪法是政治斗争的产物;规范宪法学之规范主义方法论则仅将那些能够纳入宪法渊源的规则视为真正的宪法,不能进入宪法渊源范围但是又实际影响权力运行的规则被戴雪称为"宪法惯例",因为前者能够被法院实施而后者则不能,故而规范主义认为宪法是个人权利斗争的产物。归纳起来,以戴雪为代表的规范宪法学基本秉持英国的宪法是一种普通法宪法的立场;而以詹宁斯为代表的政治宪法学则不认为宪法性法律规则和宪法惯例性规则有本质区别。

总之,从知识史脉络看,规范宪法学的根柢基本上是普通法学和实证分析法学;政治宪法学的根柢基本上是偏好道德价值和政治传统的衡平法学和历史法学。从二者的功能来看,规范宪法学和政治宪法学在不同历史时期对英国的宪法改革施加了各自的影响,两者互相制约,以避免对方过于激进。从二者的学科地位来看,虽然互为博弈力量,但规范宪法学总体上处于主导地位,作为异见者的政治宪法学则处于辅助地位。

四、可能的创新点

(一)对于英国宪法学科学性的探索

探索英国宪法学的科学性问题并不是仅追溯 19 世纪就能够解决的,虽然英国宪法学在 19 世纪成了显学,但当时的社会科学之科学性论争只是在讲述社会科学吸纳了自然科学方法从而转向了实证主义。如果由此以为实证主义就是社会科学之科学性的唯一标签,就落入了自然科学的陷阱,更重要的是这一狭隘的认识遮蔽了科学的本质。西方在古希腊时期就已经厘清了科学的本质,即苏格拉底所谓的"探索概念"。故而,认识宪法学之科学性应该回归科学"探索概念"的本质,否则难以窥见宪法学之科学性的全貌。

(二)对于英国宪法学方法论根源的探索

成熟学科之外在表征是体系化的,但体系化都是从基本概念开始的,这也符合以上论述的科学本质。宪法学的科学性是追问其方法论的前提。但是,宪法学为什么一定要关注方法论问题呢?因为概念认知的背后都暗藏着方法论玄机,方法论不同则学科分殊、学派分立。以宪法学流派分殊为例,因为规范宪法学流派持守的基本方法论是规范主义,故而其宪法概念是"实定的宪法(法律宪法)";政治宪法学流派持守的基本方法论是功能主义,故而其宪法概念是"正确的宪法(政治宪法)"。本书对于英国宪法概念的分类,是从法概念的观念史研究中梳理出来的,故而并未采用那种历史视角的"古代宪法"与"现代宪法"或者"旧宪法"与"新宪法"的化约处理,因为笔者在研究的过程中发现,规范宪法学者如戴雪、惠尔都将他们研究的宪法称为"现代宪法",波格丹诺将其著作取名为《新英国宪法》;有趣的是,政治宪法学者詹宁斯也称其研究的是"现代宪法"。因此,在方法论意义上,那种古代宪法和现代宪法的区分在宪法学概念史研究中意义似乎不大。

（三）对于英国宪法学方法论三重学术根脉的探索

英国宪法学方法论的生成及展开既非一日之功，也非闭门造车。本书以为，它是古希腊科学哲学、古典罗马法学、英国一般法学的汇流与结晶，缺失其一则不能成就英国宪法学。柏拉图为法学提供了抽象的"法概念"智识资源，他认为"真正的法（ius）"是正确的理性。法学家眼中的法概念是从多元的法要素中抽离出来的，这些多元而实在的法要素被古典罗马法学家命名为"法的渊源（lex）"。此后，主要法学流派及其方法论的论证框架都离不开"法（ius）"和"法律（lex）"这两个重要的知识工具，英国法学和宪法学亦然。概言之，普通法学、实证主义法学、规范宪法学的出发点都是"实然的法（lex）"；衡平法学、历史法学、政治宪法学的出发点都是"应然的法（ius）"。正因为如此，英国规范宪法学的方法论是追求确定性的规范主义；政治宪法学的方法论是追求正确性的功能主义。

五、存在的不足

（一）对英国宪法文本内容的研究仍显不够

本书主要梳理了英国宪法学及其方法论的学术轨迹，探讨了英国法学以及其中的宪法学是如何一步步地迈向体系化发展的。但由于精力和时间的局促，对于英国宪法文本内容的着墨相对不足，这是本书的一项缺憾，希望以后可以继续深入研究，弥补不足。

（二）对域外人名标注的简化处理

由于本书涉及域外知识史的梳理，加之多个历史背景的交叠叙述，为了保持阅读的顺畅，避免标注上的混乱，本书对大多数人名未采用通常的"括号之内英文名＋生卒年"的标注方式，而是对域外人名的标注作了简化处理。同时，为方便读者查阅相关事件的发生时期，本书将英国历任国王的世系表载于附录。

（三）对外文文献的引注相对较少

最后需要说明的是，本书主要是关于英国宪法学方法论的知识史而非制度史研究,因此在写作的过程中,更多依赖于中文版本的学术译著,国内目前的中译本文献大体是能够满足研究需要的。实际上,即使是这些中文文献也需要投入大量的时间和精力进行研读和甄别,以做到尽可能采用较为准确的表述。当然,如果辅之以较多英文文献,或许更能捕捉到原著作者的主旨精神,但由于时间和精力的局促,本书在这方面留下了遗憾。

第一章
英国宪法学方法论的科学哲学根脉

(约前7—前4世纪)

> 法律科学不应如同多数人所认为的那样从司法官颁布的法令中推演出来,或从十二表法中推演出来,而是从哲学的最深层秘密中推演出来。
>
> ——〔古罗马〕西塞罗

第一节　科学的内在本质、外在表征和方法论意涵

一、"科学"的词源追溯

"科学"一词在我国古汉语中原本即有,本意为"科举之学""分科之学",乃中国传统意义上的双重科学意涵,但是,其中的"科举之学"之意延宕了最初将中文"科学"与英文"science"对举的进程。当西方的"科学"概念传入中国时,为作区分,明朝末年的士大夫采用了另外一个语词——"格致"进行对译,此用法历时长久。"如果将1607年徐光启翻译《几何原本》前六卷作为西方科学传入中国的开始,到梁启超写《格致学严格考略》,用'格致'指涉科学在中国已有约三百年的历史。"[①]直到1897年,康有为才首次使用了现代意义上的"科学"一词。[②] 现代意义上的"科学"概念取代"格致"大致历经了三个阶段:"第一阶段为1894—1900年,'格致'的使用次数远远多于'科学';第二个阶段为1901—1905年间,这两个词都普遍使用,可称之为并用时期;第三个阶段为1906年前后,'科学'完全取代了'格致'。"[③]亦即,随着1905年传统科举制度的废除,曾经用来对译"science"的"格致"一词在现代中国语词中逐渐消失了。

在英语国家,历史上有很长一段时期,英文词汇"science"事实上一直被作为"natural science"的简称。"social science"这一词语直到18世纪末期才出现。法国学者首先创造了法文"science sociale"(社会科学)一词,英译者曾将其译为"道德科学",德译者则将之表述为"精神科学"。到了19世纪下半叶,"自然科学"和"精神科学"的区分开始在德

---

① 金观涛、刘青峰:《观念史研究:中国现代重要政治术语的形成》,法律出版社2009年版,第327—328页。
② 康有为在撰写的《日本书目志》中列出了《科学之原理》《科学入门》两本书。同上书,第339页。
③ 同上书,第341—342页。

语国家普遍使用。① 1899 年,李凯尔特出版论著《文化科学和自然科学》,倡导用"文化科学"概念代替"精神科学"。② 如是,西语中的"科学""自然科学""社会科学"是逐渐获得确切含义的。词是物的映照和物的类别化之纽结,无论是"science"长期在英语国家被用来指称"自然科学",还是"social science"在 18 世纪末期才出现,抑或"自然科学"和"精神科学"的区分在 19 世纪后期德语国家的普遍使用,都能够与其背后的近代科学发展史相对应。具体来说,16、17 世纪欧洲开启了率先打破中世纪经院哲学桎梏的自然科学革命,"science"一词必然大放异彩,单纯用于指称"自然科学"符合历史事实。受自然科学启发,18 世纪理性主义、进步主义观念广为传播,社会情势的剧烈变革引发了人们对于社会、历史以及人本身的关注及思考,由此催生"social science"一词。19 世纪对自然科学及其方法论局限的反思又推动了人文社会科学方法大讨论的开始,人文社会科学的科学地位得以奠定并逐渐走向分化。

于今天的人们而言,"natural science"意为自然科学,"social science"意为社会科学已属常识,甚至一些人想当然地以为自然科学与社会科学各自的研究范围自始明晰。然而,"用'自然科学'和'社会科学'这两个术语来讨论 19 世纪中叶之前的时期是有些时代误置的,因为它将后来严格的范畴和价值强加于较早的思想。"③事实上,在人类社会早期,自然科学与社会科学并无严格区分,科学与哲学也是杂糅在一起的。

二、科学的内在本质与外在表征

(一) 科学的内在本质

"科学是什么"是对科学内在本质的究问,西方世界对于科学本质

---

① 〔美〕I. 伯纳德·科恩:《自然科学与社会科学的互动》,张卜天译,商务印书馆 2016 年版,第 238—251 页。
② 〔德〕H. 李凯尔特:《文化科学和自然科学》,涂纪亮译,商务印书馆 1986 年版。
③ 〔美〕I. 伯纳德·科恩:《自然科学与社会科学的互动》,张卜天译,商务印书馆 2016 年版,第 236 页。

第一章　英国宪法学方法论的科学哲学根脉(约前7—前4世纪)

的探寻始于古希腊。德国新康德主义弗莱堡学派①的创始人文德尔班认为,"如果我们把科学理解为理智为其自身而系统地追求的那种独立的、自觉的认识活动,那么在希腊人中,在纪元前第六世纪的希腊人中,我们第一次找到了这样的科学。在动荡的状态中被取名为哲学的希腊科学诞生了。"②此所谓一般意义上的科学。据此可以认为,科学哲学的诞生场域在古希腊,科学本质探索者的荣耀归于古希腊人。

"早期希腊文献中所有关于法和正义的思想,其历史背景是新的国家形态(城邦)的兴起。公元前7—6世纪发展出其特有形态,并在公元前5世纪的雅典民主制那里臻于顶峰。"③由于民主政治的发展导致个人主义与早期希腊文明出现冲突,因此人们开始将目光从琐碎的生活实践问题移往自然界展开更高层次的思考。"正是这种对自然界客观的思考才使思维初步升华到科学的概念结构的水平。其结果是,希腊科学将它整个青春的欢乐和旺盛的知识首先贡献给了自然界问题。"④由此,古希腊科学的第一个时期即宇宙论时期(约前600—前450)得以开启,人类思维开始冲破客观世界的神话外壳。"首先创立科学的,应该说是希腊爱奥尼亚的自然哲学家。"⑤这些自然哲学家开始追问"万物的始点是什么?事物的本质是什么?"这样的宇宙问题,他们的"主要兴趣集中在物理问题上,特别集中在重大的基本现象上。除此之外,他们的兴趣还转向地理问题和天文学问题,如地球的形成,地球同恒星天体的关系,太阳、月亮和行星的性质,它们运动的状态和原因。在另一方

---

① 该学派形成于19世纪末20世纪初,因曾以弗莱堡大学、海德堡大学为活动中心而被称为"弗莱堡学派"和"海德堡学派",也因其所在学校的地理位置又被称为"西南学派"和"巴登学派"。其创始人是文德尔班,李凯尔特是其重要追随者。该学派着重研究社会历史问题,并倡导一种个别记述的"表意化"研究方法,以区别于自然科学综合的"规范化"方法。
② 〔德〕文德尔班:《哲学史教程(上卷)》,罗达仁译,商务印书馆1987年版,第36—37页。文德尔班认为,公元前6世纪的古希腊已经出现了对科学本质的探讨,但是那个时期的希腊科学是广义意义上的科学哲学。为方便论述,本文均采用"科学"称谓。
③ 〔德〕耶格尔:《法颂:法哲学的起源与希腊人》,姚远译,载《山东社会科学》2020年第12期。
④ 〔德〕文德尔班:《哲学史教程(上卷)》,罗达仁译,商务印书馆1987年版,第38页。
⑤ 〔英〕W.C.丹皮尔:《科学史》,李珩译,中国人民大学出版社2010年版,第2页。

面,很少迹象表现出对有机世界和人类知识的热情。"①亦即,宇宙论时期的古希腊科学主要将注意力放置在观察和思考自然界上,而且他们的理论属于"基本元素"学说。

"波斯战争胜利结束后,希腊民族在理智生活和精神生活中获得了气势磅礴、蓬勃向上的发展,科学挣脱了过去孤斋独树、闭关自守的学派枷锁,走上了轰轰烈烈的激荡的社会舞台。"②从此古希腊科学步入了第二个发展时期即人类学时期(约前450—前400),或者可以说是走上了主体性道路,旧的传统的朴素信仰渐渐被丢弃,种种意见风云而至,那时"除了这些个人的意见和目的之外是否还存在任何本身正确而真实的东西。关于是否存在任何普遍有效的东西这个问题就成为希腊启蒙运动人类学时期的问题。"③正是在对这一问题的回答中,出现了智者学派和苏格拉底的分歧,智者学派更像是为提高政治家政治理论素养的辩术教师,"当智者学派不断完善他们必须讲授的表达、证明、反驳等形式技术的科学训练时,他们实际上一方面用这种修辞学创立了心理学,另一方面他们也考虑了逻辑规范和道德规范。但当他们考虑到他们为达到任何目的而运用、讲授的技巧时,他们就陷入了怀疑论。他们的这种怀疑论开始还是一个真正的科学理论,但很快就变成了一种轻佻的游戏。"④智者学派中的一些人甚至靠玩弄辩术从而成为破坏公共生活秩序的帮凶。"与智者学派青年一代的混乱行为和缺乏信念相对立,苏格拉底提出对理性的信仰,提出对普遍有效的真理的存在的信念。对他来说,这种信念本质上是实践的,是道德的气质,但却导致他钻研知识;他以另一种方式将知识和意见对立起来,他认为知识的本质存在于概念思维中。"⑤如此,苏格拉底第一个明确提出了科学的本质。"对于苏格拉底来说,对概念的探索就是科学的本质。概念无须人制造

---

① 〔德〕文德尔班:《哲学史教程(上卷)》,罗达仁译,商务印书馆1987年版,第41页。
② 同上书,第56页。
③ 同上书,第96页。
④ 同上书,第97页。
⑤ 同上书,第97—98页。

而是需要人发现；概念早就存在于那里，它只需要人们从它隐藏于其中的个人经验和意见的外壳中解脱出来。科学就是对知识渴望的、奋斗的爱。"①由此可见，苏格拉底的概念是一种不同于变化不定的意见的、使主观一致性成为可能的永恒观念，它只能在对话过程中、在共同思想里找到，而且苏格拉底的科学知识的内容始终是与人伦相关的，也正是在这个意义上，西塞罗认为是苏格拉底"将哲学从天上请到了地上"②。这也显示出苏格拉底和智者学派的共同兴趣是对人类内在本性及社会实践的研究，他们对自然界问题的关注都较少。二者的差异在于，智者学派走向了相对主义，而苏格拉底探求的是绝对真理。

然而，当苏格拉底阐明科学的内在本质时，古希腊科学的辉煌时期还远未到来，那个兼收并蓄了宇宙论时期与人类学时期精华的时段才是古希腊科学奠定其科学摇篮地位的确切时期，这一时期也是古希腊科学的第三个时期即体系化时期（前400—前322）。

（二）科学的外在表征

古希腊科学的第三个时期呈现出的最大特点是科学体系化。那一时期最具代表性的三位思想家是德谟克利特、柏拉图和亚里士多德。"早期的每一个思想家只抓住有限范围内的问题，因而表现出自己只通晓现实的某些方面；特别是无一人表现出既对物理学研究又对心理学研究发生兴趣；而这三位以同样程度致力于科学问题的整个领域。这三个人中的每一个都利用了从自己的基本思想原则得来的目的和方法的统一以从事和指导全部知识资料的统一加工。以至于还不到两代的短时间内，三种不同世界观的典型轮廓就构建出来了。"③正是基于靶向的问题的全面性以及处理这些问题时的自觉统一性，他们成为首批创立科学体系的天才思想家，也使得古希腊科学知识开始日益系统化、多元化、成熟化，古希腊科学由此进入巅峰时期。

在古希腊科学的第三个时期，思想家普遍将自己的视野从人类思

---

① 〔德〕文德尔班：《哲学史教程（上卷）》，罗达仁译，商务印书馆1987年版，第130—135页。
② 〔英〕培根：《新工具》，许宝骙译，商务印书馆1984年版，第62页。
③ 〔德〕文德尔班：《哲学史教程（上卷）》，罗达仁译，商务印书馆1987年版，第138页。

维和意志上移开,再次转回到宏大的形而上学问题,计划重建形而上学。而在迈向这一共同目标时,由于各自路径的不同而形成了三大科学体系,即德谟克利特的唯物主义、柏拉图的唯心主义以及亚里士多德的综合体系。在批判普罗泰戈拉这一智者学派代表人物的感觉主义时,德谟克利特和柏拉图的立场一致,这意味着他们二人都是彻头彻尾的理性主义者。但是,由于对待苏格拉底伦理学立场上的差异,二者在科学体系上出现了实质分歧,坚持伦理重要性的柏拉图体系走向了唯心主义,而对伦理漠不关心的德谟克利特体系则是完全的唯物主义。亚里士多德的综合科学体系则试图调和德谟克利特体系与柏拉图体系。正是这些恒久的科学体系成就了希腊科学作为科学导师的神圣地位。

此后的科学体系都可以在这里找到渊源,即使是在漫长的中世纪,编织复杂的神学思想中也能找到柏拉图和亚里士多德的影子。"早期教会的教士们把基督教教义、新柏拉图主义的哲学和从东方祭仪宗教得来的要素结合起来,形成基督教教义第一次大综合。在这个综合中,柏拉图和奥古斯丁的哲学居于主导地位。13 世纪,亚里士多德完整的著作被重新发现。在托马斯·阿奎那的经院哲学中,形成了另外一种新的综合。他把基督教义和亚里士多德的哲学和科学融合成了一个完整的理性知识体系。"① 近代以来,希腊是科学发展的灵感和启蒙更是成为人类的共识,自然科学界对德谟克里特评价甚高,认为"在科学上,德谟克利特的原子说要比它以前或以后的任何学说都更接近于现代观点……原子哲学标志着希腊科学第一个伟大时期的最高峰"②。因此,如果说 16、17 世纪自然科学的源头可在德谟克利特的体系中觅得踪迹似乎并不为过。至于人文社会科学的古希腊源头,怀特海对此的阐释再恰当不过了,他认为"欧洲哲学传统最可信赖的一般特征是,它是由柏拉图的一系列注脚所构成的"③。总之,自然科学和人文社会科学初步

---

① 〔英〕W. C. 丹皮尔:《科学史》,李珩译,中国人民大学出版社 2010 年版,第 3 页。
② 同上书,第 41、43 页。
③ 〔英〕阿尔弗雷德·诺思·怀特海:《过程与实在——宇宙论研究》,杨富斌译,中国城市出版社 2003 年版,第 70 页。

体系化的场域应该均在古希腊,只是那个时候尚未出现"自然科学"和"人文社会科学"这样细致的学科称谓。

三、方法论于科学之意义

古希腊科学首先达致体系性彼岸必然隐含科学哲学意义上的方法论线索。严格意义而言,科学哲学层面上的方法论不同于具体的研究方法。但是,在日常表述中,人们往往不那么细究字眼。

中国哲学家张岱年曾言,"方法可大别为二:一探求真知的方法,二表述真知论证真知的方法。前者即一般的方法,后者即形式逻辑。"①其中,"真知"即所谓"科学是什么"的科学内在本质问题;"一般的方法"指方法论,"形式逻辑"乃具体的论证方法。无独有偶,萨维尼提出,"学术研究的成就不仅仅取决于天赋(个人智力的程度)与勤奋(对智力的一定运用),它还更多取决于第三种因素,那就是方法,即智力的运用方向。"②萨维尼的"智力运用方向"意义上的"方法"绝非单纯的形式逻辑推理意义上的方法,而是科学哲学意义上的方法论,因为只有形而上层面的方法论才能似智识灯塔一般指引人的"智力运用方向"。故而,虽然二人都不约而同地用了"方法"字眼,但是他们的本意应该是指科学方法论。

古希腊科学在德谟克利特、柏拉图和亚里士多德时期出现了体系性特质。"他们的学说之所以具有这种特性,一方面是由于他们的问题的全面性,另一方面是由于他们处理这些问题时的自觉统一性。"③所谓"处理问题时的自觉统一性"即解决问题时方法论上的统一融贯立场。职是之故,方法论类似联结科学之内在本质与外在体系的共同轴线,古希腊科学哲学三大体系之形成,无疑都具有各自明确的方法论指向。依据通识,一般将放弃伦理价值的德谟克里特唯物主义体系方法论称作"科学主义",而将强调伦理价值的柏拉图唯心主义体系方法论称作

---

① 张岱年:《中国哲学大纲》,江苏教育出版社2005年版,第524页。
② 《萨维尼法学方法论讲义与格林笔记》,杨代雄译,法律出版社2014年版,第67页。
③ 〔德〕文德尔班:《哲学史教程(上卷)》,罗达仁译,商务印书馆1987年版,第138页。

"人文主义",试图调和二者立场的亚里士多德之方法论则兼采"科学主义"和"人文主义"。但是,以上说法还是过于简单和粗糙,从科学之探索概念本质而言,德谟克利特的科学方法论显然与伦理无关,而柏拉图和亚里士多德的科学方法论则与伦理有关。此处需要注意的是,柏拉图和亚里士多德的方法论也有区别,柏拉图的概念构造实际上类似于德谟克利特式的抽象概念思考方式,他提出以一种普遍的相对恒定的"理念理性"保证公共善的科学性、客观性,而亚里士多德的"实践理性"概念则更贴近生活,充满了人文伦理烟火气。

中世纪是西方现代科学的漫漫蛰伏时期,科学虽然从形而上学的破茧而出中经历了血与火的考验与挣扎,但"日心说"、万有引力定律等自然科学定理仍如闪电般冲破迷雾、相继而生。16、17世纪自然科学自神学破茧而出、化蛹为蝶无疑与无数科学家的科学主义立场与方法论密切关联。18、19世纪人文社会科学的异军突起也当然与诸多人文社会科学家的人文主义执着追求息息相关。人文社会科学的成熟与分化也是由于各学者在方法论上的分歧,以致出现了流派之争。偏好"科学主义"立场的人文社会科学学派走向了"实证主义";而选择了"人文主义"方法论的人文社会科学学派则走向了"阐释主义"。

一言以蔽之,方法论是科学体系化的内在秘密。方法论之"智力运用方向"的深刻内涵必须在科学体系化的历程中觅得真谛,方法论犹如从概念到科学体系化的不同弧线,而要厘清方法论、概念、科学体系化之内在逻辑关系则必须回溯至古希腊的科学哲学时代。

第二节 游弋于概念与体系间的科学方法论谱系

一、古典科学方法论谱系的萌芽

(一)德谟克利特:由"原子"概念出发的科学主义

作为科学体系初创者的德谟克利特,其超越的目标是智者学派的代表学说,即普罗泰戈拉的感觉主义。普罗泰戈拉曾宣称:"整个精神生活只基于感觉……每一个人不是按照事物的本来面貌去认识事物,而是按照呈现在他那一瞬间的感觉(只是他一个人的感觉)去认识事物。这样一来,智者学派的整个思想发展就导致了将真理作为不可得到的东西而加以放弃。"①不同于普罗泰戈拉的感觉主义,德谟克利特的思想体现出完全意义上的理性主义,具体而言,其方法论属于理性主义中的科学主义。

德谟克利特科学主义是从"原子"概念出发的。他在看到普罗泰戈拉的"感觉"缺乏普遍有效性这一缺陷的同时,利用"感觉"暂时的相对的现实性的一面,结合传统形而上学那种"思维系更高更优越的知识"②的观念,将"感觉"与暂时的、相对的现实对应;将"思维"与绝对的、永恒的现实对应。因为"思维"能从"感觉"中获得真理,现象能够通过"思维"获得理解。基于此,德谟克利特发明了"原子"这样一个抽象概念,解决了普罗泰戈拉直观"感觉"无普遍有效性的问题。在他看来,绝对的、永恒的现实世界是由事物背后机械运动的"原子"构成的,人的肉体所感知到的仅仅是暂时的相对的有质的规定性的现实。因此,科学研究的任务就是将一切质的关系还原为量的关系,从而获取真正现实的知识。如此,德谟克利特认为世界是由"原子"构成的,其论证体系成为唯物主义科学体系的萌芽。

德谟克利特的纯粹物质主义概念构造立场决定了他与伦理无涉的科学主义方法论。"德谟克利特从事这项工作,用的方法是研究经验对象的整个领域。"③其具体论证方法类似于苏格拉底探求科学概念时所采用的方法。"苏格拉底的概念形成过程是归纳推理的过程或归纳法的过程。它利用特殊观点和个别感官表象的对比而导致一般感念;它

---

① 〔德〕文德尔班:《哲学史教程(上卷)》,罗达仁译,商务印书馆1987年版,第127、128、130页。
② 公元前6世纪的米利都自然哲学学派在思考事物是什么或事物的本质问题时,意识到经验与思维之间存在对立。他们明确提出思维是与意见相对立的真理的唯一源泉。〔德〕文德尔班:《哲学史教程(上卷)》,罗达仁译,商务印书馆1987年版,第83—84页。
③ 〔德〕文德尔班:《哲学史教程(上卷)》,罗达仁译,商务印书馆1987年版,第152页。

力求排除万难确定一般概念,从而解决个别具体问题。由此而确定的特殊从属于一般就是科学知识的基本关系。"①德谟克利特通过观察经验对象的整个领域,采用类似的归纳法抽象出"原子"概念,用"原子"这样一个"一般"统领万千"特殊"。特殊通过一般获得理解,一般通过特殊得以彰显。从这一视角看,德谟克利特"原子"概念的形成过程犹如苏格拉底科学本质的实战演练,只不过德谟克利特的方法论偏向一种自然哲学意义上的科学主义。

(二)柏拉图:由"理念"概念出发的人文主义

柏拉图与德谟克利特的相似点在于他们共同靶向的批判对象是普罗泰戈拉的感觉主义,而且将抽象的"纯粹形式"作为事物的本质,由此超越了多元繁复的现象世界,一同迈向了理性主义。但是,二者构建的科学体系大相径庭,德谟克利特构建的是典型的唯物主义科学体系,而柏拉图构建的则是典型的唯心主义科学体系。之所以会有这种分歧,是因为柏拉图的思想受到苏格拉底的巨大影响。在苏格拉底眼中,哲学产生于伦理需要,人因为需要德行,所以需要知识,而且"苏格拉底需要的是人人都公认的唯一而永恒的知识,他追求逻辑的'自然'"②。正是在关于苏格拉底知识的伦理目的性立场上,柏拉图和德谟克利特这两位理性主义者分道扬镳了。德谟克利特的抽象"原子"概念仅具有解释现象的理论价值,与伦理无关;而柏拉图的抽象概念则具有指导现实的伦理目的,此乃柏拉图体系的出发点。

柏拉图的思想体系即"理念"体系。"对于柏拉图来说,'理念'是通过概念而认知的非物质的存在。因为苏格拉底用以发现科学本质的概念并非在可感知的现实中原样地反映出来,所以那些概念必然形成'第二个'或'另一个'现实,此现实不同于可感知的现实,它独立存在。这种非物质现实与物质现实的关系,如同存在与流变的关系,不变与变的关系,单一与多样的关系。"③这里需要注意的是,柏拉图的"理念"这一

---

① 〔德〕文德尔班:《哲学史教程(上卷)》,罗达仁译,商务印书馆1987年版,第135页。
② 同上书,第132页。
③ 同上书,第163页。

非物质存在并不是心灵或精神存在,而是一种不同于物质现实的抽象的更高级的现实。柏拉图的"理念"类似一个概念金字塔,多重概念作为思维认知的对象,构成物质现实背后的更高级现实,这样的假定使得知识不断走向综合、圆融。因之,唯心主义科学体系成为可能,可以认为柏拉图的体系是对苏格拉底科学本质更为精巧的阐发。

柏拉图体系之"理念"概念使得人类社会通过知识观照伦理成为可能,这一点与苏格拉底是一脉相承的,这意味着他们的认识论无本质差异,只是柏拉图的科学认识更具体系性、整体性。作为苏格拉底科学之抽象概念本质思想的集大成者,柏拉图显然不能再使用从个别人的意见和知觉中得出一般的归纳方法,为了取得更高的学术成就,柏拉图在概念构造上采用的方法是,"把一种完全适用于数学知识的观察推广到科学知识的总体。苏格拉底由归纳得出的一般概念在柏拉图那里,转变成凭借回忆而进行的直观,转变成对更高、更纯的知觉的反省"[1]。由此,柏拉图的概念认知一方面呈现出更广泛意义上的归纳,另一方面则是更深层次意义上的抽象,而这必然涉及多重复杂理念之间的相互关系(并列或从属)的处理。柏拉图将其处理多重理念之间关系的方法称为"辩证法",即"为了检验一种尝试性提出的概念是否正确,他把这一概念和已知概念联系起来并利用由这种联系的可能性而产生的所有可能结论,从而检验那种概念是否正确"[2]。显然,柏拉图与苏格拉底的不同主要在于概念论证技术上的差异,而柏拉图和德谟克利特的分歧则是一种概念认知方法论上的差异。之所以认为柏拉图和德谟克里特的分歧本质上是一种方法论的差异,是因为二者在各自的"原子"和"理念"概念构造的原则方向上存在不同。德谟克利特将抽离于物质现实的更高级的现实或真实存在称为"原子";柏拉图则名之为"理念"。德谟克利特的"原子"概念仅以解释自然为目的;而柏拉图的"理念"概念则以指导经验现实、增进伦理为目的。但是,二者都是在抽象的一般意

---

[1] 〔德〕文德尔班:《哲学史教程(上卷)》,罗达仁译,商务印书馆1987年版,第165页。
[2] 同上。

义上进行探讨。

（三）亚里士多德：综合方法论的探索者

伽达默尔认为，"亚里士多德把柏拉图的辩证法理解为一种理论的知识，相对于这种辩证法，他要为实践哲学要求一种特殊的独立性，并且开启了一种实践哲学的传统。"① 因此，亚里士多德相比德谟克利特或柏拉图而言更为注重实践。如果说亚里士多德的出发点仅是前述的德谟克利特或者柏拉图，可能低估了他的学术抱负和科学激情。因为"在亚里士多德死后的数百年间从来没有一个人像他一样对知识有过那样系统的考察和全面的把握。亚里士多德的著作是古代世界学术的百科全书，除了物理学和天文学外，他在他所接触到的各种学术方面，大概也真正有所推进"②。无疑，亚里士多德思想的出发点是他此前的整个古代希腊科学成就。正是在此意义上，可以说亚里士多德的科学体系是一种兼具唯物主义与唯心主义的综合体系。

既然是一种综合体系，那么亚里士多德必然在方法论上兼容了德谟克利特和柏拉图。"德谟克利特认为原子和原子运动是现象之因，柏拉图认为理念和理念的目的规定是不同于现象本身的现象之因。而亚里士多德则断言真正的现实是在现象本身中发现的'本质'。"③ 即亚里士多德的概念出发点是"本质"。为了发现事物的"本质"，亚里士多德的科学认知既保持了理性，又不是纯然的抽象概念的堆积，他从不远离人们熟悉的多元实践现象。从这个意义上说，柏拉图的理性概念是一种"理念理性"；亚里士多德的理性概念是一种"实践理性"。也正是在这一点上，吸纳了德谟克利特与柏拉图理念的亚里士多德是一个综合方法论的探索者。

而在承袭理性主义方法论立场的同时，亚里士多德还勇于摈弃门户之见，他发现并吸收了以普罗泰戈拉为代表的感觉主义论辩术的精

---

① 〔德〕汉斯-格奥尔格·伽达默尔：《诠释学Ⅱ：真理与方法（修订译本）》，洪汉鼎译，商务印书馆2011年版，第380页。
② 〔英〕W.C.丹皮尔：《科学史》，李珩译，中国人民大学出版社2010年版，第46—47页。
③ 〔德〕文德尔班：《哲学史教程（上卷）》，罗达仁译，商务印书馆1987年版，第190页。

华,开创了"形式逻辑"这一科学论证方法。众所周知,亚里士多德开创了各门特殊学科,初步探索了科学和各门学科之间的有机联系。科学和各门特殊学科间的关系在本质上即一般和特殊的关系。在论证两者关系的过程中,亚里士多德从智者学派的论辩术中汲取了神启般的灵感。他撰写的《工具论》是人类历史上首部关于推理和论证的专门科学方法著作,展示了他精妙的"形式逻辑"框架。他首先借助"关系"这一概念辨析各范畴的种属关系,他说:"我们把这样的东西称为关系:它们在关于其他事物、较之其他事物或以其他方式而与其他事物具有某种关系时,才被说成它们之所是。"① 由此,严密的论证前提得以奠定。有了对于范畴种属关系的正确判定,他接着提出,"首先我们必须明确什么是名词、什么是动词,其次要明确什么是否定、什么是肯定,以及什么是陈述、什么是语句。"② 在对范畴性质及其关系充分分解的基础上,他展开了翔实的证明和理解的演绎过程。他认为,"首先,我们必须阐明探究的主题以及探究的内容:主题是证明,内容是对证明的理解。其次,我们必须定义什么是前提、词项,以及什么是三段论,以及什么样的三段论才是完善的,什么样的三段论是不完善的;之后还要说明在什么样的意义上,一个词项可以说是或不是被整个地包含在另一个词项之中,以及说明一个词项被另一个词项完全谓述或者不被任何词项谓述是什么意思。"③ 如此,独具特色的亚氏"形式逻辑"论证方式得以构建。

二、现代科学方法论谱系的发展

(一) 17 世纪:科学主义方法论的觉醒

中世纪人文主义的巅峰思想倾向是"哲学必须是自然科学"④。因为要对经院哲学的宇宙观展开釜底抽薪式的突破,而哲学只有义无反

---

① 〔古希腊〕亚里士多德:《工具论》,刘叶涛等译,上海人民出版社 2018 年版,第 12 页。
② 同上书,第 34 页。
③ 同上书,第 60 页。
④ 〔德〕文德尔班:《哲学史教程(上卷)》,罗达仁译,商务印书馆 1987 年版,第 10 页。

顾地与神学实现分离,方能以一种世俗且独立的视角做出新的宇宙解释。正是在这一时代背景下,自然科学体系化革命首先到来,只不过这种革命起初是隐藏在哲学背后的,后来才从哲学中逐渐分离了出去。总之,近代以降,西方科学体系迎来了巨大变革,科学不仅以其难以估量的独特贡献为自身赢得了独立,而且逐渐呈现出复杂的学科分化。

近代科学革命主要发生于17世纪。怀特海盛赞这个世纪是"天才的世纪",证据是"刚一开始时,培根的'论学术的进展'和塞万提斯的'堂吉诃德'就同时在1605年发表了。刚好在这事的前一年,'哈姆雷特'一剧出版了第一个四开版本,到这一年时又发行了一个略有更动的版本。最后,莎士比亚和塞万提斯又同时在1616年4月23日那一天去世了。一般认为,哈维在伦敦医科大学发表关于血液循环的理论正是这一年的春天。而牛顿出生的那一年(1642)伽利略正好去世,同时又正好是哥白尼的'天体运行论'发表的100周年。前一年笛卡尔发表了他的'形而上学的沉思',后两年又发表了他的'哲学原理'"[①]。因为耀眼的天才云集,"地球的面貌和人类的活动在一个世纪里发生的变化要比过去一千年都大。两千年来,整个世界的面貌和人类的活动改变极少——地平线永远是一样的——人们既意识不到进步,也意识不到历史的进程,人们所看到的只是城市或国家的兴衰沉浮。他们的历史观本质上是静态的,因为就其目光所及,世界是静止不变的。"[②]质言之,近代科学给世界带来的变化堪称一场"革命"。"那场革命不仅推翻了中世纪的科学权威,而且推翻了古代科学的权威,最后不仅使经院哲学黯然失色,而且摧毁了亚里士多德物理学。因此,它使基督教兴起以来的所有事物相形见绌,使文艺复兴和宗教改革降格为一些插曲,降格为仅仅是中世纪基督教世界体系内部的一些位移。"[③]17世纪众多天才们的"阿基米德支点"撬动了现代意义上的整个人类认知。18世纪中期开

---

① 〔英〕A. N. 怀特海:《科学与近代世界》,何钦译,商务印书馆1959年版,第47页。
② 〔英〕赫伯特·巴特菲尔德:《现代科学的起源》,张卜天译,上海交通大学出版社2017年版,第146页。
③ 同上书,第1页。

始的工业革命紧随其后,西方因资本主义和工业化引擎而引领世界潮流的强势时代由此开启。

毋庸置疑,耀眼的科学革命必然隐含方法论上的巨大变革。"到了17世纪,方法问题已经成为最受关注的议题之一。17世纪这场运动的主要领袖是培根和笛卡尔,他们分别属于这个世纪的前两个25年。"[①]培根和笛卡尔的方法论路径首先引领自然科学迈向独立化、专门化。

1. 培根的"新工具"

1620年,培根出版了其方法论名著《新工具》。从名称即可判断他意在倡导一种不同于亚里士多德的形式逻辑的新科学方法。培根认为,"现有的逻辑不能帮我们找出新科学。现在所使用的逻辑,与其说是帮着追求真理,毋宁说是帮着把建筑在流行概念上面的许多错误固定下来并巩固起来,所以它是害多于益。我们唯一的希望乃在一个真正的归纳法。"[②]其中,所谓"新科学"实指自然哲学指导下的自然科学,培根清醒地看到,"当苏格拉底把哲学从天上拉到地上以后,道德哲学就更空前的流行,从而使人心对自然哲学背离得愈远了。"[③]亦即,在他那个年代之前,由于作为自然科学之母的自然哲学长期被抑制,因而导致自然科学从未获得真正意义上的发展。因此,明确的自然哲学立场决定了培根的科学体系方法论更为偏向于科学主义。

培根倡导一种不同于亚里士多德形式逻辑的"真正的归纳法",在论述如何处理科学时,他提出,"历来处理科学的人,不是实验家,就是教条者。实验家像蚂蚁,只会采集和使用;推论家像蜘蛛,只凭自己的材料来织成丝网。而蜜蜂却是采取中道的,它在庭院里和田野里从花丛中采集材料,而用自己的能力加以变化和消化。"[④]培根认为,真正的学者既不是蚂蚁式的,也不是蜘蛛式的,而是蜜蜂式的。质言之,培根

---

① 〔英〕赫伯特·巴特菲尔德:《现代科学的起源》,张卜天译,上海交通大学出版社2017年版,第77页。
② 〔英〕培根:《新工具》,许宝骙译,商务印书馆1984年版,第10—11页。
③ 同上书,第62页。
④ 同上书,第82—83页。

反对那种抽象概念的三段论式论证,他所依循的论证逻辑和顺序就是在特殊经验中渐次获得由低而高的原理。据此,培根的经验主义倾向一览无遗。

2. 笛卡尔的"新方法"

1637年,笛卡尔出版了其处女作《谈谈方法》(该书书名直译为"谈谈正确运用自己的理性在各门学问里寻求真理的方法",其中的"方法"实质是"智力运用方向"意义上的方法论)。书名的全称基本表露出作者的方法论立场,应该说笛卡尔秉持的是一种科学主义的方法论,这种方法论的主旨基本浓缩在他"我想,所以我是"①的名句之中。简言之,只要不丢失理性、实事求是、不偏信教条,就能找到正确的方法探寻真理。

笛卡尔在谈及其方法论缘起时,说他早年在哲学方面学过逻辑,在数学方面学过几何学和代数,但是他发现这三种方法都存在很大不足。"逻辑方面,三段论式和大部分其他法则只能用来向别人说明已知的东西,并不能求知未知的东西。至于古代人的几何学和近代人的代数,都是只研究非常抽象、看来毫无用处的题材的,此外,前者始终局限于考察图形,因而只有把想象力累到疲于奔命才能运用理解力;后者一味拿规则和数字来摆布人。弄得我们只觉得纷乱晦涩、头昏脑涨,得不到什么培养心灵的学问。"②在对前人的知识及其获取方法的反思、批判、吸收的基础上,笛卡尔创造性地发现了解析几何方法。

《谈谈方法》是笛卡尔用自己本民族语言而非拉丁语写就的一部谈话式学术思想自传,这本锚向有知识的普通大众而非知识精英的小册子可谓人类历史上"伟大的小书"之一。他一方面坚定那些拥有自然理性、心智尚未被经院哲学引入歧途的普通人的理性信心,另一方面极为温和且现身说法地告诫那些深受经院哲学桎梏的学术人,"把过去马马虎虎接受的错误一个一个连根拔掉,使自己得到确信的根据。把沙子

---

① 即经典名句"我思故我在"。王太庆翻译为"我想,所以我是"。〔法〕笛卡尔:《谈谈方法》,王太庆译,商务印书馆2000年版,第27页。
② 同上书,第15页。

和浮土挖掉,为的是找出磐石和硬土。"①《谈谈方法》受众广泛的最终结果就是批判性的理性主义之花处处开放,这种静水流深、水滴石穿式的学术风格极易使人联想到那个静静地倚在枕头上冥想解析几何的笛卡尔的形象。

概言之,培根和笛卡尔都极力反对亚里士多德的抽象概念辩正法,他们重新唤起的经验主义和科学主义方法论事实上引发了西方近代的科学革命。"实质性的后果在形而上学里犹如在自然科学里一样造成事物性质的基本观念的转变,造成事物在自然变化过程中关联方式的基本观念的转变。但是这种转变在形而上学里不如在自然科学里那样彻底。"②亦即,培根和笛卡尔的方法论首先唤醒的是近代自然科学,其次才是人文科学,正是在这一层面,我们首先将培根和笛卡尔的方法论归于科学主义谱系。

(二) 18 世纪:人文主义方法论的觉醒

如果说 17 世纪自然科学光彩夺目,那么 18、19 世纪的科学荣光则属于人文社会科学。若论人文社会科学的方法论先驱,可以说 18 世纪前半叶当属意大利人维柯,18 世纪后半叶则为法国人孔多塞。他们被誉为"18 世纪建立'有效的'社会科学的努力中最有贡献的两个人。"③维柯是人文科学方法论领域勇于吃螃蟹的第一人,孔多塞则首次提出"社会科学"名词。两人都提倡人文社会科学应该成为"新科学",但在方法论倾向上,他们略有差异,维柯的方法论立场是对笛卡尔的批判性超越;而孔多塞的方法论立场则是主张将数理方法运用于人文科学研究。

1. 维柯"新科学"中的历史、人文色彩

1725 年,意大利那不勒斯大学修辞学教授维柯的《新科学》出版。维柯的"新科学"应当指人文社会科学。正是基于对"新科学"的孜孜以

---

① 〔法〕笛卡尔:《谈谈方法》,王太庆译,商务印书馆 2000 年版,第 23 页。
② 〔德〕文德尔班:《哲学史教程(下卷)》,罗达仁译,商务印书馆 1993 年版,第 84 页。
③ 何兆武、何冰:《译序》,载〔法〕孔多塞:《人类精神进步史表纲要》,何兆武等译,生活·读书·新知三联书店 1998 年版。

求,维柯获得了"人文主义文化传统的密涅瓦的猫头鹰"①殊荣。

深受17世纪那个"天才世纪"创造性风气浸染的维柯,自然萌生了创造一门新科学的想法。"但是17世纪的新奇事物主要是数学、物理学、生物学和医学。维柯的雄心是要创建一种人类社会的科学。这种科学在'民族世界'这个主题上要做到伽利略和牛顿等人在'自然世界'所已做到的成绩。维柯并不宣称他是第一个试图研究这种新科学的人,他只宣称他的尝试是首次成功的尝试。"②如果认为维柯的自我褒奖有失公允,借助他者的评判则显得尤为必要。伽达默尔认为,"维柯是最早从方法论的角度来捍卫精神科学(人文科学)的人,强调用'修辞术'来对抗'批判法'的支配性和优先性。"③应该说,维柯对于人文科学的贡献主要在于其独辟蹊径的方法论。

那么,维柯在创立自己的新科学时,究竟采用了怎样的方法论立场?在《新科学》首次出版的17年前即1708年,维柯曾以修辞学教授的身份发表过一篇题为《论我们时代的研究方法》的演讲词,这一看似普通的演讲暗藏着维柯意图统一古今方法论的学术抱负。在维柯看来,他那个年代如日中天的方法论即笛卡尔主义,其本质是一种"批判法"。"批判法的出发点是一个甚至通过怀疑也不可消除的第一真理。与此相反,常识构成古老方法的出发点,它在或然之物(似真之物)之中探索,按照修辞论题学标准来交换观点,尤其是要运用一种丰富的三段论。新方法的优势是清晰准确;其弊端包括睿智洞察力的丧失,想象力和记忆力的萎缩,语言的贫瘠,判断的不成熟。而古代的修辞学方法,特别是它的核心部分即修辞论题学并不会对所有这一切造成障碍。

---

① 转引自何卫平:《维柯〈论我们时代的研究方法〉的解释学意义——以笛卡尔的〈方法谈〉作对比》,载《四川师范大学学报(社会科学版)》2017年第3期。
② 〔美〕M. H. 费希:《英译者的引论》,载〔意〕维柯:《新科学(上册)》,朱光潜译,商务印书馆1989年版,第35页。
③ 〔德〕伽达默尔:《诠释学Ⅰ:真理与方法(修订译本)》,洪汉鼎译,商务印书馆2007年版,第311—314页。

人们必须把古老的论题学思想置于新的思维方式(即批判法)之前。"①由此判断,维柯并非彻底抛弃笛卡尔主义,而是认为应当将古代的修辞学方法与笛卡尔主义的演绎方法结合起来使用。他在阐述《论我们时代的研究方法》之立意时提及,"这篇论文就我们现在各门科学研究中所用的方法和古人(希腊罗马)所用的方法进行比较来看,我们的方法有哪些缺点可以避免以及如何避免,至于不可避免的那些缺点,有哪些是可以用古人的优点来补救的。因此,各门科学都可以互相补助而不至于互相妨碍。"②由此可见,维柯是在比较阐述笛卡尔主义的"批判法"与古代人文主义修辞法的过程中,初步探讨了一门"新科学",这门科学"必须从它所处理的题材开始处开始……回到没有天神的照顾而投生到这个世界里的那些人"③。因此,维柯的"新科学"方法论带有明显的历史主义、人文主义印记。

基于"经常想为他自己和那不勒斯大学在法学领域赢得荣誉"④的动机,维柯对法学表现出异乎寻常的偏好。从维柯的自传看,他曾经花费五年时间研习罗马民法和教会法,也曾经有法院实习经历。为了习得一种优雅的拉丁文,维柯又专门阅读了西塞罗的著作。⑤正是这些经历促成维柯能够从对拉丁语言的研究中获得关于普遍法律的一般原理。长期研究思考的成果首先是《论我们时代的研究方法》这一著名演讲词。这一演讲词扩充之后即维柯两本代表性著作之一的《普遍法律的唯一原则》,而其附编即《新科学》之雏形《论法学的融贯长期一致性》。维柯否定17世纪格劳秀斯、普芬道夫等"哲学家们"的自然法体系,他认为在人的法律之前,还有英雄的法律、神的法律,而这两个时期的法律都被哲学家们忽略了。因此,哲学家不能将其仅凭演绎推理得出

---

① 亚里士多德认为从"普遍接受的意见"这一前提出发而展开的辩证推理即"论题学"。这个概念在本文第二章罗马法学的特质中会进一步提及。〔德〕特奥多尔·菲韦格:《论题学与法学——论法学的基础研究》,舒国滢译,法律出版社2012年版,第7页。
② 〔意〕维柯:《新科学(下册)》,朱光潜译,商务印书馆1989年版,第701页。
③ 〔意〕维柯:《新科学(上册)》,朱光潜译,商务印书馆1989年版,第163页。
④ 〔意〕维柯:《新科学(下册)》,朱光潜译,商务印书馆1989年版,第701页。
⑤ 同上书,第672—673页。

的自然法与各民族的自然法即习俗区分开来。为此,他将目光移往远古时期自然本性留存的原始部落人,意在发现一种"部落"自然法体系。

2. 孔多塞"社会科学"中的数理方法

18世纪,另一位捍卫人文科学价值的大人物是"法国最后一位哲学家"孔多塞。作为法兰西学院的著名院士,孔多塞以数学见长。但他同时也拥有法国大革命"擎炬人"之美誉。他于法国革命的意义犹如托马斯·潘恩于美国革命,且其本人与潘恩私交甚密。他积极宣传美国革命,并首次将美国宪法翻译为法文,且参与了1793年法国宪法的起草。他积极倡导共和与平等理念,主张实行大众教育,反对奴隶制及死刑制度。

孔多塞的一生如流星般短暂而璀璨,年秩五十即命丧罗伯斯庇尔政府之手。然而,他在自然科学与社会科学中均有独步学林之贡献。孔多塞之所以在人文社科领域有一席之地,首先是因为他开创性地提出了"社会科学"这一重要概念。同时,孔多塞首次集中阐述了人类社会的"进步史观"①,进步史观尤其在19世纪影响至深,推动了无数次重大社会改革。其次,孔多塞认为,"社会政治研究必须应用数理方法,使之成为一门新科学,而概率论则是通向这门新科学的桥梁。"②显然,孔多塞是将数学方法应用于社会问题研究的积极探索者。1785年,他发表论文《简论分析对从众多意见中作出决断的概率的应用》,1793年又发表论文《概率演算教程及其对赌博和审判的应用》。正是在这些研究中他提出了著名的"投票悖论"③。就其方法论立场而言,可以认为孔多塞较多承袭了笛卡尔的科学理性主义。

(三)19世纪:人文社会科学独立与分化中的方法论

1. 孔德"实证主义社会学"之科学主义

维柯以方法论捍卫人文科学价值,孔多塞提出"社会科学"概念,及

---

① 孔多塞的"进步史观"集中反映在其著作《人类精神进步史表纲要》之中。这本书的创作与西塞罗的《论题篇》有着相似的背景,都是作者于死亡之前在逃亡途中撰写。
② 何兆武、何冰:《译序》,载〔法〕孔多塞:《人类精神进步史表纲要》,何兆武等译,生活·读书·新知三联书店1998年版。
③ 即在投票活动中,个人选择过渡为集体选择时存在先天的障碍。

至孔德"实证主义"社会科学精神的普遍流行,以自然科学方法推动构建人文社会科学独立地位的漫漫征途似乎才终于瞥见了曙光。

从1830年起,法国哲学家奥古斯特·孔德的代表作《实证哲学教程》(共六卷)陆续出版,这奠定了孔德"实证主义"哲学创始人的地位。人文社会科学从此也因"实证主义"方法论而不断走向独立化、专门化,似乎从此真正浸染了"科学"的无限光辉。那么,究竟什么是"实证主义"?在论及为何取"实证"①这一名词来指称自己的哲学属性时,孔德说:"这种哲学精神,经过早期的漫长演变,今天已达到自成体系的程度,此后我们不得不通常用一个简短的特定名称来称之;既然如此,我还是宁愿要'实证'的称谓。"②之所以采用"实证"一词更基于它含有五种特质,即"真实而非虚幻;有用而非无用;肯定而非犹疑;精确而非模糊;组织而非破坏"③。这些特质正是孔德"实证主义"哲学的精神体现。在他看来,实证哲学"由于近三百年所有重大科学成果的自然汇集而逐渐形成,今天终于达到了真正抽象的成熟阶段"④。相比人类思辨的神学阶段和形而上学阶段,实证阶段"才是唯一完全正常的阶段"⑤。实证主义为什么会有如此的自信?或许是基于对自身获取知识的方法论的正确性的信念。"自此以后,人类智慧便放弃追求绝对知识(那只适宜于人类的童年阶段),而把力量放在从此迅速发展起来的真实观察领域,这是真正能被接受而且切合实际需要的各门学识的唯一可能的基础。于是,纯粹的想象便无可挽回地失去从前的精神优势,而必然服从于观察,从而达到完全正常的逻辑状态。我们的实证研究基本上应该归结为在一切方面对存在物作系统评价,并放弃探求其最早来源和终极目的。"⑥总之,实证主义推崇通过推理或实验等方法实际观察各种现

---

① 这一名词由法国空想社会主义者圣西门提出。孔德曾与他长期合作,深受其思想影响。
② 〔法〕奥古斯特·孔德:《论实证精神》,黄建华译,商务印书馆1996年版,第32页。
③ 同上书,第33—34页。
④ 同上书,第1页。
⑤ 孔德认为人类思辨历程必然经过三个理论阶段,即神学阶段、形而上学阶段和实证阶段。同上书,第2页。
⑥ 同上书,第10—11页。

象之间的恒定关系从而获得正确认知。综合来看,实证主义既是培根经验主义的拥趸,也是笛卡尔科学理性主义的传承者。

2. 狄尔泰"精神科学"与李凯尔特"文化科学"之人文主义

19世纪后期,人文社会科学领域出现了大量对实证主义的反思与批判者,如被誉为"19世纪最伟大的思想家"[①]的德国著名哲学家狄尔泰,以及德国弗莱堡学派的代表性人物李凯尔特。前者于1883年出版代表作《精神科学引论(第一卷)》,[②]后者于1899年出版代表作《文化科学和自然科学》。

关于人文、社会、历史研究的学科,狄尔泰并未采纳已经出现的"社会科学""社会学"这些称谓,而是以"精神科学"名之。他认为,"一般来说,人们都把科学这个概念所包含的东西区分为两个部分。其中的一个部分用'自然科学'这个名称来表示,然而非常奇怪的是,就另一个部分而言,得到人们普遍承认的表达方式并不存在。我将运用'精神科学'这个术语。在我们所能够选择的各种各样的术语当中,这个术语的不适当程度似乎最低。"[③]由此不难发现,直到狄尔泰时期,学界对于人文社会科学的称谓仍十分多元,并不统一。此外,狄尔泰之所以不采用孔多塞的"社会科学"及孔德的"社会学"术语,可能是因为他并不认同两人为社会科学寻求重要意义以及独立地位时所持守的方法论立场。在狄尔泰看来,"无论孔德和实证主义者们,还是约翰·斯图亚特·穆勒和经验主义者,都为了使历史实在适合于自然科学的概念和方法,对这种实在进行了删节和肢解。我们对于个体生命的生理心理单元的分析,与那些把社会—历史实在的整体作为对象的分析不同。法国和英国的思想家们都曾经设想过关于这种实在之整体的、统一的科学理

---

① 此评价源于西班牙著名思想家、哲学家奥尔特加·加西特(1883—1955)。艾彦:《译者前言:文化哲学史大师的扛鼎之作》,载〔德〕威廉·狄尔泰:《精神科学引论(第一卷)》,艾彦译,北京联合出版公司2014年版。
② 需要说明的是,狄尔泰《精神科学引论》仅一卷,其第二卷手稿作者生前未完成,且未正式出版。
③ 〔德〕威廉·狄尔泰:《精神科学引论(第一卷)》,艾彦译,北京联合出版公司2014年版,第14—15页。

论——他们称这种科学为'社会学'。"①亦即,实证主义以自然科学视角与方法将社会视为一个统一抽象的整体,并以此作为研究对象为社会科学立证。而狄尔泰则是从社会的组成者即个体生命来认知社会,他以具象、生动且富有情感互动的对象作为其"精神科学"的研究客体,由此他明确提出,"各种精神科学构成了一个与自然科学并列发展的独立整体"②。

比较而言,狄尔泰主要是从学科研究对象的视角区分了自然科学和"精神科学"。他认为,"自然界是陌生和疏远的,它对于我们来说只是一种纯粹的、没有任何内在生活的外表而已。社会才是我们的世界,我们从内部出发意识到各种状态和力量都通过它们全部的变动不居构成这样的社会系统。这些特征使社会研究彻底与对于自然界的研究区分开来了。"③亦即,狄尔泰将把握个体行动意义及对意义的理解的这种心理学手段视为其"精神科学"的基础。李凯尔特则不认同这一看法,他提出从方法论视角探讨自然科学与他所谓的"文化科学"。他一方面不认同将非自然科学称为"精神科学",并提出"许多经验研究者日益清楚地感觉到精神科学这个词非常不足以说明非自然科学的专门学科的特征。因此,在我看来,自然科学和文化科学的区分适合于代替通常的自然科学和精神科学的划分"④。另一方面,他认为,"对于经验的文化科学来说,无论如何直到如今(1899)还没有获得大体上近似自然科学那样广阔的哲学基础。"⑤为此,李凯尔特《文化科学和自然科学》一书初步探索了从方法论视角区分自然科学和"文化科学"的分析框架,他认为自然科学的概念构造方法是将现实中异质的连续性改造为同质的连续性,而文化科学的概念构造方法则是将现实中异质的连续性改造为

---

① 〔德〕威廉·狄尔泰:《精神科学引论(第一卷)》,艾彦译,北京联合出版公司2014年版,第4、55页。
② 同上书,第13页。
③ 同上书,第56—57页。
④ 〔德〕H.李凯尔特:《文化科学和自然科学》,涂纪亮译,商务印书馆1986年版,第15、17页。
⑤ 同上书,第11页。

异质的不连续性。由此,自然科学秉承"缝制一套对于保罗和彼得都同样适合的现成的衣服"①的狭义的科学主义、普遍主义方法论;而文化科学则更坚持狭义的个别主义、阐释主义方法论。

综上,近代科学在方法论的智识指引下,逐渐走向学科分化。17世纪,笛卡尔和培根率先走出形而上学和亚里士多德形式逻辑的羁绊,强调理性思辨和经验验证的科学主义方法论成为自然科学的独立引擎。18世纪,维柯作为笛卡尔方法论的批判者,开创了近代纯粹的人文主义思考范式,同世纪的孔多塞开始尝试借鉴数学方法思考人文社会科学问题。19世纪前期,孔德高扬的实证主义方法论成为人文社会科学的独立引擎。19世纪后期,精神科学和文化科学实际上是克服实证主义缺陷的异见力量。

第三节 以科学哲学分析人文社会科学之"科学性"

一、人文社会科学"科学性"证立的方法论选择

现实生活中,总能听到对人文社会科学科学性的质疑,似乎只有自然科学是纯正的科学,或者说自然科学所秉持的科学主义方法论是唯一正确的闻道之方。这种偏见隐含的另一说辞是,自然科学是确定的、客观的、有用的,因而将自然科学作为其他学科发展水平的道德评判标准,这极易造成人文社会科学无法证明、主观、无用等偏见的产生。客观而言,自然科学与人文社会科学只是探索对象不同,服务于社会的方式不同,前者发挥的是物质性器物功效,后者展现的则是一种精神性浸润功效,各有其功。

至于人文社会科学科学性的证立则需要回归科学哲学知识史视野。在远古的科学即哲学时期,虽然无自然科学和人文社会科学的概

---

① 〔德〕H.李凯尔特:《文化科学和自然科学》,涂纪亮译,商务印书馆1986年版,第28—55页。

性,后者则缓解人文社会科学的疏离感。

二、法学(宪法学)是一门科学

人文社会科学是不是科学的论争映射于法学镜面就成为"法学是不是科学"的话题,人们之所以持续关注法学的科学性问题,是基于究竟以何种方式使法学实现切实关切集体或个体的公平正义的考量,而非以自然科学为标准衡量法学。"地球会安全地忽略牛顿的错误,但地球上的居民却不得不遵守那些由法院发布的被视为邪恶和不义的规则,或是被移交给司法警长。"①法学家格雷的隐喻显然在提醒人们法学关注的并不是地球围绕太阳转还是太阳围绕地球转的自然科学问题,而是关于人与社会切实利益的现实问题。

但是,法学的科学性论争命题本身是有意义的,这种论争从17世纪以来尤其多见。17世纪的英国人托马斯·霍布斯被誉为"法律实证主义的创始人"②。他不但与意大利科学家伽利略、法国数学家笛卡尔相熟,且与倡导经验主义方法的培根交往甚密。耳濡目染之下,霍布斯也精通数学。在其《哲学家与英格兰法律家的对话》(以下简称《对话录》)一书的开篇,对话者就谈到了数学。当霍布斯所批判的法律家问"什么东西让你得出结论,研究法律(the law)不像研究数学那样理性"时,自喻为哲学家的霍布斯的回答是,"我没有那样说过,因为所有的研究都是理性的,否则,就不值得研究。我说的是,精通数学之人不会像精通法律之士那样常犯错误"③。这一对话显现出17世纪自然科学大发展时代,以霍布斯为代表的实证主义法学家借助数学方法论开始探讨法学的科学性,影射英国普通法学的非科学性。当然,实证主义法学在19世纪的英国法学家奥斯丁那里才真正实现了体系化。

---

① 〔美〕约翰·奇普曼·格雷:《法律的性质与渊源》,马驰译,商务印书馆2023年版,第99页。
② 〔美〕小詹姆斯·R.斯托纳:《普通法与自由主义理论》,姚中秋译,北京大学出版社2005年版,第69页。
③ 〔美〕托马斯·霍布斯:《哲学家与英格兰法律家的对话》,姚中秋译,上海三联书店2006年版,第1页。

1848年,德国柏林的检察官基尔希曼因一场演讲而名声大噪,其演讲题目为"作为科学的法学的无价值性"。"他特别提出三点理由来否认法律科学的可能性。法律的素材变动不居,而自然科学的素材则一成不变;法律不仅存在于认识和理解中,同样存在于情感中;法律要靠人来颁布,在内容上取决于人为颁布的东西。"① 无疑,基尔希曼批判的矛头直指实证主义。1868年,德国法学家耶林曾作过一场题为"法学是一门科学吗?"的知名演讲,他批判实证主义法学的学术立场与检察官基尔希曼如出一辙,认为"实证主义是法学的死敌……实证主义意味着逃避独立思考,献身于那作为无意志的工具的制定法"②,从而主张"当法学是从历史及哲学的前提来掌握实证有效的法律并且使其在精神上获得活力时,它就能够成为一门科学"③。易言之,耶林眼中真正的法学是实践性的古典罗马法学。

　　两相比较,霍布斯和奥斯丁眼中真正的法是制定法,而耶林眼中真正的法则是生活中的法,因而他们互相批评由以上概念出发的对方的法学不是科学。其实,这种法理念的差异可以寻根至柏拉图和亚里士多德。柏拉图在其《法律篇》中将法解释为抽象的"真正理性"④,而亚里士多德则将法理解为具体的"实践理性"。他认为,"相应于城邦政体的好坏,法律也有好坏,或者是合乎正义或者是不合乎正义。"⑤正是基于这一法概念认识,亚里士多德才去实地考察诸多古希腊城邦的政体以及法律。

　　综上,法学在本质上是一门科学,真正的法学的科学性论争实质上是法概念及其背后的方法论之争。既然法学是一门科学,作为其分支学科的宪法学无疑亦属于科学,其流派之争的实质也属于宪法概念之争。

　　归根结底,古希腊科学哲学为法学乃至宪法学提供了基本的方法论思考框架,因此将其作为英国宪法学方法论的初步学术根脉似无不当。

---

① 〔德〕施塔姆勒:《现代法学之根本趋势》,姚远译,商务印书馆2016年版,第68—69页。
② 〔德〕鲁道夫·冯·耶林:《法学是一门科学吗?》,李君韬译,法律出版社2010年版,第47、50页。
③ 同上书,第11页。
④ 〔古希腊〕柏拉图:《法律篇(第二版)》,张智仁等译,商务印书馆2016年版,第16、408、414页。
⑤ 〔古希腊〕亚里士多德:《政治学》,吴寿彭译,商务印书馆1965年版,第151页。

第二章
英国宪法学方法论的古典罗马法学根脉

（约前2—3世纪）

> 在古代世界，唯有在罗马，才能够谈论所谓的法学。罗马人是在教义学中、在实践性的法律中，寻找到了科学性——他们的科学是立足于生活中的。
>
> ——〔德〕鲁道夫·冯·耶林

第一节　罗马法学兴起的时代背景

一、希腊的被俘

罗马诗人贺拉斯一语道尽了罗马与希腊的复杂渊源,他说:"被俘的希腊俘获了她那野蛮的征服者。"①意指罗马以武力征服了"肉身"意义上的希腊,而希腊则以文化与哲思反主宰了罗马。

公元前338年,希腊各城邦被其北部的马其顿实际控制。公元前323年,那个15岁拜亚里士多德为师,并将希腊文化远播的马其顿国王亚历山大不幸殒命。"他在32岁时已经打败他遇到的所有民族,从亚得里亚海一直到印度河。这样一个人当然能够征服罗马和迦太基。假如再活三十年,他可能建立一个马其顿和希腊将位居中心而不是偏处一隅的帝国。"②历史往往充斥着偶然,亚历山大之死对由他主导的希腊联盟而言无疑是悲情的,然对于正在崛起的罗马而言却是喜讯。他开创的庞大帝国顷刻间分崩离析,为罗马的继续扩张和罗马帝国的缔造开启了天时。彼时,罗马共和国建立以来最危险的敌人只有迦太基了。公元前264—前146年,通过三次布匿战争,罗马最终击败了迦太基,一跃而成为地中海上的霸主。然而,罗马在东地中海的扩张必然遭遇希腊这个文化强敌,"希腊文化已统治地中海长达数世纪,而希腊人则被认为是文明的仲裁者"③。为此,罗马对于希腊的态度与迦太基大不相同。罗马人对迦太基的态度基本可以用老加图的著名口号"迦太基必

---

① 转引自〔英〕戴维·M.格温:《罗马共和国》,王忠孝译,译林出版社2018年版,第73页。
② 〔英〕N. G. L.哈蒙德:《希腊史:迄至公元前322年》,朱龙华译,商务印书馆2016年版,第1018页。
③ 同上书,第64页。

须毁灭"①来概括。第三次布匿战争时,已经穷途末路的"迦太基人答应了罗马人开出的所有条件,并主动提出放弃此前被扣押的 300 个人质,交出手中的所有武器。然而,罗马人接着又要求迦太基人离开自己的家园,在距离大海至少 10 英里外的土地上建造一座新城"②。此等赶尽杀绝的强力手法罗马并未完全用于希腊。公元前 197 年,马其顿败于罗马后从希腊撤军。公元前 194 年,罗马军队亦全部撤离希腊东方世界,罗马在希腊语区不驻军队,不征赋税,不设行省。"罗马共和国既不依靠常备军,也不动用官僚体制对希腊实施直接统治。但罗马的克制同样体现出他们对希腊人及其文化的某种敬仰。"③不过,罗马对于希腊的忍耐力终究还是在 50 年后达到了顶峰。公元前 146 年,那个罗马宣布希腊人自由的所在——柯林斯城终究还是被夷为平地。奥古斯都时代(前 44—14),希腊正式成为罗马帝国的行省之一。吊诡的是,"正是由于失去政治独立,正是由于同化于罗马帝国,希腊民族才实现了自己的文明任务;希腊人遍及世界,希腊人变成了世界的导师"④。

　　罗马法学之巨大成就自然得益于希腊这位伟大导师的启迪,"特别是,希腊人将体系和方法传到罗马。罗马人必须将学科的科学划分、术语的定义、规则的建立和推理方法等归功于希腊人"⑤。后亚历山大时期即为希腊化—罗马时期,科学理论开始向具体化方向发展。"科学的基本特点是特殊科学的发展,对一般形而上学理论越不关心,便越有可能对各特殊领域作出有成果的研究,有可能扩大客观事物的知识,有可能理解科学的各特殊部门,完全摆脱形而上学体系之间的纷争。"⑥因此,这一时期的科学哲学实际是一种关注人生目的和个人幸福的实践

---

① 马尔库斯·波尔奇乌斯·老加图是罗马元老院鹰派元老,在第三次布匿战争之前,他曾率使团去迦太基调查,回到罗马后,主张迦太基依然可能对罗马构成威胁。因此,他每次在元老院结束演讲时都要高喊口号"迦太基必须毁灭"。
② 〔英〕戴维·M. 格温:《罗马共和国》,王忠孝译,译林出版社 2018 年版,第 61 页。
③ 同上书,第 67 页。
④ 〔德〕文德尔班:《哲学史教程(上卷)》,罗达仁译,商务印书馆 1987 年版,第 211 页。
⑤ 〔德〕孟文理:《罗马法史》,迟颖、周梅译,商务印书馆 2016 年版,第 45 页。
⑥ 〔德〕文德尔班:《哲学史教程(上卷)》,罗达仁译,商务印书馆 1987 年版,第 212 页。

哲学。这些充斥着实践意义的处世哲学"几乎找不到任何新的、创造性的概念结构,就理论知识而言,这个时期把希腊人的老问题推来推去,沿着早已铺好的轨道前进"①。虽说创新不足,但可以肯定的是,后亚里士多德时期的希腊科学传统始终未中断,先有继承柏拉图衣钵的学院派和继承亚里士多德衣钵的逍遥学派,后有斯多葛学派②和伊壁鸠鲁学派③。"这四大学派在雅典继续并存了几个世纪,在罗马帝国时期,仍然各自占据说教的讲座,形成类似大学的场所……开始时,这四大学派在纪元前第三、第二世纪,以一种积极生动活泼的方式彼此争论,特别是在伦理学问题上他们力争战胜别人夺取胜利……随着各学派渗入罗马帝国的各个生活领域,学派性消逝了,论战减弱了,反而使人觉得有调整、融合的必要。"④丰富多彩的希腊思想火花的确在罗马生根发芽,并以融合之势滋养出了罗马法学这株参天大树,它无疑是希腊化—罗马时期科学实践化转型的巨大成果。即使是古罗马著名思想家西塞罗也坦承:"希腊流进我们城市的确实不是一条小溪,而是一条文化与学术的大河。"⑤应该说,罗马法学之所以在同期的人类社会中一枝独秀,基于两种元素的精妙化合,一是其自身独特的法律生成土壤;二是希腊科学哲学的精神引领,二者缺一不可。

二、罗马帝国及罗马法学的界定

自公元前8世纪建城的罗马延续了2206年(前753—1453),期间历经了王政(前753—前510)、共和国(前510—前27)以及帝政(前27—1453)三个时期。395年,罗马帝国正式分裂为东西两部分,⑥比较而言,西罗马帝国为典型的"拉丁罗马",于476年为日耳曼人所覆亡;

---

① 〔德〕文德尔班:《哲学史教程(上卷)》,罗达仁译,商务印书馆1987年版,第213页。
② 斯多葛学派由来自塞浦路斯的芝诺(约前340—前265)于公元前308年在雅典创立。
③ 伊壁鸠鲁学派由伊壁鸠鲁(前341—前270)于公元前306年在雅典创立。
④ 〔德〕文德尔班:《哲学史教程(上卷)》,罗达仁译,商务印书馆1987年版,第217—218页。
⑤ 〔古罗马〕西塞罗:《国家篇 法律篇》,沈叔平、苏力译,商务印书馆1999年版,第71页。
⑥ 为了在整个帝国彰显皇帝权威,戴克里先皇帝于286年将罗马分东西而治。两地后曾实现短暂统一,但395年再次正式分裂。西罗马帝国定都于意大利北部的拉文纳,东罗马帝国定都于拜占庭(后称君士坦丁堡)。

东罗马帝国则属于典型的"希腊罗马",于 1453 年为奥斯曼帝国所灭。古罗马作为欧亚非大陆各地区唯一一次帝国政治实体的尝试,对现代西方法律文明的持久影响至今清晰可见。古罗马虽随风消逝了,但其创造的法律文化遗产依旧长存,对此最为经典的评价莫过于耶林的"三次征服"说:"罗马帝国曾三次征服世界,第一次以武力,第二次以宗教,第三次以法律。武力因罗马帝国的灭亡而消失,宗教随着人民思想觉悟的提高、科学的发展而缩小了影响,唯有法律征服世界是最为持久的征服"①。那么,通常所谓的"罗马法"究竟如何界分?

476 年,西罗马帝国为日耳曼人所灭意味着欧洲历史封建制中古时代的部分开启,因为东罗马帝国直到 610 年赫拉克利乌斯执政后才由奴隶制转捩为封建制,而封建制必然附随着与此相适应的封建法律的侵入,这意味着罗马法不再纯净。因此,在公元前 8 世纪至公元 7 世纪这一时段内追寻古代罗马法及罗马法学的成长轨迹应该是合理的。据史书记载,罗马法出现于公元前 6 世纪王政时代后期,第六代王塞尔维乌斯·图利乌斯②厉行改革,最终"以个人血缘关系为基础的古代社会制度被破坏,代之而起的是一个新的、以地区划分和财产差别为基础的真正的国家制度"③。随着罗马版图的空前扩张,贸易往来愈益频繁,社会关系日渐复杂,诸多社会行为亟须法律规范。基于此,缘于罗马独特社会生活的法律之网最终迈向了细密化和成熟化。"到了公元 200 年,法律确切的历史已有六个半世纪的时间(如果我们仅从《十二表法》算起的话)。"④不但历史悠久,而且从法律类型创新看,"在市民法之外,又发展起了最高裁判官法(公元前 366 年以后由最高裁判官之告示组成)和万民法(公元前 242 年以后由外事裁判官发布之告示而形成)。"⑤从

---

① 转引自周枏:《罗马法原论(上册)》,商务印书馆 2013 年版,第 18 页。
② 此人是罗马王政时期七个王中的第六代王。
③ 周枏:《罗马法原论(上册)》,商务印书馆 2013 年版,第 9 页。
④ 〔英〕梅特兰等:《欧陆法律史概览:事件、渊源、人物及运动(修订本)》,屈文生等译,上海人民出版社 2015 年版,第 3 页。
⑤ 何勤华:《西方法学史纲(第三版)》,商务印书馆 2016 年版,第 33 页。

整体法律成就看,罗马法中既有堪称"一切公法和私法渊源"①的《十二表法》(约前 450 年制定)②,更有具世界法典标杆性意义的《国法大全》(*Corpus Juris*),③其法律价值至今未被历史洪流湮灭。

世界上最早的相对体系化的法学于古代罗马横空出世,罗马早期体系化法学的诞生时间与"法学"(*Jurisprudentia*)概念的出现时间并无二致。"'法学'的对应拉丁语词为'*Jurisprudentia*'……至公元 2 世纪罗马帝国前期,'*Jurisprudentia*'一词已经被广泛使用。"④换言之,早在 2 世纪时,古罗马已经出现了系统的有关法律的知识和学问,这些知识和学问被称为"法学"。同期的古罗马著名法学家乌尔比安将"法学"一词再次演绎为"神事和人事的知识,正与不正的学问"⑤。这一经典释义因被《国法大全》记载而广为流传。从罗马法学与《十二表法》的时序判断,"《十二表法》生效约 300 年之后,法律才真正成为一门科学(自公元前 150 年起)。"⑥这里所谓科学意义上的法学当然意指体系化特征明显的法学,罗马体系化法学在共和国最后一个世纪即公元前 1 世纪迅速发展,于帝制前期的 2 世纪达至鼎盛。

以上所言之罗马法学乃狭义或纯粹意义上的罗马法学,也被称为"古典罗马法学",这一概念既不同于民族国家层面的整体"罗马法学",也不同于"后古典罗马法学"。整体意义上的"罗马法学"指自罗马法学诞生至罗马帝国灭亡期间的法学,其内涵带有极强的民族意义。为此,有学者提出,"罗马法学乃是整个罗马帝国框架内的罗马法学,包括整

---

① 〔意〕朱塞佩·格罗索:《罗马法史》,黄风译,中国政法大学出版社 2018 年版,第 62 页。
② 该法由十二表组成,共计 105 条,涉及传唤、审理、索债、家长权、继承与监护、所有权、房屋、土地等问题。
③ 又称《民法大全》(*Corpus Juris Civilis*),包括《查士丁尼法典》(*Codex Justinianeus*)、《学说汇纂》(*Digesta*)、《法学阶梯》(*Institutiones*)、《新律》(*Novellae*)四个部分。四部分的具体内容依次分别为历代皇帝敕令与元老院决议、历代法学家的著述及查士丁尼解决分歧意见的决定、私法初级教科书、查士丁尼在位及死后的敕令。《国法大全》实际上是对罗马法的整理。
④ 何勤华:《西方法学史纲(第三版)》,商务印书馆 2016 年版,第 1—2 页。
⑤ 同上书,第 2 页。
⑥ 〔德〕孟文理:《罗马法史》,迟颖、周梅译,商务印书馆 2016 年版,第 57 页。

个地中海世界(即西罗马和东罗马)。只不过,公元534年,'严格意义上的罗马法学'(Roman jurisprudence in the proper sense)终结,从此,法学在东部称为(受希腊文化影响的)'拜占庭法学'(jurisprudence of Byzantine),在西部被称为(受拉丁文化影响的)'罗马天主教法学'(Romanistic jurisprudence)。"[1]客观而言,舒尔茨的"广义罗马法学"和"拜占庭法学"以及"罗马天主教法学"的概念判断带有明显的政治和文化意味,并非纯粹的知识谱系分类。唯有"严格意义上的罗马法学"大致是一个学术意味的概念,但是过于粗疏,因为罗马"严格意义上的法学"实际上存在法认知上的较大转向或者说是存在较为明显的分歧。约公元前2世纪至公元3世纪的罗马法学属于严格的"古典罗马法学","这门科学在罗马发挥了超过500年之久的吸引力,并且应该获得第一科学的荣衔"[2];约4世纪至7世纪的罗马法学则属于"后古典罗马法学"。前者本质上是属于以不成文法为真正的法的实践技艺法学体系;后者本质上属于以成文法作为真正的法的法解释学体系。如果看不到罗马法学这些初步尝试的完整根系,后期普通法学和欧陆法学的平行生长就难以理解了。

第二节　作为前提的两个基础性法学知识工具

科学的本质乃概念探索,法学亦然。法学学科体系的搭建离不开两个奠基性的知识工具,一是"法的概念",二是"法的渊源"。法学学科的建构都是从这两个问题开始的,无一例外。但是,这两个重要概念的明确是渐次完成的。"法的概念"界定的智识荣耀属于古希腊;"法的渊源"界定的智识荣耀属于古罗马。

---

[1]　转引自舒国滢:《优士丁尼〈学说汇纂〉文本的流传、修复与勘校》,载《清华法学》2019年第5期。
[2]　〔德〕鲁道夫·冯·耶林:《法学是一门科学吗?》,李君韬译,法律出版社2010年版,第135页。

第二章 英国宪法学方法论的古典罗马法学根脉(约前 2—3 世纪)

一、古希腊的智识贡献:"法的概念"

据法哲学家耶格尔考证,"希腊法哲学从初生到高潮,希腊法律思想的主流都是将'法'与'存在'联系起来;'存在'即作为和谐寰宇世界的客观统一性。智术师时代构成这一主流观念的例外,智术师极力强调法的性质和起源的主观性,对法的效力问题采取一种实用的态度。"[①]在那个城邦繁荣的时代,人们普遍认同法对于维系城邦的重要性,法的精神用于教化公民德行似乎成了共识。但当城邦走向衰微之际,法律的道德性随之降低,仅仅强调法的人定性、主观性于挽救法的精神性意义不大。

基于对城邦衰微时期的法观念的思考,柏拉图成了西方"法"概念的奠基人。在其晚年完成的《法律篇》对话录中,他将法界定为"正确的理性",认为"真正的理性"(亦即正确理性)是"神借以调动人类灵魂的'金色音弦'"。[②] 这里首先涉及如何理解柏拉图的法的神性问题。耶格尔认为,"我们必须在希腊的意义上理解柏拉图的神圣原则,它不是经由先知的超自然启示,而是根据人的理性的自然呈现,毕竟人的理性是栖居于人之内的'神圣东西'。"[③]故而,柏拉图的法之神圣性并未离开人本身。此外,柏拉图对"自然"的理解不同于智者学派。智者学派的自然观是"对照区分于实定法和单纯社会惯习的强制(即未加塑造的自然)"[④]。因此,智者学派强调法外在的人定性、程序性、形式性;而柏拉图的"真正理性"或"正确理性"是指"人依其自然所是"的理性状态,柏拉图是将法安顿回人的内心,试图从人身之内找回法的客观性、永恒性。

---

① 译文中的"智术师"应该是指智者学派。〔德〕耶格尔:《法颂:法哲学的起源与希腊人》,姚远译,载《山东社会科学》2020 年第 12 期。
② 〔古希腊〕柏拉图:《法律篇(第二版)》,张智仁等译,商务印书馆 2016 年版,第 16、33、408、414 页。
③ 〔德〕耶格尔:《法颂:法哲学的起源与希腊人》,姚远译,载《山东社会科学》2020 年第 12 期。
④ 同上。

不但柏拉图的法概念不同于智者学派,而且斯多葛学派的主张也不同于智者学派。因为"作为斯多亚派'自然法'概念来源的'正确理性',直接取自柏拉图的晚年哲学,亦即《法义》中的'正确理性'学说。"①换言之,"自然法"概念直接承袭自柏拉图。无疑,处在希腊化时代的斯多葛学派博采众长,第一次提出了较为系统的"自然法"思想。他们宣称,"根据自然、根据理性而生活是一种职责,是圣人必须履行的职责;是一种法律,是圣人必须服从以对抗感官上的爱好的法律。"②简言之,斯多葛学派的法概念可以化约为自然即正确理性,正确理性即法。柏拉图的法概念从而通过追求普遍主义的斯多葛学派广泛传播于西方世界。

正是因为以上法观念脉络,法学家罗斯科·庞德告诫现代人,不要用自己熟悉的进化论试图理解古希腊人的"自然"观念。"对希腊人而言,自然的苹果指的不是野生的苹果(人工培育苹果由其而来),而是神的苹果园里的金苹果。'自然'的物体是一种最为彻底地体现了法之理念的物体,是完美之物。由此,'自然法'就是完美体现法之理念的法律。"③可以说,庞德准确地解读了柏拉图的"理念理性"法概念。

此外,不能忽视的是,除了柏拉图抽象思辨法概念之外,亚里士多德也创生了一种具体的法概念,即"实践理性",也就是在生活实践中发现的法。如果要区分亚里士多德和柏拉图的法概念,可以借助耶林的视角:柏拉图的法概念"不需要人类的施为,而是自然成长在知识之树上。人们只需要从这树上采集这些法概念果实,或者甚至可以直接让它们从树上掉到他怀里"④;而亚里士多德的法概念则"是为了生活的缘故而存在"的。⑤

---

① 〔德〕耶格尔:《法颂:法哲学的起源与希腊人》,姚远译,载《山东社会科学》2020年第12期。译文中的"斯多亚派"即"斯多葛学派",《法义》即《法律篇》。
② 〔德〕文德尔班:《哲学史教程(上卷)》,罗达仁译,商务印书馆1987年版,第235页。
③ 〔美〕罗斯科·庞德:《法哲学导论》,于柏华译,商务印书馆2019年版,第11页。
④ 〔德〕鲁道夫·冯·耶林:《法学是一门科学吗?》,李君韬译,法律出版社2010年版,第115页。
⑤ 同上书,第76页。

二、古罗马的智识贡献："法的渊源"

找到"法"概念钥匙的古希腊,尚未出现法学体系,因为法学体系的产生必定要等待一个复杂政治结构及其产出的丰富法律渊源的出现。这样,作为研究对象的多元法律渊源才能激发法律学术共同体的出现。学术共同体对法律展开抽象阐释时才会回到"法"概念这一研究起点,依照不同的方法论形成多元的法学流派。

借助亚里士多德的"实践理性"法概念,古罗马为法学创生了"法的渊源"概念。古罗马时代,"法的渊源"(fons juris)一词的本义是法官站在司法适用的立场所找到的所有有效的裁判规则。这一现象说明那个时候法律规则已经非常多元化了,法官需要甄别适用。古罗马法的渊源之所以丰富,必然与一个较为复杂的社会组织结构相关。20世纪意大利以及欧洲最伟大的罗马法学家之一的朱塞佩·格罗索曾敏锐地指出,"当我们把罗马法据以发生和发展的那些要素拿到起源问题上加以考察时,当我们认真筛选历史研究和各种材料时,除罗马城外,我们还应当考察形成大量政治和法律制度的其他群体;越是往前追溯,这些群体的个性就越突出。那些比城邦小的群体是家庭和氏族,比城邦大的是联盟。"[1]质言之,罗马城邦由氏族而来,氏族又源于家庭,至于后期的共和国显然又建基于城邦联盟之上,城邦联盟及其后期的共和国、帝国所拥有的复杂政治结构显然是古希腊不能望其项背的。

具体来看,城邦的缘起首先要追溯至家庭,早期的家庭类似一个有血缘关系的"政治组织",包括"自有法家庭"(由家父和受其权力支配的人组成)和"共同法家庭"(被共同的宗亲关系联系在一起的较大的家庭)。氏族即族人。《十二表法》第五表"继承和监护"第五条规定,"若死者无父系近亲,则其身后所遗的业产得由其族人取得。"[2]如此,基于家庭的出身纽带开始松散,氏族这一比家庭更大的群体开始出现。究

---

① 〔意〕朱塞佩·格罗索:《罗马法史》,黄风译,中国政法大学出版社2018年版,第10页。
② 《世界著名法典汉译丛书》编委会编:《十二铜表法》,法律出版社2000年版,第17页。

其本质,氏族更像是家庭的地域聚合体,其外部表现形式为小村落。而伟大的罗马城邦就搭建在这些村落和村落联合体之上,"正是中小农民阶层构成罗马社会的神经"①。一般认为,罗马的建城者罗慕洛最初将人民划入 30 个库里亚(curiae),每 10 个库里亚组成一个部落,这构成了早期的 3 个部落。应该说,罗慕洛代表王政时期的"王",王的咨询机构被称为"元老院",民众会议则被命名为"库里亚民众会议"。此三者几乎奠定了罗马混合宪制的基本要素:君主制加贵族制再叠加民主制。其中,王、元老院和库里亚民众会议皆出自比城邦更小的群体,在家庭、氏族被更大的城邦组织吸收、保存、改造之巨大惯性中,氏族组织最终被架空并淘汰,唯独家庭这个社会基本组织极具韧性,始终长存。罗马法中的"私法""公法""市民法""万民法"这些创造性概念都要回溯至古罗马"城邦—家庭"的对立统一组织架构中来理解,离开了这一根本前提,对罗马固有法观念的起底探索无异于缘木求鱼。

"法的渊源"起初可能仅具有司法实践属性,但是这一重要概念却是启动法学研究的重要前提。它类似一个特定时代作为有效裁判依据的素材的广泛集合,正是这些裁判素材激发了法学家的研究兴趣,面对多彩杂芜的法律渊源,法学家基于各自的方法论预设,开始阐释自己眼中"真正的法是什么",这就是"法的概念"问题,对抽象意义上的法概念体系的解释构成了法学体系。

第三节 罗马法的渊源

霍布斯认为,《国法大全》将罗马市民法分作七类,即国王的谕旨、敕书、律令,罗马全体人民的命令,罗马平民的命令,元老院法令,执政官布告,法律家的解答,习惯。② 本节将其类型化为三大类法的渊源予

---

① 〔意〕朱塞佩·格罗索:《罗马法史》,黄风译,中国政法大学出版社 2018 年版,第 155 页。
② 〔英〕霍布斯:《利维坦》,黎思复、黎廷弼译,商务印书馆 1985 年版,第 220—221 页。

以简述。

一、习惯(ius)

在法律文本中对习惯进行专门定义是古罗马人的首创。所谓习惯,即"由最广泛的同意所认可的长期习俗(diuturni mores consensu utentium com probati)"①。也就是说,习惯被等同于习俗,这一定义并未将法律习惯同法律以外的习惯区别开来。事实上,习惯是法形成的最初方式,也是法的最自然和最自发的渊源,原始时代其他一些与法无重大区别的社会规范也发源于此。

习惯作为法律渊源具有如下特点,一是宗教性。在早期的习惯或习俗中,法律秩序被要求同宗教成分紧密地联系在一起,这主要体现于两个方面,"一方面原始时代的法(ius)本身具有各式各样的宗教特点,另一方面法(ius)的正式解释权由僧侣组成的团体把持"②。二是仪式性。正是由于祭司们(即僧侣团体)掌握关于法(ius)的传统材料和解释权,因此习惯法带有明显的仪式性特点。三是神秘性。一方面,人民的权利保护非经诉讼判决而不可知;另一方面,司法适用中由于习惯的模糊性导致断案时法律适用不精确,尤其在原始时代,罗马社会中平民和贵族间等级分明,贵族在法律上享有特权,习惯的模糊性就导致了贵族在司法上肆意压迫平民。但随着经济社会地位的提高,平民阶层对法律的明确性有了迫切的要求,成文的《十二表法》③应运而生。

习惯作为法的渊源始自罗马城邦建立之时(即公元前8世纪),到了王政时代,习惯演变为习惯法,即"由习俗认可的法(ius quod usus com probavit)"④。习惯法作为罗马法的渊源得以延续。

---

① 〔意〕彼德罗·彭梵得:《罗马法教科书(2017年校订版)》,黄风译,中国政法大学出版社2017年版,第13页。
② 〔意〕朱塞佩·格罗索:《罗马法史》,黄风译,中国政法大学出版社2018年版,第79页。
③ 《十二表法》于前451年制定十表,于前450年制定两表,共计十二表,该时期为罗马共和国时代。
④ 〔意〕彼德罗·彭梵得:《罗马法教科书(2017年校订版)》,黄风译,中国政法大学出版社2017年版,第13页。

二、法律(lex)

随着罗马人对法律理解的加深,其他更为世俗化的法律渊源开始进入人们的视野,如各种形式的成文法律。从历史发展轨迹看,成文法律早在王政时期就已经出现,在共和国时期得到充分发展。罗马成文法的确立一般以《十二表法》为标志。当然,《十二表法》远不是我们今天所理解的那种真正的法典,它仅仅确定了一些原则,让有关规范变得确切和确定,它与后世精细化时代的立法意涵相去甚远。罗马人把《十二表法》解释为罗马法历史中"独一无二"的立法里程碑,更多是基于它作为平民与贵族斗争的产物,以及它对古罗马社会习惯和法律文化记载的考量。

概括起来,在罗马早期历史中,制定法包括民决法律(lex rogata)和官定法律(lex data)两种。民决法律由执法官提议并由民众会议表决通过,官定法律则是由执法官单方面制定发布的法律。

(一)民决法律

民决法律曾占据首要地位,它是早期罗马成文法律的主要内容。罗马历史上曾经出现过三种民众会议,即库里亚民众会议、百人团民众会议和部落民众会议。"百人团以户籍和年龄为根据,部落以居住地为根据,而库里亚以家庭和氏族为根据。"[①]

库利亚民众会议是罗马民众会议最古老的形式。"库里亚"原意指集会或集会的地点,起源于家庭或氏族集会的地点。它在城邦出现之前已经萌芽,之后被城邦吸收利用为一种民众组织,王政时期极尽辉煌,到了共和制时期已经失去了生命力。

百人团民众会议在库里亚民众会议衰落后取代其成为共和国宪制中的基层民众大会,百人团民众会议源于王政时期的百人团军事会议。早期的库里亚和部落是基层组织,也是兵源地,兵源来自3个部落(每10个库里亚组成一个部落),由于每个库里亚由1个百人团组成,30个

---

① 〔意〕朱塞佩·格罗索:《罗马法史》,黄风译,中国政法大学出版社2018年版,第28页。

库里亚就有3000名步兵,由此形成了早期的3000人罗马军团,军团的军事兵役组织就是百人团军事会议。到了共和国时期,百人团会议已经变身为一个民事和政治组织了。

第三种民众会议是部落民众会议,那时的"部落"只是在用语上沿用了早期作为兵源地的3个部落名称,实际上属于对古老部落基于军事和税收目的的重建,部落的数目随着罗马的扩张逐渐增加,所有的土地所有主,均要在部落中登记注册。土地所有主的登记基于前321年的一场改革。非土地所有者以及出身卑微的人也可以在部落中登记,此乃非土地所有权的财产额登记。无业者则被安置在4个城市部落中。起初是只有平民参与的部落会议,之后由于平民会议决议被等同为"法律",该会议才成为所有市民均可参与的部落大会。平民会议决议能成为法律渊源与罗马新贵的产生和罗马社会平民、贵族间的阶层博弈有关。前494年,由于不满贵族让陷入债务危机的平民沦为债务奴隶的措施,军队拒绝出征,于是贵族被迫允许平民组织平民议事会,并同意可以选举平民保民官维护其权利。前4世纪末期,罗马债务奴隶制废除。平民会议决议起初也不具有作为司法裁判依据的功能,直至前286年关于平民会议决议的《霍尔滕西法》颁布,[1]平民会议决议才获得了法律地位。

百人团民众会议和部落民众会议表决通过的决议被称为"法律"(lex)。具体程序是,先由执法官提出提案,征询民众会议的意见,民众会议可以通过,也可以驳回。因此,这种"法律"类似于执法官与民众之间达成的协议,也正是基于此,帕比尼安提出,"法律是整个共和国民众的共同誓约。"[2]总之,两类民众会议所通过的法律是民众参与制定的。

(二)官定法律

1. 裁判官法

裁判官法包含于长官告示,长官告示即罗马裁判官及其他长官在

---

[1] 该法规定:一切经平民通过的决议应对全体罗马市民具有约束力。
[2] 转引自〔意〕朱塞佩·格罗索:《罗马法史》,黄风译,中国政法大学出版社2018年版,第157页。

任期间发布的各种具有法律效力的告示。王政时期的罗马管理机构中,设有多种长官,王政结束后,取而代之的是两个执政官,但他们行使权力要受元老院制约。半个世纪后,两个执政官的权力逐渐被分散到各种长官手中,如裁判官、市政官、监察官、财务官等,其中,裁判官最为重要,故而,后来所说的告示多指裁判官告示,亦称裁判官法。

前 242 年,罗马设立了一种不同于城市裁判官的新型裁判官,即外事裁判官,专门处理罗马人与异邦人之间以及异邦人相互间的争议,裁判官依据衡平原则在实践中创生了一种灵活而实用的诉讼程序性的裁判官法(jus honorarium),或称为荣誉法。① 人们根据个案判决中的经验,总结一般的规范,裁判官将这些规范编入在任职年度之初发布的告示之中,该告示被称为"永久告示"。② 永久告示在形式上表现为裁判官的司法规范,即向人们正式宣布裁判官进行司法活动的标准。告示在内容上包含裁判官的诉讼手段和"法"所规定的诉权,二者在详略程度上有所差异。裁判官一般遵循他的告示行事,公共舆论③可以对其实行控制。裁判官告示后来又演变出"沿袭告示"的类型,它是每位裁判官将自己前任的经验加以吸收所形成的告示类型。此举既使告示的基本内容延续下来,又使告示的内容不断得到确认、修正和丰富。裁判官的告示并不直接创造私人法律关系,它只能调整裁判官的裁量权,因而裁判官在形式上并非立者。④ 共和制时期是裁判官法发展创新的黄金时期,但在帝制时期,裁判官法作为法律渊源的活力减弱甚至熄灭了。哈德良皇帝委托法学家萨尔维·尤里安重新整理告示,以确定它的最终文本。⑤ 此后,这类文本的生效须经元老院决议批准,且皇帝诏书有权修改。这意味着裁判官法自此形存神灭,其创造性不再显现。

---

① 裁判官法包含于荣誉法之中。荣誉法一般指执法官创造的法,比如贵族营造司的告示和行省总督的告示均是荣誉法的组成部分,只不过荣誉法的主要表现形式为裁判官法。
② 永久告示在裁判官整个任职年度期间均具有效力,针对具体情形发布的告示则是临时告示。
③ 公共舆论具体表现为同僚或平民护民官行使否决权。
④ 〔意〕朱塞佩·格罗索:《罗马法史》,黄风译,中国政法大学出版社 2018 年版,第 205 页。
⑤ 同上书,第 279 页。

从裁判官法的本质而言,帕比尼安认为:"裁判官法是由裁判官为了公共利益而引入的法,其宗旨是辅助、补充或修正市民法。"① 据此,可以认为这种外事裁判官法类似国际私法意义上的"万民法",它虽然不属于罗马市民法的范畴,但无疑可归为法的渊源的范畴。历史地看,罗马法中"法"的内容是逐渐扩展的,先有市民法(ius civile),后有万民法(ius gentium)。早期的市民法是一种家庭、氏族间的村落社会秩序,后来逐渐被城邦吸收成为"罗马市民自己的法(ius proprium civium Romanorum)",即"市民法"。这样的法观念的出现主要是基于希腊化—罗马世界中普遍遵循的法的属人主义原则,即每个个体只能依据自己的市民籍而成为所在城邦法的法律主体,享有罗马市民籍的人受罗马"市民法"保护,异邦人则依其各自的城邦法生活。然而,与扩张附随的频繁国际贸易给罗马原有的经济关系和法律秩序带来冲击,"出现了一系列契约法律关系,这一系列关系的基本历史核心表现为罗马人和异邦人的互通性。既然这些关系在罗马人之间以及在罗马人与异邦人之间都是有效的,此外,在异邦人相互之间的关系中也是有效的。罗马人认为:产生于这些关系中的法(ius)一方面同市民法(ius civile)相区别,另一方面它也是市民法,总之,它也是法(ius)"②。这个伴随罗马扩张而产生的各民族统一使用的"法"即"万民法"。

2. 元老院决议

元老曾是氏族的首领,元老院在王政时期已经存在,它产生于组成城邦的较小群体之中。在王政时期,元老院的职能主要是针对执政法官发挥咨询和顾问的作用。在共和制时期,元老院完成从"贵族元老院"到"贵族—平民元老院"的转变,但元老院的部分职权仍只能由家父们(patres)即贵族议员们行使(如摄政权);另一部分职权由贵族和平民议员共同行使。共和制时期的元老院逐渐成为罗马政治生活的轴心,

---

① 〔意〕朱塞佩·格罗索:《罗马法史》,黄风译,中国政法大学出版社2018年版,第210页。
② 同上书,第195页。

平民会议的决议需经元老院同意后才具有效力。① 元老院以这种方式参加具体立法活动意味着变相篡夺了法律审查的权力,以至于后来逐渐发展到不遵守法律,甚至预先宣布某项尚未表决的法律无效。可见,共和制时期的政治领导是以元老院为基础的。

到了帝制时期,元老院仍然是居于显要地位的宪制机构,但其活动实质上处于君主的指导之下。君主对元老院议员进行筛选,且有权要求召集元老院开会并提出议案。盖尤斯把元老院决议列为法律渊源时曾说:"元老院决议的法律效力曾一度是有争议的。"② 因为共和制时期正式法律的立法权掌握在民众大会和裁判官手中,到了帝制时期,随着裁判官法生命力减退,元老院开始颁布相关规范,这些规范被承认具有与法律相同的效力。从哈德良时代开始,根据"君主诏书"③的建议形成立法成为主要形式。此时,元老院已无法对君主建议进行修改,元老院沦为法律颁布机关。

3. 君主谕令

君主谕令(constitutio principis)是指皇帝通过裁决、告示或书信(quod imperator decreto vel edicto vel epistula constituit)方式作出的规定。④ 由于皇帝本人根据法律获得治权,故君主谕令具有法律效力。谕令这个名词并非原本就有,它不是君主的主动造法行为,而是君主提出的并以不同形式表现出来的规范,它可以分为告示(edictum)、训示(mandata)、批复(rescriptum 或 epistula)和裁决(decretum)四种类型。其中,"告示"是指君主根据其行省执政官所固有的告示权而发布的一般决定。"训示"是指君主向官员尤其是向行省总督和官员发布的指示。"批复"是指由皇帝撰写的回信,其中包括回复私人问题和执法官或审判员的问题。"裁定"是指君主在"非常诉讼"中宣告的判决,针

---

① 此情形指《霍尔滕西法》生效之前。
② 〔意〕朱塞佩·格罗索:《罗马法史》,黄风译,中国政法大学出版社2018年版,第281页。
③ "诏书"逐渐被视为具有实质性内容的文献,历史学家们经常把形式上属于元老院决议的文件视为君主制定的法规。"诏书"也被译为"敕令""谕令"。
④ 〔意〕朱塞佩·格罗索:《罗马法史》,黄风译,中国政法大学出版社2018年版,第282页。

对的是直接向其提出的、要求其审理的争议。

随着君主制的确立,君主谕令被作为法律加以遵守,甚至出现"君主喜欢的东西就具有法律效力"的论调。① 在专制统治时期,制定法(lex)这个名词被直接用来指代君主的谕令,君主谕令凌驾于其他所有法律渊源之上是不能否认的事实,但帝国晚期时,在君主谕令这种"官方法律之外,行省尤其是东方行省,还共同存在着一套地方性习惯,它们不仅在官方立法之外存活了下来,而且,有时候还能够对其产生影响"②。譬如,作为习惯法的婚约定金制度就成功渗透进了帝国晚期的法律。

三、法学家解答（ius respondendi）

在罗马法发展过程中,法学家对法的解释是有权威的,法学理论不仅指导和协助裁判官的工作,而且创造性地解释市民法,因而成为罗马法的渊源之一。释法早期的权威人物是祭司,无论是执法官还是个体都可以向祭司寻求"法"问题的帮助。"向祭司寻求帮助的执法官通常是向祭司提出询问,个人则是向某个祭司提问。人们每年都在祭祀中指定谁将负责向私人解答问题。"③祭司长期以来的释"法"垄断地位一方面维持了法的权威性,另一方面则必然造成宗教对法的渗透,然而这种状况从《十二表法》诞生开始逐渐消失。"法"的公之于众首先使得规则从祭司官的秘宅走向平民生活,随着世俗化过程的不断延展深入,祭司释"法"时代逐渐走向没落,祭司法学开始发展为世俗法学,世俗法学家逐渐成为罗马的权威释法主体。古典罗马法学之伟大成就构筑于罗马社会良好的尊法氛围之上,一方面,"对法的精通已经成为贵族阶层的一种荣耀和体面"④;另一方面,"法律智慧同道德正直感相统一,法学

---

① 〔意〕朱塞佩·格罗索:《罗马法史》,黄风译,中国政法大学出版社2018年版,第284页。
② 〔意〕马里奥·塔拉曼卡主编:《罗马法史纲(第二版·下卷)》,周杰译,北京大学出版社2019年版,第690页。
③ 〔意〕朱塞佩·格罗索:《罗马法史》,黄风译,中国政法大学出版社2018年版,第83页。
④ 同上书,第215页。

家的伦理形象对于罗马人来说一直是高尚的参照标准。"①总体判断,创设了罗马法学的罗马法学家群体大致是品行高洁的传统贵族或新贵。"公元前304年,聂恩·福劳维将由阿庇·克劳维(公元前312年的监察官)编纂的司法年历和《诉讼法》公之于众,古代学者和现代学者均赞美聂恩·福劳维的传播行为具有伟大意义,将公示行为视为对祭司垄断的一个沉重打击。另一个打击来自第一位平民祭司官提比留·科伦卡尼,大约公元前254年,他开始向公众提供咨询意见,公开进行教学活动。"②法学家解答自此发端。第一位进行公开教学活动的平民祭司长③、三位市民法的奠基人④以及其他伟大的法学家的出现促进了共和国法学的蓬勃发展。这些法学家整理、撰写了大量关于法的著作,建构起了科学系统的法学体系。

不同于祭司法学,"世俗法学中'解答'是针对某一情况发表意见,具体涉及对有争议的法律问题的解决。"⑤到了奥古斯都时代,出现了"经君主批准的解答权(*ius respondendi ex auctoritate principis*)"⑥,奥古斯都赋予"法学家们的共同意见"以普遍的法律效力。为此,盖尤斯把法学家解答定义为"获准发表具有法律效力的意见的人的判断和看法"⑦。此时的法学理论仍是自由的,出类拔萃的法学家被授予解答权,经批准的解答则逐渐对裁判官有了约束性。彭波尼认为萨宾是第一个以官方名义作解答的人。⑧自哈德良时代至安东尼时期,法学家担任了高级官职或顾问,其解答拘束力也得到确认,法学理论开启了官僚

---

① 〔意〕朱塞佩·格罗索:《罗马法史》,黄风译,中国政法大学出版社2018年版,第215页。
② 同上书,第83页。
③ 指提比留·科伦卡尼。
④ 指普布利乌斯·穆齐·斯凯沃拉、马尔库·鸠尼·布鲁图和马尔库·马尼留三位法学家。
⑤ 〔意〕马里奥·塔拉曼卡主编:《罗马法史纲(第二版·上卷)》,周杰译,北京大学出版社2019年版,第215页。
⑥ 早期罗马法学家的释法活动独立于官方的限制和认可。进入帝制时期后,为了将法学理论上的造法功能同君主权力联系起来,罗马帝国的第一位元首屋大维(前63—14)在尊法的前提下,仅赋予有名望的卓越法学家以法律解答特权,是谓"经君主批准的解答权"。
⑦ 〔意〕朱塞佩·格罗索:《罗马法史》,黄风译,中国政法大学出版社2018年版,第280页。
⑧ 同上。

化的进程。古典法学家最后的辉煌出现在塞维鲁时期(193—211),帕比尼安、保罗、盖尤斯、乌尔比安和莫德斯汀便是那个时代的五大法学家,他们的论著中都包含有数量不等的"解答"。法学家解答开始只是协助和指导裁判官,后期发展为可以约束裁判官。但既然能够约束裁判官,就一定需要一个对多位法学家意见进行选择取舍的规则,关于五位法学家意见的援引方式也有具体规定。颁布于426年的《致罗马元老院》谕令规定:"盖尤斯、帕比尼安、保罗、莫德斯汀、乌尔比安这五位法学家对法律问题的解答和著作具有法律效力,但引用的义句必须以原著为本;五位法学家对同一问题意见不一致时,采其多数主张;意见均衡时,则以帕比尼安的著作为准;若帕比尼安的著作没有涉及争论的问题,可选择五位法学家中较为公正的意见;若从正反意见的衡量中得不出任何较具分量的意见时,法官可以根据自己的观点自由裁量。"[①]此乃后世所称的"引证法"或"援引法",它以成文法的形式正式确认了法学家解答的法律渊源地位。

第四节 建构在法律渊源基础之上的古典罗马法学

古典罗马法学对一些重要的一般性法概念的探索独具贡献,如法和法律,私法和公法,市民法和万民法。"在公元1世纪期间,一种概念化运动兴起。"[②]由这些基本概念出发的罗马法学显现出法学的初步面相。

[①] 426年,东罗马的狄奥多西二世(401—450)和西罗马的瓦伦提尼安三世(419—455)共同颁布《致罗马元老院》之谕令,即后世所称的《引证法》(Lex Citationum)。同上书,第399—400页。

[②] [意]马里奥·塔拉曼卡主编:《罗马法史纲(第二版·下卷)》,周杰译,北京大学出版社2019年版,第591页。

一、由法律渊源剥离出初步的法概念体系

(一) *ius* 与 *lex*

19世纪英国著名法史学家梅因是在他那个实证法年代勇于捍卫罗马法荣誉的法律人,为其带来盛名的《古代法》(1861年出版)一书是不可磨灭的物理证据,此书集中反映了罗马法中的两类概念。

梅因认为,历史上法与社会相协调的手段不外乎三种,即拟制、衡平、立法。其意分别为:"拟制用以表示掩盖,或目的在掩盖一条法律规定已经发生变化这一事实的任何假定,其时法律的文字并没有改变,但其运用已经发生了变化;衡平是指同原有民法同时存在的某一些规定,它们建筑在个别原则的基础上,并且由于这些原则所固有的一种无上神圣性,它们竟然可以代替民法;立法就是由一个立法机关制定的法规。"[①]在明确三个概念的基础上,他表达了区分之原委:"这些差别特别重要,因为一个边沁的学生,很容易把'拟制''衡平'和'制定法'混淆起来,把它们统统归属于立法的一个项目下。"[②]三者相较,拟制与衡平手段创生的法更为尊重自然、接近生活。其中,前者的权威来自法学家,后者的权威来自裁判官;而由立法手段创生的法通常则是最后采用的人为制造痕迹最明显的法。

梅因这些研究性观点主要源自罗马法素材。在罗马法中,拟制手段创造了法学家的"法学理论"和"经君主批准的解答";衡平手段促生了"裁判官法",包括城市裁判官法和外事裁判官法;立法手段成就了诸种"法律",包括民众会议法律、执政官单方面制定法律、元老院决议、君主谕令。其中,"法学理论""经君主批准的解答"以及"裁判官法"实际是对市民法具体适用的阐释;而诸种"法律"则类似创造新法。前者称为"*ius*",后者称为"*lex*",这两个词是在纷繁复杂的法律渊源中,罗马法学首先提炼出的两个罗马特色的法概念。在法律英语词典中,"*ius*"的

---

① 〔英〕梅因:《古代法》,沈景一译,商务印书馆1959年版,第19—20页。
② 同上书,第20页。

查询结果为:"ius〈拉〉(罗马法)法律;权利(＝jus)。"该词有时也被写为"jus",因为其同样被解释为"jus〈拉〉法;权利"。①非常明显,"ius"是一个拉丁语词根,带有罗马色彩。与此同时,由人颁布和制定的法律在罗马法观念中也早已存在,它由另外一个语词来表达,即"lex",意指"通过明确为此目的而设立的机构来制定法的方式"②。

（二）"私法"与"公法"

罗马法独创的"私法与公法"概念也可借助对"ius"与"lex"的解读获得理解。罗马法早期,私法(ius privatum)与公法(ius publicum)概念的提出与其根深蒂固的"ius"和"lex"二分观念直接相关。格罗索在其《罗马法史》一书中列举了两种对罗马"公法"的解释,即"公法是有关罗马国家稳定的法"与"由共同体通过法律加以确定的法"③。前者强调公法的内容乃城邦的组织和结构安排;后者强调公法的形式乃"lex",即公法的载体主要是人定法。反之,私法之"法"是自然形成的,萌芽于家庭,形成于不同于城邦权力的社会层面,类似于"一种家际间的社会秩序,它并非起源于城市"④。因此,只有在"ius"意义上才能理解罗马的"私法"概念;而处在家庭与跨家庭组织相对层面上的法则被称为"公法"。

（三）"市民法"与"万民法"

"法"(ius)与城邦相联系的过程也是一个"市民法"与"万民法"产生和实现的过程。"法和城邦通过互相干预、混合和发展趋向于制度上的统一,法同城邦结合起来,它不仅表现为'市民的法',而且也表现为'城邦自己的法'。"⑤换言之,市民共同体作为法的共同体取得了特有的地位和意义,早期的城邦是一个民众共同体(populus),类似于国家出现之前的罗马共同体(populus Romanus),而这一以"法"为基础的罗

---

① 薛波主编:《元照英美法词典》,北京大学出版社2017年版,第735、759页。
② 〔意〕彼德罗·彭梵得:《罗马法教科书(2017年校订版)》,黄风译,中国政法大学出版社2018年版,第14页。
③ 〔意〕朱塞佩·格罗索:《罗马法史》,黄风译,中国政法大学出版社2018年版,第89页。
④ 同上书,第20页。
⑤ 同上。

马共同体构造了后期的共和国(res publica)抽象概念;与此同时,随着罗马的逐渐扩张,适用于各民族的具有普遍意义的"万民法"概念随之产生。"市民法"和"万民法"仅是适用范围和对象的不同,二者本质上都属于"私法"。但是,罗马私法的发展需要借助法学家解答和裁判官告示两种路径,或者说作为法律渊源的法学家解答的功能需要和裁判官的裁判工作相结合才能获得理解。

"(万民法)是在哈德良时代被完全纳入法学家们的术语之中的,它被定义为'自然理由在所有人当中制定的法',因此,'它在所有民族中得到同样的遵守'。"①从中不难读出两个重要信息:第一,"万民法"这一概念直到罗马法学鼎盛时期才被法学家普遍认可;第二,对"万民法"的阐释主要仰赖自然法理念。关于罗马"万民法"的这两个关键点,梅因在其《古代法》一书中也有重点论述,他说:"'万民法'的产生,一部分是由于他们轻视所有的外国法律,一部分是由于他们不愿以其本土的'市民法'的利益给予外国人。在'万民法'得到重视以前,必须在他思想中有一次彻底的革命。这个剧变发生时正值希腊的'自然法'理论被适用于罗马'所有国家共有法律'的实践时期。"②梅因消除了现代人对于"万民法"的误解,"万民法"实际上在罗马法学家那里地位偏低,其概念被明确提出之前,现实生活中处理罗马人与异邦人之间大量纠纷的主要指导观念其实是自然法。

这一有关"万民法"起源的认知与罗马史实亦相符。公元前367年,最早彰显城邦治权干预私法的罗马裁判官设立,司法权从治权中分离。直到公元前242年,与迦太基的第一次布匿战争接近尾声时,罗马的外事裁判官才设立,这位裁判官的职责就是专门处理异邦人之间或罗马人与异邦人之间的争议。正是在处理这些不同于罗马市民之间争讼的过程中,一种新型的民事诉讼程序被创造了出来,即"程式诉讼"。这种程式诉讼一方面排除了罗马旧式法律诉讼的严苛死板,为裁判官

---

① 〔意〕朱塞佩·格罗索:《罗马法史》,黄风译,中国政法大学出版社2018年版,第196页。
② 〔英〕梅因:《古代法》,沈景一译,商务印书馆1959年版,第34—35页。

腾挪出了自由裁量的空间;另一方面"司法权中的执法官治权虽然一直在积极地发挥作用并使执法官所做的决定具有特殊的效力,但它在自由裁量方面实际上受到程式的限制"①。程式诉讼因其非仪式化而又极其实用的优势最终被罗马市民间的诉讼所吸收,以至于到公元前17年,法律诉讼几乎完全被程式诉讼代替。裁判官将个案中积累下来的经验整理为一般的规范,以裁判官告示的方式公之于众,且在裁判官之间被不断沿袭修正,是谓裁判官法。这种裁判官法就是梅因所谓的以衡平方式调适法与社会关系的产物,裁判官实际上是依照自然法原则而非先定的法律处理争讼。"恰恰是裁判官法使得罗马法自共和国时代经历了最广泛的变革,并使之充分适应着罗马社会的各种发展。"②其中的外事裁判官法构成了万民法的核心。

二、由阐释法概念形成的古典罗马法学体系

随着王制城邦过渡为共和国乃至帝国,古罗马的"法律"数量倍增,逐渐成为首要法的渊源。但是,"在私法领域,'法律'的作用仍然是很有限的,'法'仍然像最初那样基本上属于法理论解释的总和,因而古典法学仍然把这种'法'同'法律'制定的法区别开来。"③也就是说,古典罗马法学中的"法"更多是源于生活的法,而非制定法。换言之,在古典罗马法学的视界里,真正的"法"是"*ius*"(市民法)、"*lex*"(制定法)仅被作为法的渊源,整个古典罗马法学就是以"*ius*"为原点建构起来的阐释体系。彭波尼认为,"市民法是只存在于法学家的解释之中的、不成文的法。"④其中的"市民法"就其属性而言是典型的私法;就其形式而言,是典型的不成文法。由此决定了古典罗马法学是一个典型的私法法学体系和实践技艺法学体系。这一特质亦可通过"法学"一词的词源窥见,拉丁语"法学"全称为"*jurisprudentia*",由"*juris*"和"*prudentia*"两个

---

① 〔意〕朱塞佩·格罗索:《罗马法史》,黄风译,中国政法大学出版社 2018 年版,第 197 页。
② 同上书,第 211 页。
③ 同上书,第 207 页。
④ 同上书,第 84 页。

部分构成。前者即罗马法中的"私法"或"不成文法";后者源自希腊文,本意为"实践智慧"。故可推知,拉丁语"法学"名词的原意为有关不成文法的实践智慧。

(一)古典罗马法学是相对开放的不成文法法学

如前所述,古典罗马法学家眼中真正的法是"ius",这些法是基于个人生活之自然理由,源于现实生活需求的。借用萨维尼的说法,古典罗马法学的"法是社会整体的一部分,并将始终为其一部分;其次,法乃掌握于法学家之手的独立的知识分支"[1]。质言之,古典罗马法学之法是围绕生活中的纠纷不断创新发展而来的习惯法,它始终要借助罗马法学家的解释获得权威。这个权威主体经历了由祭祀法学家至世俗法学家的身份转换。法最初是祭司们专司的知识领域,只有他们有权进行法解释,直到公元前2世纪,"祭司们仍然在法学家中占有明显的地位,同时,那些非祭司法学家也属于在新的贵族—平民国家中形成的'显贵',即他们与祭司们同属一个社会阶层;在这里人们不会看到两种法学家之间的区别"[2]。亦即,在罗马法学诞生的历史时段,罗马社会在祭司法学家之外还出现了世俗法学家,但这并未影响罗马法学发展的连续性,因为无论是世袭贵族身份的祭司们,还是因财富获取政治权力的新贵们,都既热衷于研习法律、教授法律,又乐意无偿为社会提供法律指导。因此,法学的权威在世俗法学时代并无损伤,接续沿袭。

无论是祭司还是新贵法学家,他们的法学指导都"可以用三个词作归纳:提供(cavere)、协助(agere)、解答(respondere)。所谓'提供'就是向请求人提供能够达到其目的的行动方案。所谓'协助'就是帮助当事人选择和采用有关的诉讼程式,这不同于在审判员面前为当事人辩护。所谓'解答'就是针对某一情况发表意见,因而比较具体地涉及对于有争议的法律问题的解决"[3]。通过参与对具体法律问题的讨论,法

---

[1] 〔德〕弗里德里希·卡尔·冯·萨维尼:《论立法与法学的当代使命》,许章润译,中国法制出版社2001年版,第10页。
[2] 〔意〕朱塞佩·格罗索:《罗马法史》,黄风译,中国政法大学出版社2018年版,第84页。
[3] 同上书,第215页。

学家们在经年累月中创造了诸多法律原则,再经由后人的援引得以传播。罗马法学家并不呈现个人英雄主义,不是为了创新而创新,而是在解决实际问题中身体力行积极推动罗马法传统的承袭与发展,此一特色在西塞罗的《国家篇 法律篇》中也可觅得踪迹。西塞罗坦承,"在我们国家中一直有一些最出色的人,他们一向的职能就是向人民阐释法律并回答与法律有关的问题。他们对市民法进行的所谓研究仅限于达到对人民有用这一目的。"①如此,数代法学家在为亟须帮助的人提供法律指导的过程中,"同心协力,共同创制了同一部伟大作品"②,这部伟大作品就是罗马法学。故此,古典罗马法学是罗马法学家集体释法的法解释学体系,这样的法学体系无疑是一个相对"开放的体系"③,与中世纪欧陆法学形成的教义法学那种相对封闭的体系完全不同。

(二) 古典罗马法学是实践技艺法学

古典罗马法学本质上是以解决私法讼争为导向的实践技艺法学体系。

首先,这一判断可以从罗马法学家(prudentes 或 jurisprudentes)的身份获得理解。罗马法学家并非纯粹的书斋中的法学家,因为"在法庭上就案件和法律争讼提供法律咨询和解答是法学家们的主要活动。从公元前2世纪到公元3世纪,罗马法学家除了为罗马公民个人提供法律帮助外,他们中的许多人还曾担任过罗马裁判官或裁判官的法律顾问"④。亦即,罗马法学家要么以法学家身份参与法庭上的案件讼争,要么法学家本人就是裁判官或裁判官顾问。

其次,从罗马法学的学术争议点也可以印证其实践技艺法学特质。学界普遍认为,古典罗马法学之发达与其两大法学流派的不竭推动息息相关。罗马法学两大学派即萨宾学派和普罗库勒学派,对二者的实

---

① 〔古罗马〕西塞罗:《国家篇 法律篇》,沈叔平、苏力译,商务印书馆1999年版,第155页。
② 〔德〕弗里德里希·卡尔·冯·萨维尼:《论立法与法学的当代使命》,许章润译,中国法制出版社2001年版,第23页。
③ 同上。
④ 舒国滢:《法学的知识谱系(上)》,商务印书馆2021年版,第359页。

质差异点学界并未取得统一认识,这可能与他们共同注重实践技艺而非理论创新有关。盖尤斯在其《法学阶梯》一书中总结了两个学派的 22 项具体争议问题,"在这 22 项争议中,有 1 项涉及人法,2 项涉及物法,8 项涉及继承法,8 项涉及债法,还有 3 项涉及诉讼法"①。显然,两大法学流派的论争焦点几乎都属于私法讼争的实际问题。

最后,罗马法学家参与罗马法发展的具体路径主要有两种:"第一种途径是通过司法解释扩大已经存在于法律(leges)、裁判官告示(edicta)、元老院决议(senatus consulta)和谕令(constitutiones)中的规范的使用范围,从而使这些规范总能适用于新的情况和新的问题。第二种途径是将罗马法制中存在却没有文字记载的法律思想或法律意识制定成规范并适用于具体的案例。"②质言之,第一种方式类似于将制定法灵活适用于具体案件中从而发展制定法;第二种方式类似于由司法路径积累判例规则。总之,罗马法学家的研究对象总是与系争案件有关,他们要解决的问题较为具体。"他们拥有完善并且精湛的法学技艺,在对这种技艺的全面运用中创造着法律制度,但他们所从事的与其说是我们现在所理解的法学,不如说是一种技艺。"③职是之故,古典罗马法学是充盈着人间烟火气息的实践技艺法学,无怪乎公元 1 世纪的

---

① 依次为适婚人的认定标准问题;有关要式物问题;加工物的所有权问题;被忽略的继承人之继承权问题;接受遗赠之效力问题;所实行的直接遗赠是附条件的,在条件尚不具备期间,被遗赠物属谁的问题;先取遗赠问题;在设立继承人之前能否指定监护人问题;某人处于被我们设立为继承人的人之支配权下,是否可以向其遗赠的问题;继承人在以拟诉弃权的方式转让遗产时是否应做些什么的问题;附加不可能的条件的遗赠是否有效问题;某人在要式口约中约定向他本人以及他并不从属于其权力的人实行给付,此种要式口约具有多少效力的问题;异邦人是否可以通过债权誊账负债的问题;某物按照估价出售,该交易行为有无效力的问题;价金是否可以是其他物问题;委托人超越了委托范围问题;因增加主人名字而产生的效力是否也出现在根据主人中一人的命令行事的情况的问题;债因清偿应给付物而消灭的问题;某个应保人的增加或减少是否造成债的更新问题;他人的奴隶或儿子对"我"实施了侵害,后来他转处于"我"的支配权下,诉讼消灭还是中止的问题;家子因实施侵害而被以要式买卖方式出卖,应被出卖几次方可的问题;被提起诉讼之人在案件判决之前及接受审判之后向原告清偿,法官应将其开释抑或对其予以判罚的问题。舒国滢:《罗马法学成长中的方法论因素》,载《比较法研究》2013 年第 1 期。
② 舒国滢:《法学的知识谱系(上)》,商务印书馆 2021 年版,第 359—360 页。
③ 〔意〕朱塞佩·格罗索:《罗马法史》,黄风译,中国政法大学出版社 2018 年版,第 296 页。

著名法学家塞尔苏斯喟叹:"法乃善良与公平之技艺。"①既然是一种实践技艺,古典罗马法学的旨趣自然不在抽象的理论思辨上,但它俨然已经是一个成功摆脱了神秘宗教影响的世俗法学体系,只不过相比后世的法学体系略显粗糙而已。

古典罗马法学实践技艺法学的特质决定了它是希腊修辞技艺的践行者。学者约翰内斯·史特鲁克斯曾潜心研究过罗马法学与修辞学间的内在关联。他认为:"法学家从哲学家那里,特别是从斯多葛学派那里承接过来他们的一般科学方法,这一传统套路使一种真正的理解仅仅处在路途之中。因为受到西塞罗称赞的塞尔维尤斯·苏尔比丘斯·鲁福斯不是斯多葛学派;相反,法学的工作方式受年轻的逍遥学派和学院派的影响。这一工作方式是通过修辞学作为媒介促成的。"②这一研究结论再次印证了西塞罗的"希腊流进我们城市的确实不是一条小溪,而是一条文化与学术的大河"③的说法。罗马法学的养成一方面受惠于柏拉图的法哲学方法论(斯多葛学派的自然法哲学与之同源),另一方面受惠于亚里士多德的修辞技艺(学院派和逍遥学派与之同源)。

古代希腊的修辞技艺在维柯的《新科学》一书中曾被提及。作为一个对法学充满热情的18世纪思想家,维柯首先看到了修辞技艺于法律发展的重要性。他将发源于古代希腊后被罗马法学广泛运用的修辞技艺称为"古代研究方法",以之批判在他那个年代如日中天的笛卡尔的数学方法。对罗马法学及西塞罗论著熟稔之至的维柯极其推崇古代的修辞技艺。古代修辞技艺起初只是智者学派的论辩术,为苏格拉底、柏拉图所不齿。"柏拉图对这个被到处运用而有伤风化的论辩术进行猛烈的驳斥——众所周知,在其对话录中他让苏格拉底自己跟自己辩论,力图最终确保有一块坚实的哲学基地。"④到了亚里士多德那里,他在坚

---

① 《学说汇纂(第一卷)》,罗智敏译,中国政法大学出版社2008年版,第5页。
② 转引自〔德〕特奥多尔·菲韦格:《论题学与法学——论法学的基础研究》,舒国滢译,法律出版社2012年版,第61—62页。
③ 〔古罗马〕西塞罗:《国家篇 法律篇》,沈叔平、苏力译,商务印书馆1999年版,第71页。
④ 〔德〕特奥多尔·菲韦格:《论题学与法学——论法学的基础研究》,舒国滢译,法律出版社2012年版,第11页。

持前辈区分"明证主题"(哲学家的真理领域)和"辩证主题"(修辞家论辩领域)的前提下,"越界"关注了"辩证主题"。其《工具论》之第五部分(《论题篇》)和第六部分(《辩谬篇》)均不属于哲学家的"明证主题",而属于修辞家的"辩证主题"。亚里士多德自然不是为了抛开哲学家的"明证推理"[①]立场,而献身于修辞家的"辩证推理"。[②] 这位哲学鸿儒只是尝试将其逻辑学推广应用于修辞领域,并将之视为"辩证推理"之预备阶段。所谓"辩证推理",即从"普遍接受的意见"这一前提出发而展开的推理,亚里士多德将之名为"论题学"。其中,"普遍接受的意见"即"在一切人或多数人或圣贤们看来真实,亦即,要么在圣贤们看来真实、要么在全体人或多数人或最负盛名者或最受尊敬者看来真实"[③]的意见。这些基本可靠的意见构成论辩的前提,可能被赞成,也可能被反对,始终服务于论辩的需要。为什么"论题学"值得关注呢?因为"人们希望去把握的问题从来不可能甚至在有限的程度上被彻底清除,而处处以不断花样翻新的形式出现。恒长的问题制约性阻止人们按照后退与前进的方式进行平心静气的逻辑推导。我们摆脱不掉问题的困扰,除非我们把它说成是一个假问题"[④]。无疑,论题学不同于完全的体系意义上的逻辑还原或逻辑演绎,它的关注点是一个命题能否得到"确认"而非"确证",当然论题学并不完全排除逻辑还原与逻辑演绎,否则将沦为诡辩术。

在亚里士多德《论题篇》问世300年后,也就是公元前44年,论题学方法因另一同名著作的出现而重新大放异彩。这一同名著作出自西塞罗之手,是西塞罗在被谋杀的前一年,在危机四伏的逃亡旅途中为其法律友人所作。比较两个《论题篇》可以看出,亚里士多德为论题学贡

---

① 所谓"明证推理"即由"真实和原初的前提"开展的推理。"真实和原初的前提是指那些不因其他而自身就具有可靠性的东西。不应该穷究知识第一原理的缘由,因为每个第一原理都由于自身而具有可靠性。"〔古希腊〕亚里士多德:《工具论(下)》,余纪元等译,中国人民大学出版社2003年版,第351页。
② 所谓"辩证推理",即"从普遍接受的意见出发进行的推理"。
③ 〔德〕特奥多尔·菲韦格:《论题学与法学——论法学的基础研究》,舒国滢译,法律出版社2012年版,第14页。
④ 同上书,第36页。

献了论题的理论分类,而西塞罗的《论题篇》则更多是从论辩实践上提供了智识助益,西塞罗的论题学实践立场对于罗马法学意义重大。西塞罗曾盛赞罗马法学家塞尔维尤斯·苏尔比丘斯·鲁福斯"拥有合乎技艺的知识"①。这种知识就是"教人如何把整个问题分成部分,通过定义来说明何者隐匿其间,通过解释来澄清模糊之处,教人如何第一眼看到什么是含义暧昧不明的,然后将它加以区分,最后产生一个规则,根据这个规则,就可以判断真假,确定什么结论可以从什么前提得出,什么结论不可以从什么前提得出"②。这种修辞技艺"允许法学家们不是把法理解为其所仅仅接纳的东西,而是理解为他们不断负责共同构造的东西"③。换言之,此技艺实乃从具体的个别情景、鲜活案例中寻找具有普遍意义的规则之技艺。用萨维尼描述罗马法学的说法即"正是在这个时候,好像这个案例是整个科学的起始点,科学应当由这里发现出来"④。应该说萨维尼这里所说的"科学"实际上是亚里士多德眼中的实践性"技艺"。在《尼各马可伦理学》一书中,亚里士多德提出,"灵魂的德性分为道德德性和理智德性。(理智德性)有两个部分:一个部分思考其始终不变的那些事物,另一部分思考可变的事物。一个可以称为知识的部分,另一个可以称为推理的部分。"⑤基于以上两个部分理智德性状况评判的需要,亚里士多德提供了"科学"和"技艺"等五种标准。关于"科学",他认为,"科学的对象是由于必然性而存在的,因此,它是永恒的。其次,科学可以传授,科学的知识可以学得。所以,科学是可以凭借它来作证明的那种品质。"⑥所谓"技艺",类似于"使某种事物生

---

① 〔德〕特奥多尔·菲韦格:《论题学与法学——论法学的基础研究》,舒国滢译,法律出版社2012年版,第50页。
② 同上书,第51页。
③ 同上书,第52页。
④ 〔德〕弗里德里希·卡尔·冯·萨维尼:《论立法与法学的当代使命》,许章润译,中国法制出版社2001年版,第23页。
⑤ 〔古希腊〕亚里士多德:《尼各马可伦理学》,廖申白译,商务印书馆2003年版,第181—182页。
⑥ 同上书,第186页。

成的方法"①。显然,亚里士多德将柏拉图的体系称为"科学",而将自己的体系归结为实践"技艺"。

回头再来审视古典罗马法学与以上希腊法哲学的方法论线索,显而易见,在柏拉图体系下,古典罗马法学是"神事和人事的知识,正与不正的学问";而在亚里士多德体系下,古典罗马法学本质上则是"善良与公平的技艺"。即使是 20 世纪的法学家施塔姆勒也十分肯定希腊法哲学对罗马法学的思想恩泽。"这个民族似乎命中注定要对实定法给出清晰透彻的阐明。他们才思泉涌,习得了令法律顺应公共生活和私人生活的技艺……他们在表述基本概念时,唯希腊人马首是瞻。"②一言以蔽之,古典罗马法学的本质依然是探索法之概念,只不过它是由实践性法概念出发形成的独具特色的实践技艺法学体系。当然,开世界法学风气之先的古典罗马法学还相对粗糙,但其世界第一支体系化法学的地位至今无法被撼动俨然是一个事实,现代人不能带着现代法学的滤镜对其简单评判。

同时需要说明的是,古典罗马法学于 3 世纪末期基本衰微,因为"公元 300 年以前的很长一段时间中,法学作为罗马的一种科学,饱受思想贫瘠之苦;它分享着与艺术相同的命运。法学停留在五大法学家的水平止步不前。皇帝的谕令成为那时唯一一种活的法律渊源"③。亦即,从法律渊源看,皇帝敕令实际成为官定法律的唯一形式,且习惯的效力降至补充法律的地位,活的"法学家解答"也不复存在。法律渊源的多样性不再延续,到了 6 世纪,东罗马帝国的法典编纂开创了法典编纂的风气。从法的形式看,此时的"法"逐渐开始发生变化,它已经不再是裁判官和法学家共同参与拟制的私法偏向的不成文法。前者之"法律完全是由沉潜于内,默无言声而孜孜矻矻的伟力,而非法律制定者的

---

① 〔古希腊〕亚里士多德:《尼各马可伦理学》,廖申白译,商务印书馆 2003 年版,第 187 页。
② 〔德〕施塔姆勒:《现代法学之根本趋势》,姚远译,商务印书馆 2016 年版,第 14—15 页。
③ 〔英〕梅特兰等:《欧陆法律史概览:事件、渊源、人物及运动(修订本)》,屈文生等译,上海人民出版社 2015 年版,第 4 页。

专断恶意而孕就的"①;而后者之法主要是事实上囊括了公法和私法的制定法(*lex*)。由此,后古典罗马法学已经逐渐发生了转向,与古典罗马法学开始分道扬镳,这为中世纪欧陆实证主义法学的产生奠定了基础。只有看到这些知识史线索,才能理解耶林为什么要说"实证主义是法学的死敌",②因为他对古典罗马法学充满崇敬,他眼中真正的法学唯有古典罗马法学。

吊诡的是,古典罗马法学的实践技艺法学之丰厚遗产在英国而非欧陆得到了最好的传承和发展,这对于英国中世纪普通法学的形成至关重要。因此,本书将古典罗马法学归结为英国宪法学方法论的第二重学术根脉。

---

① 〔德〕弗里德里希·卡尔·冯·萨维尼:《论立法与法学的当代使命》,许章润译,中国法制出版社2001年版,第11页。
② 〔德〕鲁道夫·冯·耶林:《法学是一门科学吗?》,李君韬译,法律出版社2010年版,第47页。

第三章
英国宪法学方法论的中世纪普通法学根脉

（6—15世纪）

> 普通法无非就是理性而已，它可以被理解为通过长期的研究、深思和经验而实现的理性之技艺性的完美成就，而不是普通人的天生的理性。这种法律理性乃是最高的理性。
>
> ——〔英〕爱德华·柯克

第一节　重返中世纪的必要性

一、中世纪是从罗马到近代的必经阶段

在西方,有关中世纪(The Middle Ages)的种种"不公道的观点持续了整整500年"①。诸如,"中世纪是欧洲历史上一个灾难性的时代""在这些年里,人类的意识犹如梦游,至多只是半醒""中世纪笼罩在一重重铅灰色的迷烟巨雾之中"等贬低之说,②不一而足,似乎那是一段与西方文明格格不入的历史。

也许是罗马帝国的荣光过于耀眼,中世纪文明的光芒一遇到它就折散了。"鼎盛时期的罗马帝国,是人类史上最庞大的国家之一。在帝国初期的两个世纪,罗马帝国从今天伊拉克的幼发拉底河畔扩张到大西洋海岸,从北非的撒哈拉沙漠,扩张到欧洲中部的多瑙河和莱茵河以及英格兰的舍维山……能够让罗马从地中海盆地开始的扩张被迫停止的只有地理原因,罗马的边界就是它的军队能够到达、它的土地拥有者们能够播种并获利的最远的地方。"③然而,即使是如此庞大的帝国终究还是随风消逝了,成了尘封的历史和被不断诉说的传奇。那些曾被罗马视为北方"蛮族"的日耳曼人(或称条顿人)④历经数次冒险的迁徙与征服之后,最终移步峰顶,俘获了那个比他们更先进的巨大文明。铁甲锐士无坚不摧、攻城略地,西罗马帝国最终于476年灰飞烟灭。作为其唯一且合法的政治继承主体,东罗马帝国即拜占庭帝国则存续至1453年。通说认为,476年西罗马帝国的覆亡标志着古代希腊、古代罗马之

---

① 〔美〕朱迪斯·M.本内特、C.沃伦·霍利斯特:《欧洲中世纪史》,杨宁、李韵译,上海社会科学院出版社2007年版,第1页。
② 同上书,第1页。
③ 同上书,第8、11、245页。
④ 因"Teutonic"(条顿人或条顿语言)与"Germanic"(日耳曼人或日耳曼语)含义相同,故日耳曼人也被称为条顿人。

古典文明时代的结束,而介于古典文明与近代文明之间的"中间"时期便是所谓的中世纪。

如果将中世纪纵向剖面,500—1000 年约可视为"中世纪早期",1000—1300 年约可视为"中世纪中期",1300—1500 年约可视为"中世纪晚期"。① 如果将中世纪横向解析,则会看到在曾经广袤的罗马帝国废墟上,地中海沿岸孕育的三支文明力量——西欧、拜占庭、伊斯兰,一直在上演着它们或合作或逐鹿的博弈大剧。三支文明力量有俗教之争、教权之争、教派之争,其中,西欧和拜占庭信奉基督教,它们与伊斯兰的信仰之争无疑属于教权之争。基督教教派分裂后的西欧信奉传统的天主教,而拜占庭则信奉希腊的东正教,二者间的信仰之争显然属于教派之争。总之,由这些复杂的教俗冲突织就的中世纪历史可谓波诡云谲。大略观之,在中世纪早期阶段,西欧是三支文明中最弱势、最受歧视的,但是到了中世纪中期,西欧已然兴盛,拜占庭和伊斯兰则逐渐处于下风,直至拜占庭落败于伊斯兰。而中世纪晚期阶段则可被视为现代早期,因为中世纪的主导价值——经院哲学已经开始遭受质疑,人文主义复兴,现代性理念产生。

中世纪法律与法学的生长时空主要在西欧。因此,要把握中世纪的法学,了解西欧的风云简史及社会形态是必要的。在中世纪早期,所谓"西欧"指西部的诸蛮族继承国。割据自治的西部诸蛮族继承国的大致谱系是:原罗马统治的亚平宁半岛于 493 年变成了东哥特人的东哥特王国;原罗马统治的高卢地区于 481 年成为法兰克人的法兰克王国(481—751 年为墨洛温王朝,751—987 年为加洛林王朝);原罗马统治的不列颠于 5 世纪成了盎格鲁-撒克逊人的盎格鲁-撒克逊诸国;原罗马统治的伊比利亚半岛于 5 世纪成为西哥特人的西哥特王国;原罗马统治的北非地区于 5 世纪时成了汪达尔人的汪达尔王国(534 年被拜占庭帝国重新征服)。西欧在中世纪早期曾出现过短暂的统一,"欧罗巴"

---

① 〔美〕朱迪斯·M.本内特、C.沃伦·霍利斯特:《欧洲中世纪史》,杨宁、李韵译,上海社会科学院出版社 2007 年版,第 2 页。

这一名词在 8 世纪时开始被用于指称地理意义上的欧洲。查理曼建立的加洛林帝国被历史学家称为第一个"欧洲帝国"。彼时,除了亚平宁半岛南端的一些公国、盎格鲁-撒克逊诸王国、伊比利亚半岛大部分地区之外,查理曼的权力几乎渗入了整个西方基督教世界。然而,"查理曼的帝国虽然伟大,但从来就没有达到能和拜占庭及伊斯兰帝国一较高下的地步。800—1000 年间,查理曼的帝国分裂了,而它的邻居们仍然繁荣富强。"①843 年,《凡尔登条约》签订,查理曼的三个孙子将加洛林帝国一分为三,分别为西法兰克王国、中间工国、东法兰克王国,在面临内忧的同时,维京人从北面、马扎尔人从东面、穆斯林从南面三面前来侵犯,重重压力之下,加洛林王室的统治于 911 年结束。西欧再次形成了新的政治格局,英格兰成了一个统一的国家;西法兰克成了自治公国;东法兰克则成为神圣罗马帝国,②亚平宁半岛出现了自治城市。到了 13 世纪中期,神圣罗马帝国又因政教之争和地方分权变得四分五裂,而此时英国和法国的中央集权日益加强,其他主权国家正在破茧成蝶。1453 年,英、法耗时 116 年的百年战争宣告结束,这场旷日持久的兵刃血战的最终结果是英格兰几乎失去了在法国的所有领地。同年,存续了千余年的东部基督教王国拜占庭帝国被伊斯兰教王国奥斯曼帝国取代,这一重大事件宣告了蛮族封建文化、基督教文化、希腊—罗马文化混合浇筑而成的中世纪时代结束。

二、寻找英国法的中世纪智识根源

20 世纪 80 年代初期,因研究法与宗教关系而建树卓越、独步学林

---

① 〔美〕朱迪斯·M. 本内特、C. 沃伦·霍利斯特:《欧洲中世纪史》,杨宁、李韵译,上海社会科学院出版社 2007 年版,第 104—105 页。
② 962 年,教皇为萨克森国王奥托一世(936—973 年在位)加冕,封其为"罗马皇帝",其时,奥托已经统治了东法兰克的五个公国。这一事件标志着神圣罗马帝国的成立。需要注意的是,"神圣罗马帝国"这一名词直到 12 世纪才出现。〔美〕朱迪斯·M. 本内特、C. 沃伦·霍利斯特:《欧洲中世纪史》,杨宁、李韵译,上海社会科学院出版社 2007 年版,第 150 页。

的法学名宿伯尔曼呐喊:"为什么英国法律的历史还未写成?"①他无疑是接过了百年前梅特兰的旗帜。梅特兰在抛出"为什么英国法律的历史还未写成?"这一大问题后,自解为"近六百年来,英国法律家过分渲染了我们法律史的与众不同……就我所知,有大量的中世纪法律与我们的法律极为相似"②。伯尔曼基于与梅特兰相同的立场,认为西方法律的历史之所以还未完全写成,是因为"历史主要是民族国家史。正是科学史学这一潜在的思想意识偏见,对法律研究影响至深。法律史学理论的狭隘,不仅要归咎于它所持的民族主义思想观念,还要归咎于它接受了法律实证主义者所预设的前提。实证主义法学对习惯、衡平、传统等其他法律渊源漠然置之。"③亦即,不仅英国,整个西方法律史的叙写都无法避开前近代历史,人为割裂或屏蔽法史的完整图像可能会造成法学知识传统的断裂,使对法律理念的理解被蒙上一层面纱,难以看清。

中世纪法史绝非简单的罗马法复兴。爱德华·甄克斯申言:"中世纪法律大厦的建设者不是罗马人,而是条顿人。"④其言辞可谓切中肯綮。所谓"条顿人"即我们以上所述之"蛮族",他们可能是哥特人、法兰克人、盎格鲁-撒克逊人、伦巴第人、汪达尔人、维京人、诺曼人,无论称谓如何,这些人归根结底均是日耳曼人(或称条顿人),他们都是条顿人的枝蔓。这些"蛮族人"在基督教面前弯下了他们不屈的脖颈,主动选择成为十字架的卫士。他们不仅学习古典罗马法方式记录下本民族的习惯法,而且为古典罗马法的中世纪化注入了封建法元素、教会法元素、商人法元素、城镇法元素。为此,甄克斯甚至高度评价,"条顿文明

---

① 这一说法是伯尔曼1982年10月23日在美国法律史协会年会上作的一般性发言的题目。伯尔曼开篇即坦言自己的标题取自梅特兰的就职演说"为什么英国的法律的历史还未写成?"〔美〕伯尔曼:《信仰与秩序:法律与宗教的复合》,姚剑波译,中央编译出版社2010年版,第22页。
② 同上。
③ 同上书,第24页。
④ 〔英〕爱德华·甄克斯:《原序二》,载〔英〕梅特兰等:《欧陆法律史概览:事件、渊源、人物及运动(修订本)》,屈文生等译,上海人民出版社2015年版。

的'良心'就是条顿法。"①从这一要义来看,条顿人似乎并非尽如罗马人眼中的"蛮族",他们是希腊—罗马文明的破坏者,却也是新欧洲文明不折不扣的建设者。

在注意到以上中世纪法律塑造者的种族特殊性的同时,还不能忽视一个特殊的智识元素。"对于尚未形成的欧洲法来说,1世纪这个时间点十分关键,因为一位无比重要的代言人正在从遥远的地平线冉冉升起。到了5世纪,它便成为推动欧洲法向前发展的巨大引擎,这位代言人就是基督教。"②发端于公元1世纪早期的基督教出身极其卑微,人们总是说其发起者耶稣出生于马槽,其信仰脱胎于巴勒斯坦的犹太神秘教派。事实上,基督教是古代希腊文化和犹太文化相融合的神秘教派之一。"与罗马最先采用的希腊诸神相似的是,罗马传统的神明保卫的是社会和政治团体的集体利益;而新的神秘教派则旨在解决个人的疾苦、满足个人的愿望。"③而正是这一瞄准个体灵魂安危的外来信仰满足了广袤的罗马帝制时代人的精神需求。虽然起点不高,却并不影响基督教扩张的速度,它在极短的时间内就将自己的影响力从地中海的东岸延展到了西岸。基督教在罗马从被视为异端到被请上神坛的极端悲喜遭际,令人唏嘘感喟,然无人能否认基督教对于西方文化的持久影响力。4世纪,基督教取得了罗马国教的神圣地位。④"基督教与罗马帝国这两大势力的结合立刻引发了一场地震,从根本上撼动了罗马法的基础。地震结束之后,一个新的规范体系浮现出来。在这个新体系之中,法律的效力与市民身份不再有任何联系;同时,法律也不再是一种具有属地性的规范;此外,法律的规范性逐渐与一种共同的信仰捆绑

---

① 〔英〕爱德华·甄克斯:《原序二》,载〔英〕梅特兰等:《欧陆法律史概览:事件、渊源、人物及运动(修订本)》,屈文生等译,上海人民出版社2015年版。
② 〔美〕塔玛尔·赫尔佐格:《欧洲法律简史:两千五百年来的变迁》,高仰光译,中国政法大学出版社2019年版,第54页。
③ 〔美〕朱迪斯·M.本内特、C.沃伦·霍利斯特:《欧洲中世纪史》,杨宁、李韵译,上海社会科学院出版社2007年版,第15页。
④ 同上书,第22—23页。

在一起。这个新体系依靠信徒在各地快速传播。"①总之,伴随罗马化基督教横跨欧洲南部、西部、中部和北部的大部分地区这一凌云壮志的实现,理念意义上的欧洲几乎同步形成。"大概到了 10 世纪——也许比这还要更早——那些居住在不同地域的,有着截然不同的历史和文化的欧洲人开始找到了一种共同的感觉,他们一方面自认为是基督教的子民,另一方面自认为是罗马的继承人。"②欧洲由此出现了一个相对统一的"拉丁基督教世界",而与这一伟大进程相适应的是一种带有中世纪印痕的新规范体系,这一体系不同于原汁原味的古典罗马法。持续的后罗马时代的基督教化与罗马化进程让欧洲在宗教层面上实现了统一。昔日繁华的政治中心罗马变身为基督教活动的中心,基督教教徒沟通的主要语言也从早期的希腊语变为拉丁语。"罗马国家对宗教实践予以规范,并为罗马教会立法。根据优士丁尼法典的记载,313—399 年间,罗马制定的法律中有 41 部是有关教会纪律和活动的。皇帝裁决案件时(哪怕是世俗的案件),他所依据的身份不是国王,而是他的另一个职务:祭司长(Pontifex Maximus)。"③质言之,对宗教文化共同体的认同催生出了一种横亘欧陆的教会法体系。

职是之故,书写西方法律历史必须正视并尊重中世纪所发生的法律兴替故事,暂时摆脱民族国家史之偏狭,走出国家视域;同时,还要摒弃法系之门户偏见,将法的理解前移至法系之楚河汉界未定之时空。譬如,广为流传并被普遍接受的两大法系均诞生于西欧,其影响早已波及全球。通常人们更多聚焦于二者的界分,忽略了它们的内在关联及历史共源。事实上,"西欧的法律与英美法之间存在一种交织的共同的祖先,有种族上的,也有智识上的。"④而整个西方法律历史之种族线索

---

① 〔美〕塔玛尔·赫尔佐格:《欧洲法律简史:两千五百年来的变迁》,高仰光译,中国政法大学出版社 2019 年版,第 54—55 页。
② 同上书,第 68 页。
③ 优士丁尼法典即前述的查士丁尼法典,是两种不同的译法。王笑红:《试论教会法的演变及其对世俗法律的影响》,华东政法大学 2011 年博士学位论文。
④ 〔英〕梅特兰等:《欧陆法律史概览:事件、渊源、人物及运动(修订本)》,屈文生等译,上海人民出版社 2015 年版,总序。

和智识线索的准确把握都要回溯至时局变动频繁、种族迁徙融合、观念迭出碰撞的欧洲中世纪。

第二节 中世纪英国法的时代背景

一、"英国"指称的变迁

英国自始是一个典型的岛国,"被海洋包围着,所以英国的每个地方,不管它多么遥远荒僻,距离海洋却十分接近,这一点对于英国历史的发展具有永恒的意义"①。即使是其国家名称,也镌刻着这一独特地理印记。承载着这个国家物理部分的不列颠岛因居住于岛屿之最早住民"不列吞人"(或译为"不列颠人")而得名。该岛屿之主体部分英格兰承载着这个国家的基本文化底蕴。因此,英国也常被人们称为"英格兰"(England)或"不列颠"(Britain)。威尔士在都铎王朝时期(1485—1603)的 1536 年,与英格兰合并;苏格兰则在斯图亚特王朝时期(1603—1714)的 1707 年并入英格兰,两地正式合并为"大不列颠联合王国"。到了汉诺威王朝时期的(1714—1901)的 1801 年,爱尔兰并入王国,始有"大不列颠及爱尔兰联合王国"(the United Kingdom of Great Britain)之称,这一名称延续至 1922 年。1921 年,《爱英条约》签订,并于次年通过生效,爱尔兰岛南部 26 个天主教郡由此宣布成立爱尔兰自由邦,爱尔兰北部的 6 个新教郡选择留在英国。从此,英国的国家名称改为"大不列颠及北爱尔兰联合王国"(United Kingdom of Great Britain and Northern Ireland),简称"联合王国"(United Kingdom)。

---

① 〔英〕阿萨·布里格斯:《英国社会史》,陈叔平、陈小惠、刘幼勤、周俊文译,商务印书馆 2015 年版,第 8 页。

二、"英国中世纪"史概览

500—1500 年同样是英国的中世纪。大略观之,其中的前 600 年大体属于日耳曼时代;后 400 年属于盎格鲁-诺曼时代。也可以说前 500 年基本属于非统一王朝时期(449—1066);后 500 年属于统一王朝时期(1066—1500)。

英国中世纪同样始于西罗马帝国在不列颠的衰微时刻。罗马不列颠时期(43—410)维持了近 400 年之久,"在被罗马征服的时候,不列颠的文化似乎已经发展了 1500—2000 年,在罗马人到来之前的铁器时代末期,不列颠社会已经形成了罗马人在西北欧其他地方所遇到的相似的组织形式,并形成了自己的文化和语言,我们不准确地称之为'凯尔特文化'和'凯尔特语言'"[①]。第一个来不列颠冒险的罗马人是盖乌斯·尤里乌斯·恺撒。公元前 59 年,勇武无比的恺撒一举夺得高卢之后,开始觊觎隔海相望的神秘的不列颠岛。"他进行了两次远征,但都没能立即实现罗马人在大不列颠开疆拓土的伟业……然而,确定恺撒入侵的确切年份——公元前 55 年和公元前 44 年——却有着两重重要意义。首先,英格兰的历史自那以后不再是完全没有文字记载的历史了。其次,通过罗马,英格兰被纳入了基督教世界。"[②] 97 年之后,罗马帝国的第四位皇帝克劳狄一世承袭了恺撒的未竟事业,于公元 43 年一举征服了不列颠岛的中部和南部,"他是使大洋彼岸的野蛮人臣服于罗马国家权力的第一人"[③],罗马凯旋门上的题词正是对这一事件的背书。在成为罗马的行省后,罗马不列颠的内部区划并不是一成不变的。它在"公元 197 年被划分为两个省,公元 284 年被划分为四个省,公元 369 年被划分为五个省"[④]。由于派往罗马不列颠的罗马官员数量有限,因

---

① 〔英〕肯尼思·O.摩根:《牛津英国史》,方光荣译,人民日报出版社 2021 年版,第 1—2 页。
② 〔英〕阿萨·布里格斯:《英国社会史》,陈叔平、陈小惠、刘幼勤、周俊文译,商务印书馆 2015 年版,第 30 页。
③ 同上书,第 33 页。
④ 同上书,第 36 页。

此总督吸收了当地望族成为公职人员。然而，罗马在不列颠地区的荣耀与帝国自身的命运紧密交织，当那只放风筝的大手感到无力时，风筝也就落下了。401年，西罗马帝国的政局在风雨中飘摇，罗马军队开始不断从不列颠撤离，到"公元402年，不列颠停止进口大量新货币，这一定意味着罗马中央财政不再支付不列颠的正规部队和文职官员的薪俸……公元408年，君士坦丁三世的大部分军队都不在西班牙，使他无法应付蛮族对不列颠的袭击。此时，不列颠与部分高卢地区一道发生叛乱，驱逐了君士坦丁三世的政府，从此决定性地中断了罗马的统治。"① 近400年的罗马不列颠时期宣告结束。以此为开端，英国一千年的中世纪历史大幕徐徐揭开。虽说罗马的铁骑早已扬尘东去，但它对于不列颠岛的间接影响并未真正散去。作为物质遗存的最重要的罗马式地标——哈德良长城至今横亘在英国。作为会言说的精神遗存——基督教从未离开过英国人的生活。正是通过古罗马这一转轴，不列颠岛被纳入了西方基督教世界的宏大装置。公元2世纪，不列颠王卢修斯曾写信给神圣的罗马主教埃路塞路斯，请求下一道训令让他成为基督教徒。他的这一虔诚的愿望很快得到了实现。② 历史上公认的2世纪基督教开始传入不列颠即由此而来。

罗马人离开后的不列颠旋即陷入了兵锋和血刃之中。449—1066年，不列颠受到日耳曼部族的侵袭，起因是乞求于罗马而不灵的不列颠人不堪忍受北方皮克特人的侵袭，遂派遣使者前往日耳曼部落，向撒克逊人求援，结果却引狼入室。"经过150年的血战，撒克逊七国尘埃落定。除了威尔士和康沃尔，不列颠东部和南部的居民、语言、习俗、政制都已经面目全非。罗马治不列颠，文物足述、声教可观。蛮夷得国，逞

---

① 〔英〕肯尼思·O. 摩根：《牛津英国史》，方光荣译，人民日报出版社2021年版，第45—46页。
② 〔英〕比德：《英吉利教会史》，陈维振、周清民译，商务印书馆1991年版，第30页。比德书中所谓的"主历"应该指现代所谓的"公历"。基督教的产生事实上早于公历纪元。公历纪元是在6世纪有关复活节时间的争论中产生的，后来于7世纪取代了王位世纪年。

其凶锋,礼乐扫地、百年其戎。"①827 年,撒克逊七国历经三百年的干戈终于在威塞克斯王国的埃格伯特王时期平息,当时的威塞克斯王国的疆域接近今天的英格兰,埃格伯特也因此被各国共同尊称为"不列颠的统治者"。威塞克斯王国的第八位君主埃塞尔斯坦进一步收复了丹麦人占领的一些地区,征服了威尔士和苏格兰,荣膺"全不列颠的统治者"称谓,由此早期的统一王国初步形成。

在撒克逊七国战乱时期,肯特王国的国君埃塞尔伯特则为基督教在不列颠的传播做出了重要贡献。他引导撒克逊人信仰了基督教。597 年,来自罗马教廷的正式意义上的传教活动成了事实,受时任罗马教皇格列高里一世的派遣,奥古斯丁及 40 余名随从成功抵达肯特王国开始广泛传播天主福音。"601 年,教皇授予圣奥古斯丁大主教圣职,并且确定了他在坎特伯雷的主教教区。此后,盎格鲁-撒克逊地区的国王和贵族纷纷皈依基督教。"②到了 7 世纪中叶,肯特王国衰落,政治权力转移到了诺森比亚,正是在这里,由苏格兰南下的爱尔兰基督教派和由肯特北上的罗马基督教派出现了观念上的严重冲突,他们因不同的修道院制度、不同的复活节日期推算方法龃龉不断,两批基督教徒(不列颠教徒和撒克逊教徒)间的宗教行为规范亟须协调。"公元 664 年,在约克郡海滨的惠特比召开了一个重要的宗教会议,解决了凯尔特基督徒和罗马基督徒之间的重大分歧。前者的基督教活动先于撒克逊人的皈依,已经发展出他们自己的一套基督教修道制度和组织,而后者则直接听命于教皇,此次的决定支持后者。自此,一个统一的王国形成之前,已经形成了一个统一的教会。"③惠特比会议同时确立了罗马教皇对不列颠的诸多权力,"包括:(1) 建立天主教主教辖区并任命这些辖区天主教的主教;(2) 取消不利于罗马教会崇拜方式的凯尔特习俗;(3) 通

---

① 〔英〕大卫·休谟:《英国史 I:罗马-不列颠到金雀花王朝》,刘仲敬译,吉林出版集团有限责任公司 2012 年版,第 20 页。
② 冷霞:《英国早期衡平法概论——以大法官法院为中心》,商务印书馆 2010 年版,第 24 页。
③ 〔英〕阿萨·布里格斯:《英国社会史》,陈叔平、陈小惠、刘幼勤、周俊文译,商务印书馆 2015 年版,第 52 页。

第三章 英国宪法学方法论的中世纪普通法学根脉(6—15世纪)

过罗马教会重申它对于不列颠人的至尊地位的主张。"[1]正因如此,那个时代最伟大的学者、英国历史之父"可敬的比德"[2]说:"目前这个岛上的语言数目同《摩西五经》的卷数相同,一共有五种:岛上各族人民分别用英吉利语、不列颠语、苏格兰语、皮克特语和拉丁语钻研和宣传同一种最高真理和真正权威。"[3]换言之,8世纪的不列颠岛上空弥漫着浓浓的基督福音。经过两百年的渗透,"大约至9世纪,以两个大主教区(坎特伯雷大主教区和约克大主教区,坎特伯雷大主教为首席大主教)和若干主教区及基层教区的教会体制在英格兰建立了起来。"[4]需要强调的是,7世纪中叶起于不列颠岛上的基督教教派之争并不全然是一起宗教事件,它对于不列颠乃至西欧深刻的文化意义不可低估。两大教派中的爱尔兰基督教派来自罗马并未染指的偏僻的爱尔兰。"爱尔兰的修道院学校是当时西欧最好的。他们的学校,除了拉丁语之外,还设有别处没有的希腊语课……爱尔兰修道院制度的成功,不仅启蒙了爱尔兰地区。他们的传教团还在别的地区重振修院生活,在不列颠、法兰克甚至远至意大利半岛北部等许多地方建起修道团体。"[5]与之相对的罗马基督教派,其修道院是本笃会,[6]"本笃修道院也是重要的学术中心,修道院学校里诞生出中世纪早期大部分学者和作家。并且因为许多修道院专设有供研习、抄写经卷的文书房,修道院还起到了文化桥梁的作用,

---

[1] 转引自冷霞:《英国早期衡平法概论——以大法官法院为中心》,商务印书馆2010年版,第24页。
[2] "可敬的"原本是对教士的一般称呼,但因比德极其渊博的学识修养,早在9世纪时"可敬的"就成了对比德的固定尊称。比德著述很多,《英吉利教会史》为其最大成就,该书是第一部采用基督教历法纪年的史学著作。英国史学家格林赞比德为"作为英国学者的第一位,英国神学家的第一位,英国历史家的第一位,正是在这位蒙罗修士的身上,英国的学术赖以植根"。〔英〕比德:《英吉利教会史》,陈维振、周清民译,商务印书馆1991年版。
[3] 同上书,第24页。
[4] 陈绪刚:《法律职业与政治——以英格兰为例》,清华大学出版社2007年版,第62页。
[5] 〔美〕茱蒂丝·M.本内特、C.沃伦·霍利斯特:《欧洲中世纪史》,杨宁、李韵译,上海社会科学院出版社2007年版,第68页。
[6] 本笃会的创始人是"西方修院制度之父"圣本笃,他撰写了"圣本笃会规",其身后两三个世纪,其会规传遍了西方基督教世界。

拉丁语古卷得到重新抄写和妥善保存。"①上述两种修道院传统"于7世纪在遥远、寒冷、狂风大作的诺森比亚海岸直接相遇,由此导致了一次文化复苏,后人称之为'诺森比亚复兴'。"当诺森比亚文化衰落时,"诺森比亚的学术传统则由一群盎格鲁-撒克逊传教士在8世纪带到了欧洲。8世纪40年代,盎格鲁-撒克逊修士圣卜尼法斯改革了法兰克教会,他将教会组织系统化,和教皇建立起更密切的联系。8世纪晚期,西方基督教世界的中心又开始南移。这次从盎格鲁-撒克逊的英格兰转移至法兰克新帝查理曼统治下的新兴的法兰克帝国。各地学者云集在查理曼的宫廷里,其中最伟大的当属来自诺森比亚的修士阿尔昆。"②无疑,在西罗马帝国的废墟上,西欧早期的教会具有相当的独立性,神职人员安抚着人的灵魂、延续着罗马的传统并引领着当时的文化潮流。

基督教传入后,不列颠岛上的王权借助宗教加冕仪式获得了相当大的权威。例如,埃格伯特被尊称为"不列颠的统治者"。又如,阿尔弗雷德被尊称为"阿尔弗雷德大帝",此人幼年时曾被送往罗马学习。在盎格鲁-撒克逊七大王国统一之前的787年,丹麦人已经登陆不列颠岛且存有觊觎英格兰之野心。几百年来在抵御丹麦外侮的战火中,英国最具传奇色彩也最杰出的国君阿尔弗雷德出现了。他因雷厉风行、无柱无纵的风格获得了"英国君主制奠基人的称号"。然而,丹麦人,自克努特起,还是夺取了英格兰的王统。不列颠岛的最后一批进犯者是来自隔海相望的诺曼底公国的诺曼人。诺曼人虽然与丹麦人同样是维京人的后裔,但在进入英格兰时,他们的做法还是与直接南下的丹麦人不同。诺曼人首先将自己的部族安置在法国古称为纽斯特里亚省后改称为诺曼底公国的地方,封地的交换代价是他们必须向法国国王称臣效忠。因此,在诺曼底公国内是诺曼人统治着一群凯尔特人,到了诺曼底公国的第二位国王威廉一世统治时期,诺曼人已经与当地的凯尔特人

---

① 〔美〕茱蒂丝·M.本内特、C.沃伦·霍利斯特:《欧洲中世纪史》,杨宁、李韵译,上海社会科学院出版社2007年版,第68页。
② 同上书,第69—70页。

第三章　英国宪法学方法论的中世纪普通法学根脉(6—15世纪)

融合，他们主动接受了当地人的宗教、语言和习俗，更早浸染了文明的元素。1066年，因王位继承之争，诺曼底公爵威廉决定发兵英格兰，他事先取得了时任罗马教皇亚历山大二世的支持，"教皇宣布(撒克逊人的末代王国)哈罗德二世为篡位者，犯有伪证罪，将哈罗德及其追随者逐出教门。为了鼓励诺曼底公爵的事业，教皇赠他一面神圣的旗帜、一只内藏有圣彼得头发的戒指。于是，入侵英格兰的野心和暴力就掩盖在宗教的宽阔斗篷之中。"①威廉最终在黑斯廷斯战役中战胜哈罗德二世的军队。1066年圣诞节，诺曼底公爵威廉由时任约克大主教在威斯敏斯特大教堂加冕为国王。由此，盎格鲁-诺曼时代来临，1066年成为英格兰中世纪最重要的时间之一。

统一教会形成的400年之后，不列颠岛终于迎来了统一王朝时代，中世纪的不列颠统一王朝历经500年，先后经历了诺曼王朝(House of Normandy, 1066—1154)、金雀花王朝(House of Plantagent, 1154—1399)、兰开斯特王朝(House of Lancaster, 1399—1461)、约克王朝(House of York, 1461—1485)四个时代。期间，跨越14世纪和15世纪的英法百年战争(1337—1453)催生了英国的民族主义情结，这体现于两个方面：一是英语作为民族语言受到重视，"在14世纪结束之前，说法语和懂法语的人数显著下降；即使在政府和私人组织的官方和正式业务当中，英语的使用至少跟法语一样普遍。在这两个世纪中间的几十年里，议会的讨论以英语进行——对此种情况的第一次书面记载，可以追溯到1362年。到14世纪70年代，坎特伯雷正式大会的会议记录经常用英文；亨利四世于1399年用英语在议会发表(加冕)演讲。"②二是贵族的逐渐英格兰化。到1453年英法百年战争结束时，贵族领地(除加来外)悉数被法国收入囊中，几乎所有诺曼贵族包括国王也从心理上悉数成为纯粹的英格兰人，英国国民的民族意识大涨。

---

① 〔英〕大卫·休谟：《英国史I：罗马-不列颠到金雀花王朝》，刘仲敬译，吉林出版集团有限责任公司2012年版，第121页。

② 〔英〕肯尼思·O.摩根：《牛津英国史》，方光荣译，人民日报出版社2021年版，第206—207页。

第三节　中世纪英国法的渊源

一、制定法（statute）

马修·黑尔对英格兰制定法或议会法的分期值得借鉴,虽然此人是 17 世纪的法律人,但丝毫不影响他提出的制定法分期于中世纪法律的意义,因为他提出的分期的分水岭恰好就在中世纪。这个重要的时间节点非常具体——1189 年 9 月 3 日。它由 1275 年的《威斯敏斯特法Ⅰ》予以确立,原本是为判断权利令状是否有效而设定的时间界限(time of limitation),这个时间被确定为理查一世加冕之日。那一时间适逢英格兰普通法初步成型。马修·黑尔基于这一重要的时间节点将中世纪英格兰制定法分为法律追忆期之前的法和法律追忆期之后的法。

（一）法律追忆期之前的法

法律追忆期之前的英格兰制定法也被称为古代议会法。这些法律主要出自两个时期,"第一,制定于被称为'征服者'威廉一世国王到来之前;第二,出现于威廉一世到来和理查一世开始这段时间。"[①]威廉一世来不列颠岛之前的日耳曼时代的 7 世纪中叶,较为完整的教会组织已经出现。随着基督教在不列颠岛的广泛传播,欧洲大陆教会法的观念和技术也对英格兰习惯法造成了巨大影响。这些影响体现在形式和内容两方面。形式上,英格兰各王国纷纷出现了习惯法成文化现象,号称"英格兰第一部成文法"的《埃塞尔伯特法典》就是在第一个去不列颠岛传播基督教火种的时任坎特伯雷大主教奥古斯丁的指导下制定的。"据统计,到 1018 年《克努特法典》颁布时止,英格兰共制定过 11 部成

[①] 〔英〕大卫·休谟:《英国史Ⅰ:罗马-不列颠到金雀花王朝》,刘仲敬译,吉林出版集团有限责任公司 2012 年版,第 3 页。

文法典。"①教会法的一些内容也被吸收进了当时的英格兰法典中,"基督教主张解放奴隶,以金钱补偿制代替盎格鲁-撒克逊人的血亲复仇制,在教会法的影响下,英格兰形成了以契约文书或遗嘱转让土地的做法,在婚姻家庭制、财产制方面也产生了重要影响。"②基于如此史实,日耳曼时代分散的法典又再次被那个时代的一些国王整合汇编,后人常常将威廉一世来到英格兰之前长久有效的法律视为忏悔者爱德华的法律,称作《忏悔者的法律》(the confessor's laws)。而实际上,"忏悔者"爱德华的祖父"和平者"埃德加才是这些盎格鲁-撒克逊法律的最初整理编纂者。"忏悔者爱德华登基后,通过贵族会议恢复了沉睡六十七年的法律,这部法律被称为《圣爱德华法》,之所以有这个名称不是因为忏悔者爱德华制定了它,而是让这部彻底被遗忘的法律重见天日并用它向祖父致敬。在此之前,他的祖父和平者埃德加国王一直被认为是制定这部法律的人。"③可以说,忏悔者爱德华的法律应该是对前人法律的传承与发展,本质上是盎格鲁-撒克逊习惯法的记录与再现。同时,需要注意的是,以上的盎格鲁-撒克逊法典除了受到教会法影响外,还吸收了丹麦人带来的北欧习惯法元素,《克努特法典》就是丹麦人克努特在英格兰以武力登堂入室,建立克努特帝国后,依照盎格鲁-撒克逊国王的一贯做法,在当时的约克大主教沃尔夫斯坦的协助下制定的,这部法典显然是北欧习惯法和盎格鲁-撒克逊习惯法的融合。从此,盎格鲁-撒克逊法中又添加了北欧习惯法元素,不但推动了英格兰继承法、刑法的发展,而且还带入了一些法律术语。无论如何,可以确定的是,在威廉一世之前的日耳曼时代,英格兰是有制定法的。

威廉一世声称自己是忏悔者爱德华的合法继承人,他承诺保留忏悔者爱德华的法律。"威廉国王在其治下的第四个年头,根据贵族贤达的建议问法于全国,以便掌握他们的法律、条例和习惯等。具体方法是

---

① 〔英〕戴维·M.沃克:《牛津法律大辞典》,《牛津法律大辞典》翻译委员会译,光明日报出版社1988年版,第45页。
② 程汉大主编:《英国法制史》,齐鲁书社2001年版,第5页。
③ 〔英〕马修·黑尔:《英格兰普通法史》,史大晓译,北京大学出版社2016年版,第58页。

让各郡选出十二个人宣誓之后不偏不倚、不增不减地如实澄清这些法律和习惯。"①由此,威廉时期的制定法最初是被许可并确认的忏悔者爱德华的法律。"在我们现在所能确定为征服者威廉所制定的、为数极少的立法中,有一条就是关于他对于英国法的肯认的。'我再次决定并命令,所有人都将拥有并遵守爱德华国王时期关于土地和所有其他事务的法律;此外,为了英国人民的福祉,我还在这些法律之上增加了一些条款,它们也将一并得到遵守。'"②从此,诺曼习惯法融入了英国人的政治社会生活,法律语言亦发生了变化,诺曼法语取代了盎格鲁-撒克逊语即古英语成了法庭的法律用语,书面法律语言改为欧洲大陆通行的拉丁语。

但是,需要注意的是,诺曼王朝时期,虽有诺曼习惯法引入,但是并未改变英国法的固有法传统。"从1066年到1154年,头四位盎格鲁-诺曼国王的全部立法可能用寥寥数语便能概括。据我们所知,征服者威廉颁布的法律只有几项;其子红脸威廉统治时期没有任何法律保存下来,在亨利一世统治的30年中,仅有52项法律保存下来;而斯蒂芬统治的19年间没有留下任何王室立法的痕迹。"③亦即,整个诺曼王朝时期,新来的不列颠统治者总体上比较谨慎。其中,亨利一世时期的立法最多。1100年,亨利一世继位,这位诺曼王朝的第三位国王在法律方面的贡献有两方面:一是他仍然采取了认可英格兰法律的政治立场。他说:"我将过去爱德华国王时期的法律返还给你们,同时还有我父王在其贵族的建议下对它们做出的修订和改进。"④二是制定通过了一部重要的宪章,"这种重要性不仅体现在它本身是宪政史上的一个里程碑,而且还体现在它为《大宪章》树立了样本"⑤。总体而言,诺曼王朝的国王在制定法上最大的功德是在为英格兰引入封建因素的同时,对于

---

① 〔英〕马修·黑尔:《英格兰普通法史》,史大晓译,北京大学出版社2016年版,第72页。
② 〔英〕梅特兰:《英格兰宪政史》,李红海译,中国政法大学出版社2010年版,第5页。
③ 程汉大主编:《英国法制史》,齐鲁书社2001年版,第10页。
④ 〔英〕梅特兰:《英格兰宪政史》,李红海译,中国政法大学出版社2010年版,第6页。
⑤ 同上书,第7页。

原英格兰重要法律制度的尊重和守成。弥合诺曼人和英格兰人的关系并组成一个统一国家是他们的重大目标。法律追忆期之前真正伟大的立法者是金雀花王朝的第一位国王亨利二世,亨利二世的建树包括:1164年的《克拉伦敦宪章》(确立教会法庭和世俗法庭司法管辖权边界),制定于1166年修订于1176年的《克拉伦敦法》(对刑事诉讼程序进行重大改革),1181年的《武装法》(重组带有封建性的军事力量),1184年的《伍德斯托克法》(首次明确了国王的狩猎林地权)。此外,这位雄才伟略的国王还通过法律确立了英格兰国家的正式税收途径,于1159年开始征收免服兵役税(又叫"盾牌钱"),这既使得府库丰盈,又开启了使用雇佣军的新风尚。而他在1188年开始征收的萨拉丁什一税则是英格兰历史上对动产的首次征税。①

(二)法律追忆期之后的法

法律追忆期之后的中世纪时段大概可以确定在1189—1509年间。开始时间是金雀花王朝的第二位国王理查一世加冕之年,截止时间是都铎王朝的第一位国王亨利七世驾崩之年。中间横跨两个过渡王朝,即1399—1461年的兰开斯特王朝;1461—1485年的约克王朝。

论及法律追忆期之后的在中世纪英格兰有影响力的制定法,首先提及的是金雀花王朝的第三位国王约翰于1215年订立的《大宪章》。约翰先是在与宿敌法国的战争中几乎丢失了其祖先在法国的领地,后又在与教皇英诺森三世就坎特伯雷大主教选任权的较量中落败,完全匍匐于教权的脚下,让英格兰变成了罗马教廷的封地,英格兰国王成了罗马教廷的封臣。同时,这个无能的君主对内又极度暴虐,这最终激怒了英格兰的教士和贵族。时任坎特伯雷大主教朗格顿出面号召贵族向国王重申亨利一世的宪章条款,最终双方妥协的结果即订立《大宪章》。这份宪章的内容本书将在后文详述。"就我们现在所能做出的判断而言,在许多方面,它所表述的并不是什么新的法律,而反映的是亨利二世时期的做法。民众的呼声不是要求改变法律,而是要求法律应该得

---

① 〔英〕梅特兰:《英格兰宪政史》,李红海译,中国政法大学出版社2010年版,第9页。

到遵守,尤其是得到国王的遵守。"①

法律追忆期之后,英格兰中世纪制定法的黄金时代出现在金雀花王朝国王爱德华一世在位的头13年。这位国王因其制定法对英格兰社会持续深刻的影响,被后人尊称为"英国的查士丁尼"(the English Justinian)。"直到威廉四世统治时期,爱德华这13年的立法活动是独一无二的……当我们翻阅14到18世纪任何一个时代的制定法时,在财产法、合同法、有关盗窃和谋杀的法律,或是有关财产该当如何返还、合同该如何执行,窃贼或杀人犯该如何予以惩罚的法律中,却找不到任何变革的标记。"②足见爱德华一世制定法锁定的是较为深刻且恒久的法益。这一时期制定的重要法律有:1275年的《威斯敏斯特法Ⅰ》,1278年的《格罗塞斯特法》;1284年的《威尔士法》;1285年的《威斯敏斯特法Ⅱ》和《温切斯特法》;1290年的《威斯敏斯特法Ⅲ》等重要法律规定。③"在爱德华之后的许多世纪里,国王和议会将私法和民事诉讼法、刑法和刑事诉讼程序之发展的大部分留给了他们自己。卷帙浩繁的制定法堆积如山,议会力图规范所有的商业行为和职业活动。决定人们应该吃什么、穿什么——甚至还下令安葬时必须着羊毛衣物!"④毋庸置疑,是爱德华一世开启了英格兰的制定法时代,当时的制定法可谓空前活跃。

二、习惯法(customary law)

(一)6—11世纪的习惯法

步罗马后尘而来的撒克逊人征服不列颠后,不但用撒克逊语言改写了所有的地名,包括将"不列颠"改为"英格兰",而且"将其整个部落、

---

① 〔英〕梅特兰:《英格兰宪政史》,李红海译,中国政法大学出版社2010年版,第11页。
② 同上书,第14页。
③ 《威斯敏斯特法Ⅰ》和《威斯敏斯特法Ⅱ》涉及领域广泛,包括程序法、不动产法、刑法以及宪法等。《威尔士法》是为了将英格兰法引入威尔士而专门编纂的英格兰法。《格罗塞斯特法》主要处理领主与租户间的关系、正当防卫之杀人问题、地方法院的权限问题。《温切斯特法》改革了英国的警察制度。《威斯敏斯特法Ⅲ》授权非限嗣继承土地者可自由转让土地,消除了土地占有的中间状态。〔英〕威廉·塞尔·霍尔斯沃思:《英国法的塑造者》,陈锐等译,法律出版社2018年版,第36—38页。
④ 〔英〕梅特兰:《英格兰宪政史》,李红海译,中国政法大学出版社2010年版,第14页。

连同他们的习俗、法律和政府组织移入英国"①。他们几乎摒弃了当地土著不列颠人的习俗。关于这一点,18世纪的英国哲学名宿大卫·休谟早有论证,他说,"盎格鲁-撒克逊人有没有确立封建法律,颇成疑问。即使有,也没有普及所有地产。由于撒克逊人几乎驱逐和彻底消灭了古代不列颠人,他们定居不列颠岛就与他们的祖先定居日耳曼没有多少区别,没有理由建立封建体系。"②100年后,在1897年出版的《中世纪的法律与政治》一书中,英国法学家爱德华·甄克斯同样指出,"诺曼征服时期,从法律层面看,英格兰是所有条顿国家中除斯堪的纳维亚外最为落后的国家。与之相对,法、德两国则都有自己的封建法。"③由此可以认为,诺曼征服前600年英格兰的习惯法应该主要是日耳曼习惯法,同时吸收了一些罗马法和教会法。

阿尔弗雷德在位时,已经将英格兰划分为郡(shire)、百户区(hundred)、市镇(township)或村邑(vill)。每个郡和百户区都有自己的法庭,各郡法庭和百户区法庭既是地方的司法机构,也是当地为处理行政事务而召开民众集会的地方。市镇或村邑没有自己的法庭,"却承担着许多治安方面的责任。它有抓捕罪犯的义务,并可能因疏于履行此职而被处罚金。当国王的法官前来巡视其所在郡时,每个镇区都必须派人前往面见法官"④。无论如何,当时的司法已经非常地方化了,地方化的司法样态自然造成了法律的多样化。长期以来,在这些地方法庭中形成的法律即日耳曼习惯法。当然,这一时段的日耳曼习惯法显然还夹杂着罗马法和教会法的影子。"6世纪至8世纪之间,盎格鲁-撒克逊人在捐赠或订立遗嘱的时候经常把教会法规范奉为神圣的指引。此外,大概从7世纪开始,他们在解放奴隶的记录上也会大量援引教会法的内容。到了9世纪,基督教的影响越来越明显地体现在法律救济方

---

① 转引自何勤华主编:《英国法律发达史》,法律出版社1998年版,第11页。
② 〔英〕大卫·休谟:《英国史I:罗马-不列颠到金雀花王朝》,刘仲敬译,吉林出版集团有限责任公司2012年版,第144—145页。
③ 〔英〕爱德华·甄克斯:《中世纪的法律与政治》,屈文生、任海涛译,中国政法大学出版社2010年版,第23页。
④ 〔英〕梅特兰:《英格兰宪政史》,李红海译,中国政法大学出版社2010年版,第33页。

式上。同样在这一时期,王室裁判中经常出现那些发源于罗马法的术语。"①尤其是在 9—11 世纪期间,国王阿尔弗雷德曾在欧洲大陆生活过。"忏悔者"受德华也曾流亡于欧洲大陆,他本人不但精通拉丁文、熟悉罗马法,还重用精通罗马法的教士帮助他们制定法律。可见,教会法与罗马法的元素早已植入英格兰法律之中。

(二) 11—15 世纪的习惯法

"征服者"威廉来到不列颠岛之后,最为明智的举措是既给原有的日耳曼时代习惯法带来了封建法元素,又给予英格兰本土司法制度应有的尊重。"征服者威廉许诺英国人可以维持其原来的法律,同样,其大陆的随从则使用自己的法律。古英格兰的本地法与新引进的封建法肩并肩地得以延续。"②正是基于此,19 世纪的英国法史学家梅特兰才说,"诺曼征服是英国法历史上最为重要的事件;尽管如此,我们仍然不能认为 1066 年之后的英国法就被诺曼法所涤荡殆尽或是已被其取代。"③仅从诺曼征服以来的司法体系判断,中世纪英国的习惯法与欧洲大陆的习惯法一样十分多元化,有日耳曼法、封建法、教会法、罗马法、商人法。这些习惯法在 12 世纪借助王室法庭逐渐成为一种英国自己的共同法(common law),中文通译为"普通法"。后世学者将那些特殊法庭和人群适用的习惯法称为特殊习惯法,而将王室法庭适用的习惯法称为一般习惯法或普通法。

1. 特殊习惯法

(1) 社区法庭(communal court)的日耳曼法

早期的社区法庭是日耳曼人的法庭并且还承担行政职能。整个"英格兰的地方法庭与日耳曼人地方自治机构有着密切的渊源关系。早在向外扩张之前,民众大会就是当时日耳曼人基层组织马尔克公社(The Marc Commune)的主要管理机构。其参加者是公社的全体成年

---

① 〔美〕塔玛尔·赫尔佐格:《欧洲法律简史:两千五百年来的变迁》,高仰光译,中国政法大学出版社 2019 年版,第 145 页。
② 〔比〕R.C.范·卡内冈:《英国普通法的诞生》,李红海译,商务印书馆 2017 年版,第 35 页。
③ 〔英〕梅特兰:《英格兰宪政史》,李红海译,中国政法大学出版社 2010 年版,第 5 页。

男子,职责涉及公社日常的各种事务"①。马尔克公社解体后,由诸多贵族掌控的行政区域被称作"郡","郡"之下设"百户区",其管理机构便是兼备司法与行政职能的郡法庭、百户区法庭。诺曼人来到英格兰后,维持并发展了日耳曼时代的郡与百户区的行政区划制度。"诺曼征服并没有摧毁郡或郡法庭,只是使之在称谓上有了一些变化。与英国的郡(shire)最相类似的法国地方单位称为'comitatus, the county'。于是,英国的'shire'变成了'county',而郡首领'earl'(伯爵)在拉丁文献中则成了'comes'。郡执行官即郡长(sheriff)在拉丁文献中变成了'vice-comes, the vice-count'。"②过去的郡法庭或者郡民众大会亦由"shire moot"转换成为"county court"。"百户区法庭是英国农村最低层次的公共或半公共性质的司法机构。每个郡被分为许多百户区,而每一个百户区至少在理论上也都有自己的法庭。通常情况下,这些法庭每四周开庭一次。在13世纪,通常是由百户区的执达官(hundred bailiff)来主持本区的法庭,而由有出席本法庭义务之土地保有人做出判决。"③在百户区之上的各郡,"每一个郡都有自己的法庭。13世纪早期,大部分郡法庭每月至少开庭一次。《亨利一世之法》表明,郡法庭的判决由在郡内保有自由地产的'本郡自由人'作出"④。总之,无论是在百户区法庭还是郡法庭,法庭判决都是由实际的土地保有人作出的。

　　郡和百户区法庭负责审判不同贵族领地的臣民之间的纠纷,二者原本对所有的刑事和民事案件都有完全的管辖权,"诺曼征服前的国王显然并不想从这些法庭拉走业务。他们一次又一次下令,除非郡和百户区法庭无法为他实现公正,否则任何人不得诉至国王"⑤。然而,到了诺曼时代,司法机构改革的趋势走向了中央集权化,从亨利二世开始的王室法庭扩权逐渐将郡法庭和百户区法庭的业务挤压到十分狭窄的范

---

① 李红海:《英国普通法导论》,北京大学出版社2018年版,第125页。
② 〔英〕梅特兰:《英格兰宪政史》,李红海译,中国政法大学出版社2010年版,第29页。
③ 〔英〕保罗·布兰德:《英格兰律师职业的起源》,李红海译,北京大学出版社2009年版,第9—11页。
④ 同上书,第11—12页。
⑤ 〔英〕梅特兰:《英格兰宪政史》,李红海译,中国政法大学出版社2010年版,第70页。

围。到了爱德华一世统治时期,郡法庭和百户区法庭的重要性严重下降,几乎所有重要的民事案件都在实行陪审制的王室法庭审理,郡法庭和百户区法庭只能审理争讼标的不超过 40 先令的案件。"至于刑事诉讼,郡法庭已失去了管辖权。百户区法庭可通过刑事罚金对非常轻微的犯罪进行惩罚,但即使是在这些案件中,刑事司法权也被认为是源于国王的,并由郡长行使。"①总之,得益于征服者威廉对维持英格兰原有法律的承诺,那些在英格兰社区法院适用的习惯法本质上仍属于古代日耳曼法。

　　古代盎格鲁-撒克逊法律无论实体法还是程序法都有不同于封建法律之处。在实体性的法律中,"比如肯特郡和王国其他部分的平均继承制(尽管诺曼征服前,它可能是全国通行的规则)。又如流行于多个古代市镇的习惯法,被称为幼子继承制,应当由幼子而不是他的兄长们继承不动产。再如其他城镇有这样的习俗,寡妇对于亡夫财产的继承权,应当包括其亡夫所有的土地,而普通法规定她只可得到其中的三分之一等。"②盎格鲁-诺曼程序性法律中也有赔罚制度和神裁证据制度等十分独特的设计。为了规范和节制来势汹汹的复仇与私斗,盎格鲁-撒克逊诸王都规定了杀人及不同部位身体伤害的赔罚制度。"据墨西亚法律,农奴的定价为二百先令。领主的命价六倍于此。国王的命价又六倍于领主。据肯特的法律,大主教的命价高于国王……一英尺长的伤口在头发下面付一先令,在脸上付两先令。失去耳朵付三十先令,诸如此类。"③显然,谋杀的赔命价与身份等级勾连,而身体伤害的赔付则与身份等级无关。在古英格兰,采用判决先于举证的法庭程序,当时的举证方式有宣誓和神明裁判两种。其中,宣誓包括简单的无人支持

---

① 〔英〕梅特兰:《英格兰宪政史》,李红海译,中国政法大学出版社 2010 年版,第 87 页
② 〔英〕威廉·布莱克斯通:《英国法释义(第一卷)》,游云庭、缪苗译,上海人民出版社 2006 年版,第 87—88 页。
③ 〔英〕大卫·休谟:《英国史 I:罗马-不列颠到金雀花王朝》,刘仲敬译,吉林出版集团有限责任公司 2012 年版,第 141—142 页。

的个人宣誓、助讼宣誓、证人宣誓。① 比较而言,助讼宣誓是民事案件和刑事案件中最普遍的证据形式,主要授权于为原本声誉良好的人洗刷指控。至于神明裁判则适用于严重指控中那些屡次被指控或找不到助讼人的声誉不良者。盎格鲁-撒克逊法律中有四种神裁方式,即热铁审、热水审、冷水审、吞噬审。②需要注意的是,以上这些带有极强宗教色彩的证据形式并非盎格鲁-撒克逊人独有,而是那个时代的日耳曼部族普遍采用的。神明裁判方式中的司法决斗实际上是诺曼征服后进入英格兰的。

(2) 封建法庭(feudal court)的封建法

在那些古老的社区法庭旁边出现的封建法庭亦称领主法庭(lord's court),它建立于封建土地保有关系之上。所谓土地保有关系,即领主与封臣间的土地保有财产关系与人身依附关系紧密勾连在一起,这个土地保有关系的当事人一方为"领主"(lord),另一方为"封臣"(tenant)。"所有土地都自国王处保有,有权依靠这片土地生存并对它加以开垦的人叫封臣,它所保有的土地来自他的领主。如果该领主是国王,那么这个封臣就被称为直属封臣,但在一般封臣和国王之间可能还会有许多人,这些人被称为中间领主。"③保有骑士役封地④的封臣从各自

---

① "个人宣誓"相当于自证清白,仅适用于很少的案件;"助讼宣誓"是由宣誓者向法庭提供一定数量品行良好和合法的人员为其提供支持;"证人宣誓"不及助讼宣誓那么普遍,作为当时治安体系的一部分,许多交易都要在证人和官方证人在场时完成,这些证人在法庭为当事人提供的宣誓则为证人宣誓。〔英〕梅特兰:《英格兰宪政史》,李红海译,中国政法大学出版社2010年版,第77—79页。
② "热铁审"即被告手持烙铁前行9步,其手被包裹三天后再打开,如果伤口溃烂则被宣告为有罪,无溃烂则被宣告为无罪。"水审"之水有滚水与冷水之分。滚水审是被告首先持石进入滚烫的开水,然后这只手被包裹起来,密封三天后开封检查,如无烫伤痕迹,则被宣告为无罪,如有烫伤则有罪。冷水审则是将被告投入圣水,如果下沉,意味着此人为清澈的水所接受,则无罪。如果不能下沉,则有罪。"吞噬审"指被控制者吞下一盎司的面包或奶酪一块,如果被告能够吞咽并消化,则被宣告无罪。反之,则被宣告为有罪。〔英〕梅特兰:《英格兰宪政史》,李红海译,中国政法大学出版社2010年版,第79页。
③ 〔英〕梅特兰:《英格兰宪政史》,李红海译,中国政法大学出版社2010年版,第17页。
④ 这种骑士役土地占英格兰绝大部分,单份骑士役封地所承担的军役是战时为国王提供一名全副武装的可以作战40天的骑兵。

领主处保有土地,必须行臣服礼,并宣誓效忠,①并积极履行附带的法律义务。领主承诺保护封臣,任何拥有封臣的领主都可以为其封臣设立法庭,封臣负有出席其领主法庭的义务(suit)。这些领主法庭包括两大类:一是为庄园自由地产保有人(freeholder)设立的封臣法庭(court baron);二是为保有农奴土地所有者设立的习惯法庭(customary court)。前者是对自由保有土地提出任何诉讼请求的正当法庭,后者是对农奴土地提出任何诉讼请求的正当法庭;前者由领主自己主持,后者一般由领主的管家主持。"然而,做出判决的任务却好像并不在领主或其管家,而主要在其出席法庭的封臣。"②两类法庭的地位后来因王室法庭的抑制而发生变化。

到了亨利二世时期,领主法庭的司法管辖权开始不断被规避。"当事人可以直接诉诸王室法庭,或者只是在庄园法庭开始诉讼然后再通过王室令状将案件移至王室法庭"③。在农奴习惯法庭,由于所有农奴保有地的流转都在法庭进行,因此记载土地流转的庄园登记簿十分流行,登录条目副本往往交给保有人。"渐渐地,农奴土地保有人的称谓让位于法庭登录副本保有人或公簿土地保有人,法庭登录卷宗的副本就成了他们对土地享有权利的证据。大约15世纪中期,王室法庭开始保护公簿土地保有人的权利,甚至是针对其领主;最后,和自由地产保有人一样,公簿地产保有人也几乎变成了完全的所有人。"④一般意义上,领主法庭的司法管辖权属于纯粹的民事管辖权。

---

① 臣服礼仪式为:"封臣跪于其领主面前,紧握双手并置于领主手中,说:'从今往后,我将怀着无比崇敬的心情终我一生完全臣服于您,蒙您恩惠保有地产,故将对您忠贞不渝。'接下来,如果该领主不是国王,他还要作如下补充:'但保留我对国王的忠诚。'然后,领主亲吻其封臣。"宣誓效忠的方式为:"封臣手按《圣经》,说:'我将因保有之土地而忠于我的领主,永不背叛,并保证完成应尽的义务和责任。上帝保佑!'"〔英〕梅特兰:《英格兰宪政史》,李红海译,中国政法大学出版社2010年版,第18—19页。
② 〔英〕保罗·布兰德:《英格兰律师职业的起源》,李红海译,北京大学出版社2009年版,第9页。
③ 〔英〕梅特兰:《英格兰宪政史》,李红海译,中国政法大学出版社2010年版,第34页。
④ 同上书,第35—36页。

(3) 教会法庭(ecclesiastical court)的教会法

征服者威廉来到英格兰后,首先在地方层面将教会法院与世俗法院分离。"威廉一世决定引进独立的教会法庭,这至少在百户区法庭的层次上结束了盎格鲁-撒克逊所有争议,即使是那些涉及教会和教职人员的事务也交于由郡长、地方贵族和主教共同出席的普通法庭来解决。"①1070年,威廉国王首先摒弃了英格兰本土出身的大主教,任命饱读罗马法和格列高里七世教会法的追随者兰弗朗克为坎特伯雷大主教,在人事安排水到渠成的前提下,他又于1072年规定:"禁止主教和副主教在百户区法庭听审涉及教会法的案件,这类案件将来应依据教会法而不是百户区的法律作出判决。尽管世俗的权力可以支持教会司法,但未经国王允许,不得制定教规,国王的贵族和大臣也不得被褫夺教籍"②。这里无疑存在如何判断哪些案件是教会案件的问题,"为此专门创设了一种诉讼:由12个守法公民(lawful man)组成陪审团来决定,争议地产究竟是俗界的骑士保有(knight fee),还是教界的自由教役保有(frankalmoin),如果是后者,该争议由教会法庭管辖;如果不是后者,则由世俗法庭处理。"③如此种种,可见教会法庭是国王禁止主教对百户区法庭行使管辖权的妥协性产物,但是这一对教会法庭的限制并不涉及中央层面的裁断机构,1066年前的贤人会议及1066年后的御前会议,基本上仍然是由教俗两界的教士和贵族参与的会议,也是法庭。

教会法庭本身也有大主教法庭、主教法庭以及主教下级官员的法庭三种级别之分。宗教改革前,其案件可以直接上诉至罗马教皇。但是在宗教改革之后,"这一既内又外的教会法管辖权来自英格兰君主。"④1164年的《克拉伦敦宪章》大体确立了世俗法庭和教会法庭的管辖权边界,"第1条规定涉及圣职推荐权的诉讼都应在王室法庭进行;第3条规定被控犯罪之教士应先在王室法庭回答法官的问题,然后由

---

① 〔比〕R. C. 范·卡内冈:《英国普通法的诞生》,李红海译,商务印书馆2017年版,第36页。
② 李红海:《英国普通法导论》,北京大学出版社2018年版,第120页。
③ 〔比〕R. C. 范·卡内冈:《英国普通法的诞生》,李红海译,商务印书馆2017年版,第40页。
④ 〔英〕马修·黑尔:《英格兰普通法史》,史大晓译,北京大学出版社2016年版,第21页。

主教法庭定罪,若有罪则要返回王室法庭接受惩罚;第7、8、10条规定国王的直属封臣被褫夺教籍和从英格兰的教会法院向罗马教皇上诉时都要首先征得国王的同意和恩准;第15条则严正声明不得因为债务诉讼中有当事人违反誓言的事实就剥夺王室法庭对此类案件的司法管辖权……"①无疑,教会法庭是受普通法监督的。尽管这些关于教俗两界的司法管辖权的规定并非完全不可更改,但英格兰王室法庭还是占据了上风。然而,虽然受到限制与削弱,教会法庭仍自有其独立的系统,"从12世纪晚期开始,形成了一整套的地方教会法庭网络体系。凭借从主教法庭到大主教法庭再到教皇法庭这样的等级体系所确立的便利的上诉机制,也使得教会法得以体系化"②。

"自亨利三世时期开始,除了来自罗马教廷的教会法,英格兰也拥有了自己的使节及教会章程……亨利五世时期,教会法院院长威廉·林德伍德搜集、整理并评注在其辖区内被接受的英格兰教会的章程,这一成果与埃顿的约翰的集子通常被收录为一本,成为英格兰的权威教会法。"③关于教会法,有两点需要注意:第一,如果教会法与议会法律或英格兰普通法存在矛盾,则不被遵守。第二,"在教会法或法院传统默不作声时,民法就会成为指导性规则,特别是涉及遗嘱和遗产的解释和判断时"④。亦即,罗马法也是教会法院的援引规则或者说它也在教会法院适用。在与世俗法庭的长久博弈后,教会法庭逐渐丢失了原本拥有的因轻微违法行为对于神职人员和因不道德对于世俗之人的审判与惩罚权,以及给教士提供薪金等教会财产管辖权。"在接下来的数世纪中,教会法庭实施的教会法规范了所有英国人日常生活中一些最为重要的事务。所有与婚姻和遗嘱继承有关的事务都构成了它的管辖范围。对于动产和不动产的基本分类,就是将法律领域分为世俗法和宗

---

① 转引自李红海:《英国普通法导论》,北京大学出版社2018年版,第122页。
② 〔比〕R.C.范·卡内冈:《英国普通法的诞生》,李红海译,商务印书馆2017年版,第52页。
③ 转引自冷霞:《英国早期衡平法概论——以大法官法院为中心》,商务印书馆2010年版,第27页。
④ 〔英〕马修·黑尔:《英格兰普通法史》,史大晓译,北京大学出版社2016年版,第22页。

教法两大部门之后产生的持久后果。"①概言之,公民的不动产案件与教会法庭无关,教会法庭主要管辖死者的动产案件。同时需要强调的是,"现代意义上允许当事人再次结婚的离婚,在任何原始有效的婚姻诉讼中于中世纪不被承认。"②教会法庭仅负责判断婚姻的有效性与合法性。

(4) 海事法庭(admiralty court)和军事法庭(military court)的罗马法

在英格兰,适用罗马法的有两类专门法庭,分别是海事法庭和军事法庭。

早在忏悔者爱德华时期,为保护英吉利海峡航行安全就出现了"五港同盟",这些地方市镇出现的法庭被称为"五港同盟法庭"。1066年诺曼征服之后,该同盟成员超过30个,并在14世纪达到鼎盛。依照1353年英国国会法律,海事法庭在处理案件时须援用商事习惯法,不得援引普通法。这些法庭一般在定期或不定期的集市进行庭审,在英格兰都被称为"泥脚法庭"(court of piepowders),③可见其性质之暂时,处理事务之迅速。海事法庭管辖的案件范围仅限于海上事项而且是公海上的事项,包括"公海上发生的案件,比如在公海上劫掠,海盗、船长、船员在公海上的犯罪,在公海上签订并执行的海商合同,公海上的捕获和夺回"④。在海事法庭中适用的法律实际上是一种国际性的海商法和商事习惯法。"为了促进贸易的发展,这些商事习惯法无论与普通法如何抵触,在所有的商业交易中仍具有最高的法律效力。"⑤但它不能与英格兰王国的制定法相冲突。

---

① 〔英〕梅特兰:《英国宪政史》,李红海译,中国政法大学出版社2010年版,第8页。
② 〔英〕威廉·格尔达特:《英国法导论(第11版)》,张笑牧译,中国政法大学出版社2013年版,第44页。
③ 因为"行商法院定期或不定期地开庭审理有关纠纷,诉讼程序简易,证据以书面证据为主。审限缩短,或应该在商人脚上的尘土未掉就完结,或应该'在潮汐之间'完结,或应该在'一天之内'完结"。〔美〕哈罗德·J.伯尔曼:《法律与革命——西方法律传统的形成》,贺卫方译,中国大百科全书出版社1993年版,第422页。
④ 〔英〕马修·黑尔:《英格兰普通法史》,史大晓译,北京大学出版社2016年版,第24页。
⑤ 〔英〕威廉·布莱克斯通:《英国法释义(第一卷)》,游云庭、缪苗译,上海人民出版社2006年版,第88页。

而军事法庭的管辖权及于纹章(heraldry)和战争事项上,"首先,关于纹章,军事法院在议会法和国王的特许状尚无决定的案件中管辖以下事项:即与盔甲、盾形纹章的图案及其上方的饰章、护身和旗帜的权利有关的事项,和与军阶及上下级关系中的权利有关的事项。但是也有限制,(军事法院)只能判定谁享有权利并恢复受害方名誉,但是不能判定以损害赔偿金的形式补偿受害方。其次,在战争事项上,(军事法院的管辖权包括)根据民法的相关规则,不发生在海上的死亡或谋杀案的上诉;战争俘虏的权利;士兵违反军队法律和规则的犯罪和不当行为。"①需要注意的是,由于军事法涉及军人的生命、自由和荣誉,因而在和平时期不允许适用。军人在和平时期,可以直接去国王的法院获得正义。

(5) 自治市法庭(borough court)的城镇法

根据梅特兰的记述,中世纪英格兰的自治市是一般镇区组织化提高到一定程度的产物。一般镇区起初是一种古老的村落共同体,当原始的村落共同体落入封建领主的掌控时,该共同体就变成作为农奴土地保有人的封臣的社区,镇区此时变得像是一个庄园。然而,国家出于治安的目的,往往将该社区作为一个镇区而非庄园看待,亦即,镇区也是社会治安的基本单位。英格兰每个自治市都有自己的历史,其自治程度仰赖于它从国王或其他封臣处购买的特许状。13 世纪末,自治市享有的特权包括:豁免于普通地方法庭的司法管辖权,拥有与百户区法庭地位相当的法庭,选举官员(市长、执达官、验尸官)的权利,征税的权利,通过商人行会规制贸易的权利。从 15 世纪起,英格兰的自治市又借助教会法的法人观念,获得了法律界定。② 可以肯定的是,中世纪那些在英格兰自治法庭中适用的习惯法即英格兰城镇法。

2. 王室法庭的一般习惯法

虽然中世纪的英格兰法庭林立,但是多元法庭的并立却可能导致

---

① 〔英〕马修·黑尔:《英格兰普通法史》,史大晓译,北京大学出版社 2016 年版,第 25—26 页。
② 〔英〕梅特兰:《英格兰宪政史》,李红海译,中国政法大学出版社 2010 年版,第 37 页。

法律多样化,并由此带来不便,多种司法管辖权的交叉重叠给诉讼当事人带来了极大的困扰。"如果你是一名神职人员同时又是他人的附庸,那么你是该去你居住地的郡法庭呢? 还是去你保有土地和职位的那位领主的法庭呢? 或者是去你的主教或副主教的法庭? 或者还可以更好,如果向王室财政署或内廷交一笔可观的费用,而诉至御前会议呢?"①即使可以通过纠错令状从国王的御前会议获得救济,但对于多数诉讼当事人而言,这仍然无异于水中捞月,并不能解决他们的实际困难。这一状况直到亨利二世时期才有所改变。亨利二世"通过在其法庭提供新的救济措施,使英格兰的司法得以中央化。从此以后,地方法庭的重要性开始下降,国王的法庭越来越成为一个面向所有自由人和所有案件开放的一审法庭。其结果是一种适用于整个王国的共同法律得以迅速发展,地方上纷繁复杂的习惯法逐渐被压制,我们逐渐开始有了一套共同的普通法"②。这套共同的普通法就是英国中世纪的一般习惯法。12世纪,格兰维尔对于王室法庭的管辖权已有明确记载:"犯罪包括冒犯国王罪,即弑君及在王国或军队内煽动叛乱、欺骗性隐匿无主埋藏物、有关危害国王安宁的诉讼、杀人、纵火、抢劫、强奸、欺诈犯罪,以及其他类似性质的诉讼。民事诉讼涉及男爵领地;教堂的圣职推荐权;身份问题;寡妇地产;违反了在王室法庭达成的土地和解协议;行臣服礼;收取继承金;侵犯领地;俗世间各种债的问题。"③对于亨利二世确立的英格兰王室法庭,有以下三个重要问题需要厘清。

(1) 王室法庭的类型

促成普通法形成的王室法庭主要有两类。一类是巡回王室法庭;一类是中央王室法庭。无论是巡回王室法庭还是中央王室法庭,都是顺应社会分工的复杂化,从国王的御前会议中分离出来的。国王的御

---

① 〔比〕R. C. 范·卡内冈:《英国普通法的诞生》,李红海译,商务印书馆2017年版,第40页。
② 〔英〕梅特兰:《英格兰宪政史》,李红海译,中国政法大学出版社2010年版,第99、102页。
③ 格兰维尔担任过亨利二世王朝时期北方巡回区的首批巡回法官和王室法庭法官。〔英〕拉努尔夫·德·格兰维尔:《论英格兰王国的法律和习惯》,吴训祥译,中国政法大学出版社2015年版,第1—3页。

前会议原本是一个集行政、财税、司法诸多事务于一体的复合机构。"工作的压力促使了劳动的分工,财政署的官员形成了一个独立但却并不总是与王室法官相分离的机构,而后者又包括一些巡回法官、总巡回法官及某些级别更高、驻在威斯敏斯特的法官;还有一些随国王巡游,并于必要时为国王提供咨询的王座法庭法官。"[1] 王室法庭的缘起大致分别介绍如下。

第一,巡回王室法庭。原本自上而下的出巡模式并非英格兰独创,无论是在欧陆的王室还是教会,抑或英格兰早期国王的御前会议都有先例。亨利一世就已经开始尝试开展巡回法官业务,他派驻一些驻地法官"主持刑事诉讼和在地方法庭财税和刑事事务中照管王室利益的王室官员,也逐渐开始处理一些与王室令状有关的事务"[2]。然而,从试验的暂时结果看,多个法院体系的并存加剧了原本存在的司法的重叠和不确定性问题。直到1176年,大范围的总巡回法庭的司法业务才开始真正展开,彼时的国王已成为亨利二世。依照《北安普敦法令》,原来的四个巡回区被调整为六个,并成立了六个巡回法庭,这些法庭从那时起开始被称为"巡回法庭"(the court of itinerant justices),而巡回审判则已经变得常规化了。基于此,王室新法令依赖巡回法官得以实施,王室法庭的诸多司法业务几乎由巡回法庭完成。巡回法庭有总巡回法庭和普通巡回法庭两种。总巡回法庭的属性"与其说它是巡回法庭,不如说是巡回政府"[3]。因为总巡回法庭"由国王的御前会议成员组成,拥有广泛的权力。它既有权受理各种民事、刑事案件,又有权检查郡长的工作、征收税款。调查和处理国王关心的所有事物。在适用法律上,总巡回法庭十分严厉,处罚极为残酷"[4]。与之相反,普通巡回法庭由职业法官组成,审判相对公正高效。亨利三世时,普通巡回法庭每年两次巡回全国的制度已经确立。普通巡回法庭根据国王委任状的不同,又分为

---

[1] 〔比〕R.C.范·卡内冈:《英国普通法的诞生》,李红海译,商务印书馆2017年版,第38页。
[2] 同上。
[3] 程汉大主编:《英国法制史》,齐鲁书社2001年版,第66页。
[4] 同上。

三类。分别是"民事案件特别委任巡回审",即由国王委任法官主持各地的新近占有之诉、收回继承地之诉和圣职推荐之诉三种占有之诉;"刑事案件的清监委任巡回审",即由国王委任法官和律师共同对某一监狱的所有囚犯进行清监提审;"刑事听审特别委任巡回审",即由国王委任各郡的大贵族听审郡内的所有重罪和其他犯罪。巡回法庭中的总巡回法庭的重要性一直持续至爱德华一世统治结束时才逐渐弱化。"随着进一步的发展,总巡回法庭的司法功能一方面转给了皇家民事法庭,另一方面转给了限于某些特定管辖权的特别巡回法官。"① 在刑事诉讼中,比如"例行委任的清监提审法官(justice of goal delivery)对关押在地方监狱中的狱囚进行的审理就排除了经常进行总巡回审的必要性"②。在民事诉讼中,"自 1220 年以降,委任法官前往地方听审地产占有巡回审诉讼(petty assize)的做法,保证了那些最紧急也最为普遍的诉讼业务能够尽快得到处理,而无须等到下次总巡回的到来。"③ 如此,频繁的总巡回审变得不再必要。最终"爱德华国王的后继者们有效地从整体上废除了总巡回审制度。"④ 尽管如此,总巡回审"在法律史上的意义是重大的,正是有了这种制度,我们才从未产生过强大的地方法庭"⑤。总之,中央巡回法庭之总巡回审制度虽然消失了,但是普通巡回法庭的巡回审仍然存在。

第二,中央王室法庭。"1100 年左右,一个被不正当地剥夺土地占有的人出现在御前会议尚属例外,而到 1200 年左右时则已司空见惯。伴随中央集权化出现的是司法的职业化和专业化。"⑥ 这一职业化和专业化的法庭即中央王室法庭。巡回王室法庭的法官和中央王室法庭的法官虽然同为"国王的法官",但是后者在级别上还是高于前者。在爱

---

① 〔比〕R.C.范·卡内冈:《英国普通法的诞生》,李红海译,商务印书馆 2017 年版,第 50 页。
② 〔英〕保罗·布兰德:《英格兰律师职业的起源》,李红海译,北京大学出版社 2009 年版,第 33 页。
③ 同上书,第 34 页。
④ 同上。
⑤ 〔英〕梅特兰:《英格兰宪政史》,李红海译,中国政法大学出版社 2010 年版,第 88—89 页。
⑥ 〔比〕R.C.范·卡内冈:《英国普通法的诞生》,李红海译,商务印书馆 2017 年版,第 45 页。

德华一世后期，三个中央王室法庭先后从财政署和王庭中分化出来，即皇家民事法庭（Common Pleas）、王座法庭（King's Bench）、财税法庭（Exchequer of Pleas），它们常驻威斯敏斯特大厅。

最早产生的中央王室法庭即皇家民事法庭。"不知其确切形成的时间，但格兰维尔著述之时它已经存在了。"①皇家民事法庭"起初是作为例外手段为那些等不及下次巡回审的当事人准备的。"②然而，"12世纪的最后10年，此前一直由财政署处理的日常司法事务逐渐被皇家民事法庭这样一个可辨识的、独立的机构所接管。"③财政署是英国最早的较为专业性的职能机构，在亨利一世时独立出来，专门负责收取税金，当财务事宜出现争议时，当庭进行裁决，因而负有行政司法双重职能。而在约翰王统治期间，尤其是在1204年丢失法国的诺曼底领地之后，国王开始亲自听审案件，且于1209年命令任何诉讼都不得在威斯敏斯特的皇家民事法庭审理。这导致皇家民事法庭停摆，直到1214年狂欢节才得以恢复。1215年1月，贵族们为反抗约翰的统治起义。6月，《大宪章》被制定，其中第17条规定："普通诉讼不得随王室法庭移动，应当在固定的地点审理。"④亦即，普通诉讼还是应该在设立于威斯敏斯特的已经成立的皇家民事法庭获得听审。当然，"上述条款并不意味着皇家民事法庭只能在威斯敏斯特开庭。爱德华一世统治期间，该法庭1272年的三一节和米迦勒节两个开庭期就转移到了什鲁斯伯里，从1299年的希拉里开庭期到1304年的三一节开庭期则转至约克进行。"⑤尽管在皇家民事法庭起诉要缴纳一笔额外的费用（在郡法庭或总巡回法庭起诉则不需要），但它仍然充满了竞争力。"13世纪它所处理的业务发生了持续和急剧的增长。皇家民事法庭在1242/1243年所处

---

① 〔比〕R.C.范·卡内冈：《英国普通法的诞生》，李红海译，商务印书馆2017年版，第49页。
② 同上书，第50页。
③ 〔英〕保罗·布兰德：《英格兰律师职业的起源》，李红海译，北京大学出版社2009年版，第36页。
④ 这是笔者根据《大宪章》英文原文翻译的。
⑤ 〔英〕保罗·布兰德：《英格兰律师职业的起源》，李红海译，北京大学出版社2009年版，第37页。

第三章 英国宪法学方法论的中世纪普通法学根脉(6—15世纪) 113

理的业务比1200年增长了一倍,1260年又比1242/1243年增长了一倍,1280年又比1260年增长了一倍,1290年比1280年增长了78%,1306年比1290年又增长了一倍。"[1]案件数量急剧攀升的专职王室法庭还于1224年建立了司法档案制度。

第二个专门的中央王室法庭是王座法庭。王座法庭萌芽于约翰王时期。约翰王为了树立自己的专制权威,在皇家民事法庭建立的同期还专门建立了一个由其亲自主持的王座法庭,甚至在1209—1214年成为独大且唯一的中央王室法庭。亨利三世继位以后,重建了王座法庭。1236年,王座法庭取得与皇家民事法庭平等的地位。1268年,王座法庭的首席法官获得任命。从此,英国历史上兼任行政与司法职责的首席政法官彻底退出了历史,这意味着王座法庭亦走上了专职化道路。王座法庭"作为受理国王之诉的中央法庭,对于王座法庭所在郡内发生的刑事案件拥有一审管辖权。它可以下令将任何刑事案件从巡回法庭移送到王座法庭审理;对于所有王室官员、郡长及类似官员享有极大的监督权,可以受理针对他们而提出的控诉;王座法庭还拥有广泛的民事司法管辖权,它可以受理任何被控破坏王国和平秩序的民事案件"[2]。此外,王座法庭拥有对其他所有法庭错判案件的复审纠错权,足见其地位高于其他所有法庭。

第三个中央王室法庭是财税法庭。"爱德华统治时期的财税法庭既是一个法庭,又是一个行政机构,就其前者而言,它要听审与王室财税事务有关的案件;就其后者,它要收取税金并负责支出,逐渐地,这些职能分离了。征收税金的财务工作由财政大臣掌握;而财税案件则由一名首席财务法官和三或四名其他财务法官负责听审和裁断。"[3]在皇家民事法庭确立之前,王室法庭因随国王巡回不定而不便于当事人诉讼,财税法庭则因能保证开庭的固定性而颇具吸引力。1215年《大宪

---

[1] 〔英〕保罗·布兰德:《英格兰律师职业的起源》,李红海译,北京大学出版社2009年版,第39页。
[2] 〔英〕梅特兰:《英格兰宪政史》,李红海译,中国政法大学出版社2010年版,第88—89页。
[3] 同上书,第89页。

章》规定财税法庭不再受理普通民事诉讼,此后,财税法庭仅有财政案件的审判权。

综上,"在王室中央司法的压倒性优势面前,那些贵族领地、郡和自治市古老的地方法庭的意义开始下降……它为全国创设了一个大的初审法院,由国王及其法官分两部分运作,一部分留在威斯敏斯特不动,坐堂问审;另一部分是流动的,巡游全国,并将王室法庭的司法运送到民众家门口……英国司法组织最令欧洲大陆观察家们震惊的依然是其高度的一体化性质。"①易言之,早在13世纪,统一的司法系统在英格兰就已经初步形成。

(2) 王室法庭与传统法庭的区别

王室法庭与盎格鲁-诺曼时期的传统法庭主要存在三方面的不同。"第一,盎格鲁-诺曼时期主持法庭的官员和作出判决的封臣裁判官存在责任上的分工。而在新型的王室法庭,王室法官②不仅主持法庭,而且还作出判决,这两种独立的功能在此合二为一,这使得法庭首次有可能由法律专家来负责运行。第二,这些新型王室法庭与以前旧法庭之间的不同(这在13世纪已清晰可见)还在于,前者在一个或长或短但连续的时段内每天都开庭,而后者每次只开庭一天(大部分情况)。第三,这些新的法庭不仅对其最终的判决,而且也对诉讼中的各个阶段进行书面记录;而旧的法庭并没有力图作任何这类有关其诉讼程序方面的记录。"③王室法庭早在1194年就已经出现了司法档案。

(3) 王室法庭的救济方式

王室法庭并未剥夺地方法庭的管辖权,而是依赖两种重要措施将原本属于地方法庭的案件吸纳入自己的法庭。分别为体现王室权威的

---

① 〔比〕R. C. 范·卡内冈:《英国普通法的诞生》,李红海译,商务印书馆2017年版,第52—53页。
② "王室法官"即"国王的法官",他们属于诺曼贵族,使用法律法语,这些高度专业化的法官与传统的地方法庭中的法官(suitors)十分不同。〔比〕R. C. 范·卡内冈:《英国普通法的诞生》,李红海译,商务印书馆2017年版,第51页。
③ 〔英〕保罗·布兰德:《英格兰律师职业的起源》,李红海译,北京大学出版社2009年版,第26—27页。

王室令状以及代表证据制度革新的陪审制。

a. 令状制

关于令状制有以下几个问题需要解决：

第一，什么是令状（writ）？英格兰的令状是指，"由文秘署（Chancery）以国王的名义签发给郡长，或者法庭或者政府官员要求接受令状的人作为或不作为的命令。"①此种命令原为中世纪普遍使用的一种行政管理命令方式。国王为了扩大自己的司法权，将行政令状用于司法领域，使得行政令状转化为了司法文书性质的司法令状。为便于理解，此处列举一个典型的令状。"国王问候郡长健康。我命令你指令 A 不延迟地将位于某村的一海德土地归还于 B，因为 B 诉称该土地系 A 自他处非法强占所得。除非他听从你的指令，否则派精干的传讯官将他传唤至我或我的法官面前，于复活节后第八日，于某处，说明他不听从指令的理由。我命令你派遣传令官并执行此令状。副署人拉努尔夫·德·格兰维尔，于克拉伦敦。"②这一王室令状上的副署人格兰维尔正是亨利二世时期王室法庭的法官，也正是由于亨利二世广泛使用令状，令状不但具备了固定的格式，而且成为启动诉讼的必要手段，但是，这一启动诉讼的令状是购买而来的。"虽然从名义上讲，签发令状是国王对臣民的一种恩赐，但申请人必须交付一定的费用，有时所交的费用甚至高出诉讼标的的价值。"③

令状种类名目繁多，"一般而言，令状有两种主要类型，即特权令状（prerogative writs）和权利令状（writs of right），后者又包括开始令状（original writs）和司法令状（judicial writs）。"④而特权令状包括人身保护令状、训令令状、调卷令状、禁止令状、特权开示令状、禁止离境令状、

---

① 薛波主编：《元照英美法词典》，北京大学出版社 2017 年版，第 1424—1425 页。
② 〔英〕拉努尔夫·德·格兰维尔：《论英格兰王国的法律和习惯》，吴训祥译，中国政法大学出版社 2015 年版，序言。
③ 程汉大主编：《英国法制史》，齐鲁书社 2001 年版，第 69 页。
④ 薛波主编：《元照英美法词典》，北京大学出版社 2017 年版，第 1425 页。

告知令状、发还审理令状。① 王室法庭正是借助这些名目繁多的令状扩张其管辖权的。

第二,令状制缘起于何处? 普通法令状源于早期的盎格鲁-撒克逊国王的行政令状。行政令状"通过强制命令恢复占有或补偿来对非法侵害进行矫正和救济,它是在对案件是非曲直进行简单调查后采取的警察式(行政)措施,因而显示了极大的权宜性而很少正规程序的意味"②。为了消除因单方陈述引起的矛盾甚至不公正后果,国王的行政令状必然走向王室干预的司法化路径。即使不是国王的直属封臣,但可能基于两方面缘由仍然可以享受到国王的恩泽。其一,王室法庭是最终可诉诸的法庭。在诺曼征服之后的中世纪中期,英格兰依然普遍流行"国王所至,法律必存(wherever the king was, there was the law)"的观念。传统法庭对个人权利救济的不力总是吸引着当事人去王室法庭寻求保护,加之国王又客观存在财政困局的事实,王室法庭"经过对你权利正当性及地方法庭缺陷的必要解释,说明你对它们的担心和不信任及国王作为正义之源的坚定信念之后,就可能为你起草一份王室

---

① 关于各令状名称需要略作解释。"权利令状"又称当然令状(writs of course),是指理所当然签发的或出于权利而准许的令状。"特权令状"又称非常令状(extraordinary)或国家令状(state writs),是指国王出于恩典或法院自由裁量签发的令状,针对的是行政人员或低级法院人员对个人造成的侵害,旨在保护个人的权利。"开始令状"又称"起始令状"或"初始令状",它是以国王的名义签发的加盖国王玉玺的启动诉讼程序的令状。"司法令状"是在诉讼开始后和诉讼结束后以法官名义签发的带有法院印章的,旨在保证诉讼顺利进行或判决得以执行的命令。"人身保护令状"是英格兰中古法中的特权令状,是用于审查逮捕或关押的合法性的命令。"训令令状"在中古时期指由王座法院以国王名义签发的司法训令,其目的不是创设新的权利,而是为了保护申请者已有的合法权利。"调卷令状"是指由上级法院签发的,指令下级法院移送案件记录进行合法性审查的令状。"禁止令状"是由中央王室法庭签发的,阻止下级法院超越其管辖权或阻止非司法官员或组织行使权力的一种兼具非常令状与权利令状性质的令状。"特权开示令状"是用来调查公职人员权力依据的一种兼具非常令状与权利令状性质的令状。"禁止离境令状"是禁止某人离开法院管辖区域(或本郡或本国)或者禁止某人将财产转移至法院管辖区外的令状。"告知令状"是基于判决等法律文件而签发的一种特权令状,它要求当事人向法院阐明某法律文件的持有人不应从该文件中获益的理由,或者该文件不应该被撤销或者宣布无效的理由。"发还审理令状"是指当上级法院发现由下级法院移送来的案件其提取理由不充分时,将案件发还至下级法院审理的令状。屈文生:《普通法令状制度研究》,商务印书馆2011年版,第109—153页。

② 〔比〕R.C.范·卡内冈:《英国普通法的诞生》,李红海译,商务印书馆2017年版,第65页。

令状,并盖上印章"①。这份带有国王权威的文书就能够开启一场王室法庭的诉讼。其二,王室法庭是涉及国王利益的法庭或者说王室法庭的诉讼均是"国王之诉"(pleas of crown)。国王及其法官总是"以国王秩序"(in the king's peace)为名义不断扩大其司法管辖权。"国王扩大其权力的一个主要原因就是缺钱,刑事案件被视为一个很好的收入来源……13世纪起,所有的刑事案件都是国王之诉了,一些仍在地方法庭处罚的轻微犯罪除外——但即使是这些案件,郡长也被认为是在行使王室的司法管辖权。"②与此同时,有关地产的占有之诉在亨利二世时期也被纳入了王室法庭的管辖范围。"这些占有之诉尽管不是抄袭自罗马的禁令制度(interdicta),却也受到了后者的启发。亨利紧紧把握住了占有之诉和权利诉讼之间的区别:后者还需前往封建法庭进行,而国王着手保护占有。"③这些占有之诉包括新近侵占之诉、收回继承地之诉、圣职推荐之诉。亨利以此方式既打压了上层阶级恣意剥夺他人土地占有的态势,又在所有普通自由民中赢得了更好的声望。无论如何,王室法庭诉讼的开启或运转均需借助于王室令状。

第三,令状制于普通法的意义何在?既然13世纪英格兰普通法及其中央王室法庭的框架已经成形,如何由王室法庭将这一普遍意义上的习惯法推广实施至全境范围,使其更具体系化特征呢?"随着案件的增加及复杂化,13世纪时令状的数量亦显著增加(亨利三世时令状仅有约50个,爱德华一世时已增至约500个),导致王室法庭司法管辖权对地方法庭干预权的不断扩大。这引起了领主和贵族的强烈不满,1258年的《牛津条例》规定,未经国王和大咨议会的允许,文秘署署长不得擅自签发新的令状。同时,为了克服权利可能得不到救济的问题,1285年的《威斯敏斯特法Ⅱ》授权文秘署官员遇到根据现有令状可获得救济的类似案件时,可以对现有令状进行变通以审理这些案件,但这并不产生

---

① 〔比〕R.C.范·卡内冈:《英国普通法的诞生》,李红海译,商务印书馆2017年版,第66页。
② 同上书,第65页。
③ 〔英〕梅特兰:《英格兰宪政史》,李红海译,中国政法大学出版社2010年版,第9页。

新的权利和救济手段。"① 亦即,类似令状可以开启类案诉讼。久而久之,启动这类王室诉讼的起始令状与规范整个司法过程和执行结果的司法令状无疑组成了一套特殊的诉讼程序。可以说,没有王室令状,就没有王室诉讼;没有王室令状就没有来自普通法的救济,此谓"无令状则无权利"。② 当然,这种救济应该建立在令状有效的基础之上。"15世纪,普通法法院就已获得决定一个令状是否有效的权力,而一旦一个令状被判定为无效,即使存在原告获得令状的事实,也不会对其利益的保护产生任何帮助;令状是否有效,是根据已被承认的普通法原理判定的。"③ 此外,令状选择正确与否,于当事人利益保护至关重要。"诉讼当事人骑着一匹马去参加诉讼,如果事实证明令状是错误的,他必须回来改骑另一匹马,假如他有足够的时间、金钱和耐心的话。"④ 英国法学家詹姆斯这一将令状比作选择正确的马匹的隐喻十分有趣,但也令人深思。

b. 陪审制

诺曼王室法庭在采用令状将案件从地方转移至中央的同时,引入了一个法兰克帝国时期诞生的重大证据制度——陪审制(jury)。但在亨利二世改革之前,"无论是法兰克帝国、诺曼底公国,还是英吉利王国,通过邻人进行宣誓调查已显露出它是作为特殊的东西存在——它是国王或公爵的特权,而不是普通诉讼所适用之常规程序的一部分;它更重要还是一种财政或行政而非司法的制度。"⑤ 亨利二世主要采取了两个重要的步骤,对行政性陪审制进行司法化改造。首先,他将过去在地方法庭或法庭之外的地方性召集改为在统一而确定的王室法官面前的召集。其次,将这一高效的王室调查方法的救济对象范围扩大至普通自由民。陪审制既适用于民事案件,亦适用于刑事案件。陪审制可

---

① 薛波主编:《元照英美法词典》,北京大学出版社 2017 年版,第 1425 页。
② 程汉大主编:《英国法制史》,齐鲁书社 2001 年版,第 379 页。
③ 〔英〕威廉·格尔达特:《英国法导论(第 11 版)》,张笑牧译,中国政法大学出版社 2013 年版,第 20 页。
④ 程汉大主编:《英国法制史》,齐鲁书社 2001 年版,第 379 页。
⑤ 〔英〕梅特兰:《英格兰宪政史》,李红海译,中国政法大学出版社 2010 年版,第 82 页。

分为两类，一为大陪审制；一为小陪审制。

第一，大陪审制。大陪审制类似于调查陪审制(assize)。在涉及地产权利的大陪审制中，"当甲向乙主张土地的权利时，乙可以不选择决斗或找决斗替手进行决斗，而是诉诸国王的地产权利大陪审团。接下来由双方选出4名骑士，再由这些骑士另选12名陪审员，后者到王室法官面前证实甲和乙究竟谁对争议土地享有更大的权利。"①其中的陪审员无疑仅仅是作为证人身份参与诉讼的。涉及刑事诉讼的大陪审制同样是在亨利二世时期予以明确的，依据《克拉伦敦法》和《北安普敦法》的规定，"由12个人代表一个百户区对犯罪提出指控的做法被固定为长期序列的程序。12位宣誓的百户区居民将对犯罪提出指控，受控者将接受神明裁判的考验。未能过关者将被处以肉刑。"②此即在个人重罪私诉③之外兴起的由早期控诉陪审制改良而来的刑事公诉制度，由亨利二世引入的"公诉程序是英国法的一项创新"④。其中，12名百户区宣誓控诉者的作用仅仅是将受控者交付审判，无权定罪。长期以来，被提起公诉者的命运均取决于毫无确定性的神明裁判。神明裁判于1215年遭到废除。⑤ 彼时正值亨利三世登基伊始，"国王的大咨议会立即接受了神裁被取消这一既定事实，并为因此而面临的新形势采取了准备措施。被12名百户区居民提出指控者必须付诸其邻人的宣誓裁断，否则就必须留在监狱里，这种做法看来已经成为当时的法律"⑥。但是需要注意的是，在13世纪那个陪审员仅为证人的特殊时代，"除非一个人自愿将自己的命运交于陪审团，否则单纯12个宣誓证人的证言不足以给他定罪"⑦。亦即，当时的受控人并不一定理所当然地选择大陪审制，他也许并不信任自己的邻人，宁肯借助超自然力量证明清白。

---

① 〔英〕梅特兰：《英格兰宪政史》，李红海译，中国政法大学出版社2010年版，第83页。
② 同上书，第84页。
③ 英国的重罪私诉制度直到1819年才被废除。
④ 〔英〕梅特兰：《英格兰宪政史》，李红海译，中国政法大学出版社2010年版，第137页。
⑤ 1215年举行的第四次拉特兰宗教公会禁止教士参与神明裁判，缺失了宗教人员和宗教仪式的神裁制度失去了意义。
⑥ 〔英〕梅特兰：《英格兰宪政史》，李红海译，中国政法大学出版社2010年版，第85页。
⑦ 同上书，第86页。

第二，小陪审制。小陪审制类似于裁断陪审制（jury），涉及地产占有的小陪审制的程序一般为，"占有土地被逐出者或者土地占有被侵夺者可从国王处获得一纸令状，要求郡长召集12个人在王室法官面前查证究竟是否有侵夺行为"①。其中涉及的显然不是一个地产权利大或小的评判问题，而是一个是否存在土地占有或侵夺占有的需要裁断的事实问题。"到了亨利二世及其儿子们统治时期，受控者可以从国王处购买通过向邻人进行调查而裁断某些问题的特权。起初因此而提交裁断的看来只是诉答过程中出现的一些附随性问题，如受控者是否因残疾而无须决斗，或是否已超过决斗年龄限制。随着时间的推移，因此而提交邻人裁断的问题变得越来越具有实质性，并触及了罪与非罪的争议焦点。最后我们发现，受控者将全部的罪与非罪的问题都交给其邻人来调查、裁断——他将命运交给了他的国民，即其邻人，无论结果如何。"②此即重罪私诉中的裁断陪审制或小陪审制。尽管小陪审制显现出了事实裁断的迹象，但是其中的12名陪审人仅仅是证人身份。"陪审员被作为证人对待的事实也可以从以下现象中得到说明：在许多案件中，被陪审团做出不利裁断的当事人可以因伪证罪而启动针对陪审团的程序，这被称为调查小陪审团裁断是否虚假的程序。由12名陪审员组成的小陪审团的裁断会被提交一个由24人组成的大陪审团调查，如果后者发现前者的裁断存在虚假，则该裁断会被弃置，那12名作伪证的陪审员也会因此受到重罚。"③由此判断，英格兰中古时期的陪审制还不是现代意义上的陪审制，但这一证据制度无疑是试图摆脱神明裁判束缚的有益尝试。

三、衡平法（equity）

王室法庭早期基本的组成人员是高级教士和贵族，到了亨利二世时期发展为专业法官群体，正是这一群体迅速扩大了王室法庭的司法

---

① 〔英〕梅特兰：《英格兰宪政史》，李红海译，中国政法大学出版社2010年版，第82页。
② 同上书，第85页。
③ 同上书，第87页。

业务。到了亨利三世末年,作为最受国王信任的代理人的首席政法官(chief justiciar)职位消失,原负责王室文秘工作的文秘署署长成了国王的首席大臣(chancellor),这一职位也被称为御前大臣或大法官。因为作为首席顾问的御前大臣往往是学识渊博的教士出身,既精通英格兰普通法,也精通罗马法和教会法。

尽管中古时期的英格兰法院体系重叠交织,但如果以上那些明确的司法机构包括王室法庭还是没能实现司法公正,"人们很自然地想:既然国王自己的权力可以由国王的法院授予,就说明其权能是不可穷竭。也就是说,国王手中一定还要保留着剩余司法权(reserve of justice)"①。"剩余司法权"是指早期国王的御前会议在分离出普通法法庭和议会、成为国王的咨议会后,除了处理咨询、行政事务之外,仍享有的与国王利益有关的司法权。13世纪末开始出现直接诉诸国王而非普通法院的请愿现象,这种衡平法上的民事诉讼被称为"suit",以区别于普通法上的诉讼(action)。② 到了14世纪,这一非常救济需求大量出现,于是专门处理此类事宜的大法官及大法官法庭(court of chancery)③即衡平法庭(court of equity)也相应被设置。

衡平法庭处理的非常救济大体有两种,一是请愿者受到诸如被施以暴行或被从其所有地驱逐,但因贫困等诸多原因无法获得救济;二是在某些交易中出现的一些道德性的权利,普通法法院无法保护或不愿保护,尤其典型的是在用益(uses)和信托(trusts)的案件中,其中,委托人往往为了自己的利益或自己遗嘱中指明的受益人的利益,出于信任将自己的土地转让给受让人保有。虽然当时的普通法不认可用益和信托(当时有关土地的遗嘱无效,关于土地归属方面的遗嘱的成文法直到1540年才被通过),但是这种法律行为依然大量出现。到14世纪末,

---

① 〔英〕威廉·格尔达特:《英国法导论(第11版)》,张笑牧译,中国政法大学出版社2013年版,第21页。
② 屈文生:《普通法令状制度研究》,商务印书馆2011年版,第61页。
③ 〔英〕威廉·格尔达特:《英国法导论(第11版)》,张笑牧译,中国政法大学出版社2013年版,第21—22页。

关于此类行为的请愿会直接诉诸大法官,请求大法官帮助他们对抗那些用普通法上的权利来对抗他们的法定所有权人。大法官法庭的程序与普通法法庭的程序不同,大法官全程亲自审理案件,没有陪审团介入,他会首先发布一种传票(subpoena),要求被诉方必须出庭,违反者要背负罚金。被诉者来到大法官面前,经过宣誓后对诉状进行答辩。如果大法官认为原本在普通法上属于被控方的土地,从良心、道德上或者衡平上属于请愿者,那么他虽然不能直接颠覆普通法的规则,但可以间接干预(禁止被控者向普通法法庭提起诉讼)。此种对普通法的干预原本仅是对个别案件的特殊恩惠,而且"议会和普通法的法律家们并不喜欢大法官的这种衡平管辖权(有时他们在筹划拿什么东西取而代之),但其便宜性却使自己的存在正当化了。"①1474 年,长期以来只能以"咨议会中的国王"名义宣布的审判结果开始以大法官法庭的名义直接宣布了。当然,彼时的衡平法只是初步形成,尚缺乏体系性,而且在宗教改革之前,大法官几乎都是神职人员担任,当时的衡平法并不似后来职业法官执掌衡平法院时那么规范,起初大法官都是根据一些衡平原则来裁判的。

第四节 中世纪普通法学体系的生成

一、由法律渊源剥离出的法概念

从以上英国法律渊源的梳理看,中世纪英国法大体呈现出其法官法(判例法、不成文法、习惯法)的本质。其中两大法律渊源——习惯法和衡平法共同源出于法院。在 12 世纪之前,也就是一般习惯法即王室法院的普通法诞生之前,英国早已是法庭林立,有社区法庭、封建法庭、教会法庭、海事法庭、军事法庭等,正是这些法庭创生了纷繁复杂的特

---

① 〔英〕梅特兰:《英格兰宪政史》,李红海译,中国政法大学出版社 2010 年版,第 145 页。

殊习惯法。即使是在13世纪王室法庭攻城略地,占据英国主流法庭地位之后,教会法庭、海事法庭、军事法庭也并未消失。

追根溯源,英国的三大法律渊源(习惯法、制定法、衡平法)结构早在中世纪就已经形成。然而,在英国法律人的观念中,三种法律的地位不尽相同,习惯法和衡平法作为判例法或者法官法虽然属于不成文法,但比制定法更为引人注目。尤其是一般习惯法即普通法往往被认为是由王室法院的智慧之泉流淌而出之正宗法律。换言之,在英国,只有普通法才被认为是最能代表英国的真正的法,衡平法和制定法虽然不可或缺,但也只是普通法的辅助法和矫正法。

(一)作为"真正的法"的普通法

"就普通法这个概念而言,它原本是一个为教会法学家所熟知的术语——'Ius Commune',指整个教会共有的法律,它是相对于各省教会的制定法、特别习惯法以及特权而言。该词事实上是教会法学家从古罗马文本中借用而来的。"[1]据梅特兰考证,"'普通法'一词可能于爱德华一世统治时期或稍后就开始被使用。"[2]"普通法"的基本意涵是"一般习惯法"。从形式上看,普通法这一通过王室法院判例形成的法律不同于制定法,仍然属于不成文法;从适用范围和影响力上看,普通法不同于特殊习惯法,并非仅在某时某地针对某种对象适用,而是在英格兰具有相对的普遍适用性,是最有代表性的英格兰国内法。

在英国中世纪四位法学家的笔下,普通法是他们眼中真正的法。12世纪时,亨利二世时代的格兰维尔是第一个为英格兰法律正名的法学家,他用拉丁文书写的《论英格兰王国的法律和习惯》是英国最早的体系化法律专著,是"自罗马帝国崩溃以来首部以纯粹法学专著姿态出现的作品"[3]。在这本书的序言里,格兰维尔总结了自己的普通法观念。

---

[1] 转引自冷霞:《英国早期衡平法概论——以大法官法院为中心》,商务印书馆2010年版,第13页。
[2] 〔英〕梅特兰:《英格兰宪政史》,李红海译,中国政法大学出版社2010年版,第14页。
[3] 〔英〕拉努尔夫·德·格兰维尔:《论英格兰王国的法律和习惯》,吴训祥译,中国政法大学出版社2015年版,第25页。

他认为,"每个判决所依据的都是王国的法律,(这些法律)根植于理性及长期存在的习惯。那些英格兰的法律,尽管并未书写成文,仍然应该且毫无疑问地被冠以法律之名(因为它本身就是法律——君主所喜好的就是法律)。"①这里的"君主所喜好的就是法律"在本书第二章罗马法部分已经被提及,只是翻译不同。② 对于出自查士丁尼《学说汇纂》中的这句话的理解,阿奎那早已给出了较为明确的说明,即"为了使得命令的意志具有法律的性质,它就需要与特定的理性规则保持一致。应当在这个意义上理解最高统治者的意志即有法效力这样的说法,否则最高统治者的意志毋宁是不义而非法律"③,也就是说,法律与统治者的理性有关。格兰维尔之所以借鉴罗马法的这一著名成说,一则是这一罗马法观念与彼时英国普遍流行的"国王所至,法律必存"社会观念并不冲突,二则是"格兰维尔一定意识到了教会法学家们对于不成文的习惯的不信任"④。借用欧陆的罗马法之盾抵挡来自教会法学家对于普通法的质疑也算是一个合理正当的选择。无论如何,在格兰维尔看来,英国的普通法虽然不同于欧陆的成文法,但因其源自英格兰民族的历史习惯又经过历代国王理性的权威认可,当然亦属于法律范畴。格兰维尔的著作充分呈现出英格兰普通法依赖令状及诉讼形式的特点,全书详细记载了 80 个诉讼令状,格兰维尔之书因此堪称王室法院的"令状大全"。

13 世纪,布拉克顿的《论英格兰的法律与习惯》胜过了格兰维尔著作的风头。"如果我们比较一下格兰维尔和布拉克顿的著作,将会发现,在后者的著作中,法律有了非常明显的发展。一些令状和程序在实质上是一样的,但诉讼过程更加恒定了。"⑤应该说,是诉讼规则或者说

---

① 〔英〕拉努尔夫·德·格兰维尔:《论英格兰王国的法律和习惯》,吴训祥译,中国政法大学出版社 2015 年版,第 34—35 页。
② 有时被译为"皇帝是法律的源泉",有时被译为"最高统治者所意愿的即有法的效力。"〔意〕阿奎那:《论法律》,杨天江译,商务印书馆 2016 年版,第 3 页。
③ 〔意〕阿奎那:《论法律》,杨天江译,商务印书馆 2016 年版,第 5 页。
④ 〔比〕R.C. 范·卡内冈:《英国普通法的诞生》,李红海译,商务印书馆 2017 年版,第 22 页。
⑤ 〔英〕马修·黑尔:《英格兰普通法史》,史大晓译,北京大学出版社 2016 年版,第 112 页。

普通法更加恒定了,普通法的"布拉克顿时期"开启。"为了写作那本书,布拉克顿从亨利三世前24年的审判卷宗中抽出了2000个案例,汇编成一本《札记》;由于当时'法律报告'(legal reports)制度尚未形成,因此,这些案例全都摘自审判的卷宗。在引用与诉诸判例方面,布拉克顿走在同时代人的前面,在展现英格兰法的特色方面,爱德华一世当政时期的其他法律著作都没能达到布拉克顿那样的高度。"① 布拉克顿的著作虽是一个未完稿,但基本再现了13世纪普通法的判例法特色。

中世纪末期的15世纪,对英国普通法发展产生极大影响的两位学者是利特尔顿和福蒂斯丘,前者因对普通法中最重要的土地法问题的研究而在普通法学史上占有重要一席;后者因对普通法的赞誉和对英国公法学的开创性贡献而知名。利特尔顿撰写的《论土地占有》一书"主要讲的是土地法问题,其时,土地法主要处于持续的、合乎逻辑的发展末期;在由于衡平法院大法官引入新的衡平原则而导致旧的法律被改变、新的法律没有被人们重新建构起来之前,利特尔顿对中世纪普通法学家们发展出的土地法理论进行了总结,并将之传递给了未来的几代人"②。亦即,不同于格兰维尔和布拉克顿著作的整体性视野,利特尔顿的著作主要聚焦于普通法中最重要的土地法分支问题。福蒂斯丘因对英国普通法的极度美誉和对英国理想政制的理论阐释而在普通法学界毁誉参半。③ 玫瑰战争期间(1455—1485),④福蒂斯丘并未像其他法官一样持守中立,而是选边站队。但因为选择了兰开斯特王朝,他追随

---

① 〔英〕威廉·塞尔·霍尔斯沃思:《英国法的塑造者》,陈锐等译,法律出版社2018年版,第23—24页。英国记载法律的法庭卷宗档案(plea-rolls)于1194年出现,判例报告于1292年出现。
② 同上书,第68页。
③ 福蒂斯丘代表性的著作有《英格兰法律礼赞》和《论英格兰的政制》,他因这两篇作品被后来的学者讥讽"自鸣得意""幼稚""粗野""暮气沉沉而流亡的爱国者的罗曼蒂克"等。〔英〕约翰·福蒂斯丘:《论英格兰的法律与政制》,袁瑜琤译,北京大学出版社2008年版,第2页。
④ 玫瑰战争是指英王爱德华三世(1327—1377年在位)的两支后裔——兰开斯特家族(族徽为红玫瑰)和约克家族(族徽为白玫瑰)之间发生的时间长达30年的王位争夺战。这场残酷内战因16世纪莎士比亚的戏剧《亨利六世》而得名。玫瑰战争的结束标志着英国结束中世纪,开始迈向近代。

亨利六世一路逃亡,在法国流亡的七年期间,福蒂斯丘完成了《英格兰法律礼赞》一文。该文以拉丁语写成,形式采用对话体,全文都是作为司法大臣的福蒂斯丘劝谕未来可能的君主爱德华王子应该认真研习英格兰法律。尽管后来爱德华王子不幸殒命于一场战役,福蒂斯丘也被俘(随后被约克王朝的爱德华四世赦免),但是《英格兰法律礼赞》的光芒并未遮蔽于战火,在今天仍然有其独特意义。福蒂斯丘所赞美的英格兰法律既包括一般习惯法也包括制定法。论及英格兰的制定法,福蒂斯丘从比较英格兰法和欧陆法的视角,认为英格兰法不是来自君主的意志。"它们的制定不单要根据君主的意志,还要根据整个王国的同意,它们既不能有损于人民,也不能疏于保证他们的利益。它们包含了必要的审慎和智慧。"[1]福蒂斯丘之所以作如是评判,是因为在"1399年到1450年间,多数立法都是通过平民院的法案而来,而不是职官议案"[2]。正是基于此,福蒂斯丘坚信英格兰的制定法一定是审慎和智慧的结晶。在论及英国一般习惯法时,福蒂斯丘更是不吝惜自己的溢美之辞,他认为,"这王国连续不断地经历了同一个习惯法的规范……罗马法和教会法都没有如此古老的历史根系。如此说来,英格兰的习惯法不但是好的,而且是最为优秀的"[3]。比较来看,在福蒂斯丘眼里,作为一般习惯法的普通法地位高于制定法。在该文中福蒂斯丘还用大量的篇幅描述了中世纪时期普通法的陪审制、英格兰的律师会馆、英格兰高级律师和王室法官的产生方式。

总体观之,英格兰中世纪四位普通法学家眼中最值得探讨的法律就是作为一般习惯法的普通法。格兰维尔表述为"令状",布拉克顿表述为"判例",在利特尔顿那里表现为"土地法",福蒂斯丘则直接名之为"习惯法"。无论名称如何,这些在英格兰普遍适用的普通法本质上都是在王室法院形成的法官法、判例法。这一点在梅特兰的法史著作中

---

[1] 〔英〕约翰・福蒂斯丘:《论英格兰的法律与政制》,袁瑜琤译,北京大学出版社2008年版,第59页。
[2] 同上。
[3] 同上书,第57—58页。

得以重述,"可以把亨利三世时代看作法官法的黄金时代;从 13 世纪中期以来,我们的普通法就已经是判例法了。"①

(二) 作为"矫正和辅助法"的制定法、衡平法

1. 制定法

亨利三世之后的爱德华一世时期,英国迎来了自己历史上的第一个立法时代。"到爱德华时代,一切都得以确定,有由王国三个阶层所组成的议会,有国王的御前会议,还有那几个著名的普通法法庭。用语也得以规范化,国王加议会(king in parliament)可以颁布法律(statute),而国王加御前会议(king in council)只能制定条例(ordinance)。"②换言之,"制定法"概念与"普通法"概念一样都是在法律实践中被创生的。

如前文令状制度部分所述,"到亨利三世统治结束时,人们越来越认识到,创制新的救济措施实际上就是在制定新的法律,声称只是在宣示法律的法官实际上是在制定法律。人们也越来越多地感觉到,对于新的法律,王国各阶层的同意(不管怎么说至少是贵族的同意)总是必要的。"③爱德华一世时期议会地位的确立使英国的制定法时代来临。"立法在这一时期的活跃产生了一个重要后果,那就是对不成文法的发展构成了制约。从此,普通法的发展速度远落后于亨利三世时期;在每一个重要关头,其发展都受到了制定法的阻碍——法官们为当时所普遍接受的如下原则所制约:未经议会同意,不得变更法律。普通法还在发展,但却相当缓慢。"④虽然制定法大量出现,但是从其功能看,制定法主要是对普通法的制约、辅助和矫正。比如 1258 年的《牛津条例》规定,"未经国王和大咨议会的允许,文秘署署长不得擅自签发新的令状",是为制约;1285 年的《威斯敏斯特法Ⅱ》授权文秘署官员遇到与根据现有令状可获得救济的案件类似案件时,可以对现有令状进行变通

---

① 〔英〕梅特兰:《英格兰宪政史》,李红海译,中国政法大学出版社 2010 年版,第 13;16 页。
② 同上书,第 15 页。
③ 同上书,第 12 页。
④ 同上书,第 15 页。

以审理这些案件,此种做法并非对普通法的否定,而是对普通法的辅助和矫正。

2. 衡平法

关于衡平法的术语,"正如梅特兰所指出的那样,在英国法中并没有使用'equitable law'或'law of equity'等这样的说法,而是径直使用equity来指和普通法、制定法并列的一种法律渊源:衡平法"[①]。那么,对于这一不采用"law"的法如何理解?格尔达特将其与普通法概念比较后认为,"当一个现代法学家用'法'与'衡平'这两个词时,并非意在说明'衡平'不是法。实际上,他说的是两种不同的法——一是普通法,一是同样被视为法的'衡平法规范'。衡平法规范不仅是道德性的,而且同时具备法律上的约束力,因为它还可以由法院来强制执行。"[②]由此看,衡平(equity)兼备法律和道德两重属性。

制定法的大量出现使英国普通法逐渐陷入相对孤立的发展状态。原本"亨利三世时期罗马法在英国慢慢站住了脚跟,但爱德华的立法则阻止了英国法的进一步罗马化。整个法律领域都为制定法所涵盖,以至于对罗马法的研习失去了意义"[③]。类似布拉克顿这些既精通普通法又饱读罗马法和教会法的教士身份的法官不再在普通法法院坐堂问案,普通法法院让位于职业法官。久而久之,普通法发展成了一个"严密、合乎逻辑、实用的体系"[④]。这既是普通法的优点亦是其缺点。"自13世纪,人们从如此确定的、具有向心力的法律体系中获益匪浅,而14世纪与15世纪则反受其咎。在中世纪行将结束时,普通法碰到了发展的'瓶颈'。"[⑤]彼时,普通法另一个更重要的辅助和矫正手段出现了,这一新的矫正手段即衡平法。"在1452年文秘署的一个案子中,首席法

[①] 李红海:《英国普通法导论》,北京大学出版社2018年版,第41页。
[②] 〔英〕威廉·格尔达特:《英国法导论(第11版)》,张笑牧译,中国政法大学出版社2013年版,第17页。
[③] 〔英〕梅特兰:《英格兰宪政史》,李红海译,中国政法大学出版社2010年版,第15页。
[④] 〔英〕威廉·塞尔·霍尔斯沃思:《英国法的塑造者》,陈锐等译,法律出版社2018年版,第76页。
[⑤] 同上书,第76页。

官福蒂斯丘在反驳一项法律争辩时说:'我们这里讨论的是良心,而不是法律。'"①由此看,即使是普通法法官也会维护衡平法,当然,这与衡平法的基本立场有关,衡平法从来都是以尊重普通法的存在为预设前提的,它辅助普通法的实现而非直接取而代之。

总体判断,英国中世纪的法概念构造更类似于古典罗马法学。一方面,它世俗、人间烟火味浓厚,强调法的实践技艺和理性。自 11 世纪初,威廉一世就将世俗法庭和教会法庭分离。13 世纪,爱德华一世在大量立法的同时,教士不再在世俗法庭审理案件,普通法法庭日益职业化与专门化。另一方面,英国中世纪的法看重法的自发性,相比制定法,习惯法的社会地位更高。不同之处在于,古典罗马法学注重私法,而中世纪英国法学则并不刻意强调私法与公法概念的对立,"从格兰维尔的书中,我们看到,普通法最早的分支是程序法、刑法以及土地法三者"②。从这些法律内容判断,英国中世纪的法学并不在意私法与公法的区分。

二、由普通法概念阐释生成的普通法学

既然在英国中世纪法学的视界内,真正的法是"普通法",那么英国中世纪的法学基本就是一个"普通法学"体系。其基本特质主要从三个维度展开。

(一) 以王室法院为平台的司法实践技艺法学

本书在第二章论述了古典罗马法学的"以解决讼争为导向的私法法学体系"特质,将之与英国中世纪法学进行比较,可以认为,英国中世纪法学坚定地将古典罗马法学的实践理性特色一以贯之。英国法学的法概念底色主要是普通法,因此中世纪的英国法学基本上是一种普通法学。

亨利三世时期就已经是"法官法的黄金时代:王室法庭迅速成为所有重要案件(属教会法院管辖的除外)的常规管辖法院,几乎没有听说

---

① 李红海:《英国普通法导论》,北京大学出版社 2018 年版,第 57 页。
② 〔英〕威廉·塞尔·霍尔斯沃思:《英国法的塑造者》,陈锐等译,法律出版社 2018 年版,第 19 页。

过什么地方习惯法偏离了普通法发展的方向,因为古老的地方法庭早已让位于迅速崛起的王室法庭,地方习惯也随之让位于普通法。"①前述提及的四位中世纪法学家,无一例外均具备两重身份——王室法庭的法官兼法学家。

格兰维尔在亨利二世时期曾担任过郡长、王室法庭法官、巡回法官、首席政法官职务。根据考证,那些记录在《论英格兰王国的法律和习惯》中的法律正是格兰维尔担任王室法庭首席政法官期间制定的。"首席政法官主持御前会议(Curia Regis),地位仅次于国王,是所有民事和刑事案件的最高法官,并且当国王在海外巡视期间,如同'国王的代理人(Vice-Roy)'。"②正是这位如同"国王的眼睛"③的首席政法官"几乎就在升职的同时,立刻为王国的利益着手重建并确认了那些古老的法律"④。从《论英格兰王国的法律和习惯》看,这些法律完全是王室法庭法律的完整再现。无怪乎现存的这本书的多个手抄本也被冠名为"亨利二世的法律"。可以肯定的是,"到格兰维尔著述之时,即亨利二世统治后期,王室的法律与法庭已经明显地经历了一个根本的变化……格兰维尔著述的巨大价值就在于,将这些令状及诉讼程序作为一个整体,连同相当数量的实体法一起,进行系统化地把握和描绘。"⑤

布拉克顿担任过总巡回法官、王座法院的法官、四季法庭的法官,同时也是一名高级教士。这位身兼多职、既精通普通法又饱读罗马法和教会法的王室法官无意间创作的《英格兰法律与习惯》一书成就了其法学家盛名。布拉克顿著作中的判例材料正是取自其担任王室法官期

---

① 〔英〕梅特兰:《英格兰宪政史》,李红海译,中国政法大学出版社2010年版,第13页。
② 〔英〕约翰·毕默思:《英译者前言》,载〔英〕拉努尔夫·德·格兰维尔:《论英格兰王国的法律和习惯》,吴训祥译,中国政法大学出版社2015年版,第22页。需要说明的是,引文中的"Curia Regis",笔者未采用原文的"王室法庭"译语,而是将其还原为"御前会议"的译法,因为作为首席政法官的格兰维尔身兼行政与司法两重职责。
③ 〔美〕小约瑟夫·亨利·比尔:《重印版导言》,载〔英〕拉努尔夫·德·格兰维尔:《论英格兰王国的法律和习惯》,吴训祥译,中国政法大学出版社2015年版,第7页。
④ 〔英〕约翰·毕默思:《英译者前言》,载〔英〕拉努尔夫·德·格兰维尔:《论英格兰王国的法律和习惯》,吴训祥译,中国政法大学出版社2015年版,第20页。
⑤ 〔比〕R.C.范·卡内冈:《英国普通法的诞生》,李红海译,商务印书馆2017年版,第64页。

间的审判卷宗。"在 500 年后布莱克斯通创作《英格兰法释义》之前,这一著作无论在语言风格还是在论述的完整性方面都难有比肩者。"①

中世纪的第三位法学家是利特尔顿,他曾担任内殿律师会馆的讲师、高级律师、皇家律师、民事上诉法院的法官。这位职业法律人的《论土地占有》"并非只是判决的总汇,作者试图超越判决,以期达到'法律论证和推理阶段',并从已有的、有关各种主题的大量判决中建构起一个一致的法律学说体系。对于其后的作者来说,本书无论从方法上还是从风格上都堪称值得仿效的典范"②。与此同时,需要注意的是,《论土地占有》"是英国历史上第一本完全不受罗马法影响的、而且不用拉丁文写成的英国法的伟大作品"③。

中世纪的第四位法学家福蒂斯丘担任过林肯律师会馆的主管、高级律师、王座法院的首席法官。这位职业法律人"对法律本身进行说明时,不太愿意深入到技术性的细枝末节,反而专注于揭示英格兰法的基本学说与显著特点"④。这使其著作呈现出不同于其他三位法学家著作的简明、易读、广为流传的特点。

综上,以上四位有影响力的英国中世纪法学家,比之古罗马法学家而言,其法官身份更为直接与显性。英国中世纪法学家的主要职业是王室法院的法官,撰写法学专著是他们的业余爱好,这些特征无不显现出英国中世纪的法学类似于古典罗马法学,不是书斋法学,不是法学院法学,而是名副其实的司法实践技艺性法学。

(二)以学徒式教育模式培养职业法律人

英国中世纪的法学教育已经与欧陆大相径庭,完全是一种学徒式的法律职业人培养模式。"盎格鲁-诺曼时期英格兰的法庭基本上属于

---

① 〔英〕威廉·塞尔·霍尔斯沃思:《英国法的塑造者》,陈锐等译,法律出版社 2018 年版,第 23 页。
② 同上书,第 67 页。
③ 〔英〕托马斯·霍布斯:《哲学家与英格兰法律家的对话》,姚中秋译,上海三联书店 2006 年版。
④ 〔英〕威廉·塞尔·霍尔斯沃思:《英国法的塑造者》,陈锐等译,法律出版社 2018 年版,第 70 页。

同一类型,没有哪个法庭的判决是由专业的法官团体作出的,大部分都由实际拥有土地且自己也受制于该法庭管辖的地产保有人作出。大部分法庭仅每月开庭一次或不定期开庭,所以其法官几乎没有可能成为法律专家,因为他们在听审诉讼方面不可能花费太多时间。大部分法庭都是地方性的,只对一个有限的区域内的居民拥有管辖权;即使是那些非地方性的法庭(如封臣法庭或王室法庭),也仅对特定阶层的人行使管辖权。"①质言之,在前亨利二世时期,各种法院的法官群体基本上都是无专业知识的外行人,相应地,当事人也大多无须职业律师为其提供有关实体或程序法方面的帮助。但彼时已经出现了类似准职业律师的代诉人(pleader)和代理人(attorney)。代诉人类似当事人的顾问,"当事人从其亲戚或朋友中挑选并组成一个亲友援助团陪伴其共同出庭,该亲友团并不只是消极的旁观者,他们还向当事人提供建议……被告要说真话,以便其亲友团决定是继续这样答辩还是采取措施与原告讲和"②。当时的法庭对代诉人在诉讼中的出现基本采取限制态度,因为"原告通常不得不自己进行陈述和答辩,被告也只能有限地使用其'顾问'代其发言"③。不同于代诉人的陪同身份,代理人则能够全权代替当事人出庭。但是也不能高估了此时代理人的作用。"这种法律代表可能并不只是因某项特定的讼事而接受委任。更有甚者,只有大土地所有者(如直属封臣和荣誉封臣)才能委派管家或其他这类职员负责与其土地相关的事务。"④亦即,这类代理人的法律意义并不突出。

亨利二世时期,一个涵盖整个英格兰的中央法院体系得以建立,英格兰的法律首度获得相对统一。这一旷世奇功的先锋执行者当属王室法官群体,"从1165年的米迦勒节到亨利驾崩,至少有70个不同的人在财政署出任法官;其中一半仅在一两次庭审记录中出现过,而由一个

---

① 〔英〕保罗·布兰德:《英格兰律师职业的起源》,李红海译,北京大学出版社2009年版,第15—16页。
② 同上书,第17—18页。
③ 同上书,第20页。
④ 同上书,第21页。

不超过12人组成的小团队再加上摄政官本人,构成了曾在现存文献中出现过且被提及姓名的法官总数的三分之二。在亨利统治期间已知出任过巡回法官的人中,有一大部分(84人中的46个)也只参加过一次总巡回审,另20人也仅出巡两次。但一个由18人组成的更为核心的法官团体则更为活跃,大概出巡3次或更多,其中有两人(罗杰·菲茨·莱因弗雷和迈克尔·贝里特)又多达6次。"①可见,彼时王室法官规模空前。然而,这些最早的法官并非国王委派的法律专家,"这些人并非专门的法律人士,因为他们同样还在王室的其他部门供职"②。这些人的法律技能都是在经年累月的司法实践中磨砺出来的。

直到13世纪,英国中世纪的职业法官才开始出现,法官的职业化表现为三方面。第一,法官数量显著增长,以皇家民事法庭为例,理查一世时期有57名法官,亨利三世时期有79名法官。第二,法官任职的平均时间长久且起主导作用,"在理查一世时一年多一点,约翰王时升至两年多,亨利三世为三年多,到爱德华一世则升至六年多。整个亨利三世统治期间,那些供职更久(10年或10年以上)的法官处理了该法庭所有业务的大约60%。而爱德华一世统治期间相应的数据则显示,他们不仅仅起主导作用,而且是绝对的主导;这一时期他们处理的业务占到了该法庭总业务量的85%。"③第三,国王开始委任法官,这些被委任的法官来自两个渠道。一是从法官助理中选任。"爱德华一世统治时期,至少有6名皇家民事法庭的法官在被任命前从其法官助理或法庭书记官的经历中获得了法律方面的经验,王座法庭的3名法官和3名更年长一些的总巡回审法官同样如此。"④二是从职业律师中选任。爱德华一世在位时期的9个高级律师中,有7个被提拔到了法院工作。⑤

---

① 〔英〕保罗·布兰德:《英格兰律师职业的起源》,李红海译,北京大学出版社2009年版,第26页。
② 同上书,第45页。
③ 同上书,第46—47页。
④ 同上书,第48页。
⑤ 〔英〕威廉·塞尔·霍尔斯沃思:《英国法的塑造者》,陈锐等译,法律出版社2018年版,第45页。

无论这些被委任的法官出身如何,有一个客观事实已经显现,即"到爱德华统治末期,一个没有相当法律专业背景的人被委任为几家主要王室法庭法官的情况已不再普遍"①。以此判断,13世纪的爱德华一世时期,王室法庭已经基本职业化了。同时,王室法庭由令状启动等复杂的程序规则的变化也为律师职业化创造了机会。"13世纪时,原告的陈述在变得越来越复杂的同时,也变得越来越标准化、格式化。这可能部分是因为这一领域的业务已归法律专家所拥有;而其结果也必然使得雇佣专家制作原告陈述更为必要……到13世纪70年代,被告受到了有关进行例外答辩规则的积极鼓励……职业律师可以从其先前的学习和经验中发现原告令状或其陈述中的问题,并依照正确的次序进行各项异议答辩。他们还知道进行异议答辩的正确方法,并用能使法官信服的论据来支持其答辩。"②然而,尽管13世纪已经出现了律师被委任为法官的现象,但"他们几乎花了一个世纪才获得了对此职务的垄断。这完全是因为在14世纪中期以前,法官是一个截然区别于律师的独立的职业群体"③。换言之,律师界(bar)与法官界(bench)相互融合的时代还远未到来。

到了中世纪的最后两个百年即14、15世纪,一支高度组织化的职业法律人阶层已经真正形成。律师界与法官界实现了高度融合,这种职业精英深度融合的背后是专业的出庭律师公会(inns of court)的出现,高级律师(serjeants-at-law)以及级别在其下的出庭律师(barrister)和学徒(student)分别被组织进入高级律师公会、出庭律师公会、事务律师公会。这里有必要顺便梳理一番现代人们常提及的"出庭律师"(barrister)和"事务律师"(solicitor)与12、13世纪出现的"代诉律师(代诉人)"和"代理律师(代理人)"的渊源。14世纪后期,在皇家民事法庭执业的"代诉律师"数目大减的同时,一个高级的"法律学徒"(apprentice)

---

① 〔英〕保罗·布兰德:《英格兰律师职业的起源》,李红海译,北京大学出版社2009年版,第48页。
② 同上书,第66、69、70页。
③ 同上书,中文版序。

群体开始出现,他们"可以作为代诉人代表其当事人在皇家民事法庭之外的所有其他法庭陈词,也正是从这一群体中产生了近代意义上的'出庭律师'"①。"事务律师"出现于15世纪,17世纪时被人们普遍接受。到了19世纪,源于13世纪的在普通法庭执业的"代理律师"(attorney)和出现于15世纪主要在衡平法庭执业的"事务律师"(solicitor)融合。如此,我们大致可以认为,12、13世纪的"代诉律师"发展为了后来的"高级律师";13世纪皇家民事法庭的"法律学徒"群体发展为了现代"出庭律师";12、13世纪走来的"代理律师"与15世纪出现的"事务律师"原本分别在普通法庭和衡平法庭承担着同样的"出庭律师"辅助工作,直到19世纪二者合一。以上律师名称的渊源,在15世纪那个律师职业辉煌时代的见证者福蒂斯丘的著作中也有明确记载。在劝谕储君爱德华王子学习法律时,他说:"当您以一个学生的方式,学习了法律的原理、原因以至于要素,您就堪称一位法律人了。这道理是,要探究法律之神圣奥秘,对您来说是不合时宜的,这毋宁留待您的法官和律师们来做,他们在英格兰王国被称作'代诉律师'(serjeants-at-law),以及别的那些擅长法律的人,他们被称作法律学徒(apprentices)。"②也就是说,应该将法律中那些神秘或者说非常专业的事项交给精通法律的专门人才处理,国王知晓法律于国家的重要意义即可。

彼时,律师公会为律师职业人才教育、输送律师至普通法院打开了一扇大门。"这些律师组织在15世纪之所以能获得很高的地位,与高级律师和法官赋予其特权有很大的关系。高级律师和法官帮助这些律师机构维持律师队伍的内部秩序,教育其中的学徒,并且允许(且只允许)那些被招入律师会馆的人在法院执业。如此一来,律师会馆就成了

---

① 〔英〕保罗·布兰德:《英格兰律师职业的起源》,李红海译,北京大学出版社2009年版,中文版序。
② 〔英〕约翰·福蒂斯丘:《论英格兰的法律与政制》,袁瑜琤译,北京大学出版社2008年版,第46页。为了保持文字上的统一,本书未采用译著之"撒真律师(serjeants-at-law)"的译法,特此说明。

研究法律的大学,且是非常高效的大学。"①由此,独具特色的英国普通法法律职业人才培养模式得以奠定。"英格兰的律师职业教育呈现出它的鲜明特色,即几乎完全脱离大学中研习的罗马法和教会法的广阔智识范围,而采用非学院的体制,对普通法的程序和规则的细节进行严格的实务指导。"②换言之,英国的普通法不是在大学中讲授与研习。英国大学教授的是教会法和罗马法。因此,福蒂斯丘在给爱德华王子解释普通法何以不在大学讲授时说,"英格兰的法律是凭借三种语言(英语、法语、拉丁语)来传习,它不适合于在大学内学习和研究;大学内只使用拉丁语。"③对于这一解释,布莱克斯通认为,"福蒂斯丘的回答,虽然包含着应有的恭敬,实际上给出的却是一个无力的、无法令人满意的理由,"④原因是"教皇英诺森四世曾禁止神职人员在公共场合宣讲国内法。英国大学正是从那时开始采用现在这种教学方式,而且从那时开始直到宗教改革时期一直都完全由天主教神职人员掌管(直到约翰·梅森爵士成为牛津大学历史上第一个出身新教徒同时也是非神职人员的校长),那我们将不难理解为何在那个世风拘谨的年代在牛津、剑桥等学术中心人们津津乐道于对罗马法的研究,而普通法却遭到蔑视甚至被视为与异端无异"⑤。律师公会出现的契机是皇家民事法庭开始固定于威斯敏斯特审案。随后,一些非神职的研究普通法的学者"发现他们有必要自己创立一所新的学院。于是这些人陆续在威斯敏斯特市和伦敦市之间购买了一些房屋(即现在的出庭律师学院和预备律师

---

① 〔英〕威廉·塞尔·霍尔斯沃思:《英国法的塑造者》,陈锐等译,法律出版社2018年版,第60页。
② 〔英〕保罗·布兰德:《英格兰律师职业的起源》,李红海译,北京大学出版社2009年版,第275页。
③ 〔英〕约翰·福蒂斯丘:《论英格兰的法律与政制》,袁瑜琤译,北京大学出版社2008年版,第102页。
④ 〔英〕威廉·布莱克斯通:《英国法释义(第一卷)》,游云庭、缪苗译,上海人民出版社2006年版,第18页。
⑤ 同上书,第22页。

学院所在地)"①。在普通法发展迅速的那个年代,这些新兴的律师组织也得到了王室的保护,亨利三世曾颁布禁令:"禁止伦敦市内所有学校的教师在伦敦市内教授法律"②。"中世纪英格兰的特质不是议会;也不是陪审团的审判。但是律师公会和那里的年鉴则是我们在其他地方无法找到的。利特尔顿和福蒂斯丘在哪里讲学,哪里就有罗伯特·里德、托马斯·莫尔、爱德华·柯克和培根的讲座。"③亦即,英格兰法主要是在律师公会习得和传播的,而罗马法和教会法主要是在英格兰的大学被传播的;对应地,传播者也有所区别,英格兰法的传播者主要是法官,但他们不是单纯的法官,他们还是"英格兰法的讲师"。④

这些律师公会培养出的职位最顶端的高级律师和法官虽然没有大学学位,但那种身份之荣耀在其被委任的仪式中首先显露无遗。"在那指定的日子除了别的仪式,那被择取的人还要承办宴饮和娱乐,就如同加冕一般,这要持续七天,任何一个被择取的人,为这授予仪式附带的各项活动,都要有不低于四百马克的花费。他们每一个人都要奉送出总价值至少四十磅英国货币的黄金戒指。"⑤被委任为高级律师的人的社会地位也从此无比显赫。"一旦某位律师被选拔为高级律师,就要离开出庭律师公会,加入高级律师会馆,在那里,他们与法官成了同一会馆的成员。在这个国家,高级律师与法官一样,成了一种大家认可的公职,会被召唤去充当巡回法官,可以出席议会,可以担任上议院特别刑事审判员,还可以考察议会与御前会议向他们提出的疑难法律问题;并

---

① [英]威廉·布莱克斯通:《英国法释义(第一卷)》,游云庭、缪苗译,上海人民出版社2006年版,第25页。
② 对于其中"法律"的所指,学者们的意见存在分歧,塞尔登、斯塔布斯等认为是禁止教授罗马法,但柯克则认为本质是禁止私人教授普通法。布莱克斯通并未给出他个人的意见,似乎认为以上两种认识都是可能的。[英]威廉·布莱克斯通:《英国法释义(第一卷)》,游云庭、缪苗译,上海人民出版社2006年版,第25页。
③ [英]弗雷德里克·威廉·梅特兰、约翰·汉密尔顿·贝克:《英格兰法与文艺复兴》,易继明、树颖译,北京大学出版社2012年版,第69—70页。
④ 同上书,第70页。
⑤ [英]约翰·福蒂斯丘:《论英格兰的法律与政制》,袁瑜琤译,北京大学出版社2008年版,第106页。

且,国王还会从这一阶层的成员中聘请某些'皇家大律师',行使类似现代总检察长与副总检察长(attorney and solicitor-general)的职权。"①无论如何,英国中世纪的普通法人才培养模式颇为不同,其强劲的韧性一直延续至 19 世纪。

有必要说明的是,在 12、13 世纪一个可辨识的世俗律师职业出现的同时,一个教会法律师职业也开始成形。他们不仅执业于教会法庭,而且人才教育模式也完全不同,尤其是在 1190 年之后,英国教会法的研习开始采用大学教育体制。"牛津大学从 12 世纪 80 年代末或 12 世纪 90 年代初某个时期开始提供大学的教会法教育……剑桥大学自成立以来可能就有教会法系,因此自 13 世纪早期起开始,英格兰就有了第二所帮助培训教会法律师以进入该行业的大学。这一时期在英格兰执业的大部分(如果不是全部)职业教会法代诉律师都曾受到过大学教育。"②无疑,英国中世纪教会法律师的培养模式类似于同期的欧洲大陆。虽然英国教会法律师与普通法律师之间存在诸多不同,但是"教会法律师职业阶层的发展并不是完全孤立于普通法及其法院和律师之外。自亨利二世统治开始到 13 世纪末,国王们经常招聘一些受过教会法和罗马法训练的律师为其服务,有时还将他们聘为法官"③。可见,教会法律师与普通法律师并非水火不容,教会法律师进入普通法法庭执业的通道未被堵死,他们仍有可能被选任为法官。与此同时,普通法律师也会主动研习教会法和罗马法。

(三)镜鉴欧陆法学智识的欧洲最早民族国家法学

12 世纪,欧陆地区出现了复合意义上的"罗马法"共同法。同期,在英吉利海峡对岸的英国亦拥有了属于自己的共同法。这个共同法在中文中一直被译为"普通法",但其实质意涵应该为"共同法"。这一核心

---

① 〔英〕威廉·塞尔·霍尔斯沃思:《英国法的塑造者》,陈锐等译,法律出版社 2018 年版,第 59 页。
② 〔英〕保罗·布兰德:《英格兰律师职业的起源》,李红海译,北京大学出版社 2009 年版,第 251、253 页。
③ 同上书,第 267 页。

要义在17世纪的马修·黑尔和18世纪的布莱克斯通的著作中也得到了重申。马修·黑尔认为,"尽管存在不同种类的特别法,一些依习惯适用于特定地方,一些适用于特定案件,然而普通法概括性地对所有人、物、案件都是普遍适用的,并对那些在特定地方或案件适用的特别法拥有监督权,它是英格兰共同法(Lex Communis Angliae)。"①布莱克斯通沿袭了相同的立场,他提出"通用习惯——为整个王国的共同规则,它们构成了较为严格意义上和普遍意义上的普通法"②。一言以蔽之,我们中文习惯中的英国"普通法"实乃适用于整个英格兰王国的所有共同规范。

从中世纪英国法律人的法律概念看,普通法才是最能代表英国的国内法,即使是比利时当代法学家卡内冈也在其著作中重申了这一点。他认为,"英国法律既不是地方性的也不是世界性的,它是全国性的并且是英国的(而不是苏格兰、威尔士或者爱尔兰的):它是在欧洲舞台上最早最持久的一个特殊的民族国家的法律。"③与此同时,"在欧洲其他地方,法律或者是全欧洲性的,或者是地方性的,而不是国家性的、民族性的。在德国,通过引入'共同法'来实现法律统一并不完全成功;在法国,法律的统一直到1804年《法国民法典》颁布才得以实现。"④亦即,在同期的欧洲大陆,各国家所采用的法律要么是意大利化的罗马法共同法,要么是地方习惯法,尚未出现统一的民族国家性的共同法;但是英国彼时已经出现了自己的统一法律或者说共同法。到了13世纪,强调英国法与欧陆法不同的观念已经十分明确。1236年制定的《默顿法》(Statute of Merton)明确记载:当教士要求将婚前子女视为婚生子女时,贵族们回应说,"我们决不会改变英国的法律"。此后,英国的贵族

---

① 〔英〕马修·黑尔:《英格兰普通法史》,史大晓译,北京大学出版社2016年版,第39页。
② 〔英〕威廉·布莱克斯通:《英国法释义(第一卷)》,游云庭、缪苗译,上海人民出版社2006年版,第81页。
③ 〔比〕R.C.范·卡内冈:《欧洲法:过去与未来:两千年来的统一性与多样性》,史大晓译,清华大学出版社2005年版,第24页。
④ 〔比〕R.C.范·卡内冈:《英国普通法的诞生》,李红海译,商务印书馆2017年版,第139—140页。

还宣称:"不论是过去还是将来,我们的国王陛下和议员们都不会同意让罗马法来统治大英帝国。"①这些坚决如铁的申明不仅显现出早期英国普通法与教会法和罗马法的差异,还彰显出普通法对于盎格鲁-撒克逊人和诺曼人这两支日耳曼人深度融合的特点,从诺曼征服初期推行"属人法"的无奈到统一的普通法的长期施行,足见普通法对于形塑英格兰统一民族及其独特文化的基石意义。

在看到中世纪英国普通法的共同法特征时,不能忽视欧陆的教会法和罗马法对英国普通法学的深刻影响。"意大利的罗马法学家瓦卡里乌斯在斯蒂芬时期来到英格兰从事教学并开展法律事务:他为那些无力购买整部《国法大全》的贫困学生编写了一部罗马法的简编本《保罗论法》(*Liber Pauperum*),他的学派——保罗派(*pauperistae*)——12世纪后期在牛津非常兴盛。"②"13世纪对罗马法的研习传入了剑桥大学,此后,直到18世纪在英国大学中对罗马法的研习仅次于神学。"③无疑,中世纪罗马法和教会法在英国的传播平台主要是大学,这与普通法主要通过职业机构研习的学徒式教授方式十分迥异。教会法和罗马法对英国中世纪普通法学的影响主要体现于两个方面。

第一,利用教会法、罗马法的法律知识解决英国的法律问题。比如,"亨利二世最成功的改革之一——'恢复新近侵占的不动产之诉',就是通过借鉴经院学派学者关于恢复被侵夺财产之诉的论述,从罗马人的'禁止强行占有令'推导而来的。"④又如,"亨利二世时期进行改革的令状制引自教会法,而教会法又是引自罗马法。"⑤此外,罗马法、教会

---

① 〔英〕威廉·布莱克斯通:《英国法释义(第一卷)》,游云庭、缪苗译,上海人民出版社2006年版,第21页。
② 〔比〕R. C. 范·卡内冈:《英国普通法的诞生》,李红海译,商务印书馆2017年版,第156页。
③ 转引自冷霞:《英国早期衡平法概论——以大法官法院为中心》,商务印书馆2010年版,第20页。
④ 〔英〕威廉·塞尔·霍尔斯沃思:《英国法的塑造者》,陈锐等译,法律出版社2018年版,第20页。
⑤ 转引自冷霞:《英国早期衡平法概论——以大法官法院为中心》,商务印书馆2010年版,第19页。

法对于英国衡平法的形成乃至体系化亦影响至深。15世纪以前的大法官几乎都是教士出身,衡平法受教会法的影响是确定无疑的。一位大法官曾言:"每一种法都应和上帝之法一致。我清楚地知道,没有按上帝之法做出救济的执行者将在地狱受到审判,对此的补救是按照良心行事,这就是我所理解的法。"①教士出身的大法官,通常也是罗马法专家,衡平法无论是其形式还是其内容的体系化均植入了罗马法的因素也是毋庸置疑的。"罗马法中可以适用于世俗纠纷的规定远多于'教会法',因此罗马法便常为下一代的衡平法官所倚重,在他们的审判意见录中,我们常常发现列入了从'民法大全'中采摘的整段原文。"②15世纪之后,在英国衡平法的体系化发展之际,也即罗马法在欧陆的普遍继受之际,英国法尤其是衡平法已然受到罗马法的较大影响。

第二,借鉴教会法、罗马法的体系化方法续写英国中世纪普通法学。罗马法的影响对于格兰维尔和布拉克顿尤甚,二人任职时期,王室法官几乎都精通普通法、教会法和罗马法,布拉克顿本人就兼任教堂的高级教士。格兰维尔和布拉克顿的著作带有明显的模仿罗马法和教会法的色彩,他们都在自己的著作开篇中宣称:"王权不应只为勇武之力所装饰,管制那些不服从于它及其王国的造反者和国家,而且也须由法律赋予荣耀,和平地治理其臣服者与子民。"③他们都在强调法律于国家治理的重要意义。霍尔斯沃思论及格兰维尔的《论英格兰王国的法律和习惯》一书时表示:"这一时期的英格兰法,对罗马法最伟大的借鉴应属另一些更间接的东西。罗马法为英格兰提供了一种依据法律材料进行推理的方法,提供了一种产生技术语言与技术形式的能力,这使人们能从大量含糊的习惯与特殊案例中析出精确而普遍的规则。"④至于布

---

① 转引自程汉大主编:《英国法制史》,齐鲁书社2001年版,第168—169页。
② [英]梅因:《古代法》,沈景一译,商务印书馆1959年版,第30页。为保持文字上的统一,本文将引文中的"寺院法"修改为了"教会法"。
③ [英]拉努尔夫·德·格兰维尔:《论英格兰王国的法律和习惯》,吴训祥译,中国政法大学出版社2015年版,第34页。
④ [英]威廉·塞尔·霍尔斯沃思:《英国法的塑造者》,陈锐等译,法律出版社2018年版,第21页。

拉克顿的《论英格兰的法律与习惯》一书在多大程度上受教会法和罗马法影响则在英国学界长期存在较大分歧，批判者以法史学家梅因为代表。他认为布拉克顿书中"全部理论形式和三分之一的内容是从罗马法借鉴而来的"①。支持者以法史学家梅特兰为代表，他认为"布拉克顿著述的实质确是英国的，他所引用的判决不少于 500 个，英国法已经开始在变成现在所称的'判例法'了"②。在梅因和梅特兰之后，20 世纪的英国法史学家霍尔斯沃思在其书中提供了对这个问题的通说，"布拉克顿从罗马法借鉴而来的东西远比梅特兰想象的要多。他的法律理论背景、关于一般法的观点、关于法律应保护的权利与义务，以及法院为保障这些权利应运用的程序等，都受到了罗马法的影响"③。事实上，13 世纪的布拉克顿生逢作为欧陆共同法的罗马法广泛传播时期，其著作中均可窥见波洛尼亚法学家阿佐的罗马民法理论和帕维亚的教会法学家伯纳德的刑法理论。布拉克顿"讨论了早期普通法尚未定型的许多难题。如'添附''加工''混同'等。还处理了'合同''欺诈'及'过失'等普通法仍未形成规则的问题"④。这些材料足以证立梅因的观点。总之，欧陆的教会法与罗马法无论在内容还是形式上对初期英国中世纪普通法学的深刻影响都是客观存在的，但是在整个中世纪，教会法、罗马法对于普通法的影响在布拉克顿之后开始减弱，此后精通教会法和罗马法的教士不再在普通法院任职，普通法开始显得专门化且孤立，更强调其英国底色。当然，罗马法对于英国法的影响从未中断，比如在都铎王朝时期其影响力就再次显现，但此处暂且不论。

顺带提及的是 17 世纪以降，伴随着英国殖民扩张的轨迹，普通法被传播至其他国家和地区，这与欧陆的罗马法共同法乘殖民扩张之帆对外传播的路径基本相似。长此以往，两种法系逐渐生成。受欧陆罗

---

① 〔英〕威廉·塞尔·霍尔斯沃思：《英国法的塑造者》，陈锐等译，法律出版社 2018 年版，第 21 页。
② 〔英〕梅特兰：《英格兰宪政史》，李红海译，中国政法大学出版社 2010 年版，第 13 页。
③ 〔英〕威廉·塞尔·霍尔斯沃思：《英国法的塑造者》，陈锐等译，法律出版社 2018 年版，第 26—27 页。
④ 同上书，第 27 页。

马法共同法影响的国家,其法律传统为大陆法系;受英国的普通法共同法影响的国家,其法律传统为英美法系。但是,在法律文化意义上寻根时,还是要回溯至中世纪,只有这样才能真正理解为何欧洲大陆是大陆法系的故乡,为何不列颠岛埋下了普通法系的种子,这样也算是在两大法系问题上,知其然更知其所以然。

第四章

英国宪法学方法论的近现代英国法学根脉

（16—20世纪）

> 法的基础仍然是普通法。制定法若不以普通法为参照就将毫无意义。如果制定法都消失，我们仍有一个法的体系。如果清除了普通法而仅保留制定法，我们就只剩下了毫无体系关联的法规，而最重要的与生活相关的规则都将消失。
>
> ——〔英〕威廉·格尔达特

第一节　近代以来英国法学的时代背景

　　大约16世纪,英国迎来了她的近代时期。16世纪至今的五百多年里,英国先后历经了都铎王朝(Tudor Dynasty,1485—1603)、斯图亚特王朝(House of Stuart,1603—1649)、共和政体时期(1653—1659)、复辟的斯图亚特王朝(House of Stuart,1660—1714)、汉诺威王朝(House of Hanover,1714—1901)以及温莎王朝(House of Windsor,1917—)。

　　接续15世纪后期的地理大发现浪潮,[①]16世纪兴起的文艺复兴与宗教改革拉开了欧洲现代史的序幕,在整体上改变了欧洲人的世界观念,中世纪的公共舆论遭摒弃。地处欧洲西端的英国同样深受影响。都铎王朝的第一个国王亨利七世也尝试加入了那场新奇的探险活动,他曾派人去新大陆攫取利益,[②]并对来自欧陆的新观念青睐有加。亨利八世时期,国王与罗马教皇的冲突持续发酵,最终促成了英国国教的产生。亨利八世之后,英格兰经历了爱德华六世的厉行改革与玛丽的恢复罗马教皇统治之反动。最后,伊丽莎白一世遵循其父亨利八世遗志,推行适合英格兰的宗教改革,增强了英国国教对不同教派的包容度。[③]"在1558年至1603年伊丽莎白女王统治时期,大众已经被允许阅读英

[①] 1492年8月2日,意大利人克利斯托弗·哥伦布(1451—1506)从西班牙起航,开启了横渡大西洋到美洲大陆的首次地理大发现旅程。1497年7月8日,葡萄牙人瓦斯科·达·伽马(约1469—1524)从葡萄牙首都里斯本出发,穿越好望角开辟了东印度航线。

[②] 1498年,亨利七世派威尼斯人塞巴斯蒂安·卡博特寻找新邦,此人发现了纽芬兰和其他土地,但是当时并未建立任何殖民地。英国的第一个海外殖民地是1607年在弗吉尼亚建立的。弗吉尼亚第一份特许状是由时任检察总长的爱德华·柯克于1606年拟定的。〔英〕弗雷德里克·威廉·梅特兰、约翰·汉密尔顿·贝克:《英格兰法与文艺复兴》,易继明、杜颖译,北京大学出版社2012年版,第76页。

[③] 亨利八世和爱德华六世直接宣称国王为教会的首脑。到了信奉天主教的玛丽女王时期,则全盘否定。伊丽莎白一世女王恢复了其父兄的大部分措施,但并未恢复国王为教会首脑这条法律。

文版的《圣经》了。"①为此,人们常常将深受新学影响的都铎王朝称为"宗教改革朝代"。

16世纪是英国从中世纪迈向现代的分水岭,或者说,英国在16世纪较为顺利地过渡到了现代。但是对英国来说,17世纪则可谓是"革命"的时代。"斯图亚特王朝是英格兰最不成功的朝代之一。查理一世因叛国罪被公开审判,并被斩首示众;詹姆斯二世担心遭受类似的命运,逃离了他的国家,丢弃了他的王国和王位。斯图亚特时代最突出的事件是几十年内战、革命和共和制的实验。"②严重的内乱直到1688年的"光荣革命"才至平静。斯图亚特时期之所以出现政治上的巨变,除了16世纪延续下来的文艺复兴与新教观念的影响,核心原因还在于英国社会已经悄然出现了结构性的变化。"17世纪后期发明的绅士(squire)一词和贵族(aristocracy)一词在很大程度上揭示了社会的演化。到了1690年,英格兰已经有一个灵活、单纯的有钱人精英阶层;欧洲大陆的大部分地区依旧盛行特权和血统论,而在英格兰,获得财富和权力的条件已经不再受这种落后观念的束缚。"③但是,斯图亚特政府对当时的社会变化却无能为力。

17世纪留给英国的最大的遗产是1689年确立了议会的核心地位。"在17世纪,人们将该立法机构看作是过去英格兰中世纪的一种有些荒谬和令人不爽的残余,对于有效的君主制政府来说,是一种非理想的阻碍。现在,议会的未来是安全的;自1689年以来,议会每年都会举行一次相当长的会议,18世纪的政治家们行事的时候,不再希望忽略议会,更不会希望粉碎它。相反,他们必须考虑如何操纵它。对议会的管理艺术,是乔治王朝政治行为的关键。"④基于这一治理思路,18世纪出

---

① 事实上早在1392年,英国人约翰·威克里夫就已经翻译了《圣经》的英文版,但是其手抄本在1407—1409年遭到禁止。钦定的英文版《圣经》于1611年被编辑出版,此后300多年都是英文世界最权威的版本。〔英〕尼古拉斯·奥斯特勒:《语言帝国:世界语言史(第3版)》,章璐等译,上海人民出版社2016年版,第428—429页。
② 〔英〕肯尼思·O. 摩根:《牛津英国史》,方光荣译,人民日报出版社2021年版,第276页。
③ 同上书,第287页。
④ 同上书,第338页。

现了英国的政府首任首相沃波尔。"革命后的政府非常需要在下议院获得多数支持。因此,出现了一个更加庞大、更有纪律性的在朝财政部党,能够弥合皇室和下议院之间的古老鸿沟,开创了行政与立法之间和睦共处的新时代。"[1]由此,沃波尔改良了英国的政权机构,减弱了一个实体的政党组阁政府的强权色彩,增强了共识性。与此相适应,英国社会中产阶级形成,中产阶级文化"具有明确的务实主义色彩。18世纪中叶,使人们着迷的既不是神学论战,也不是哲学思辨,而是应用技术。成立于1758年的技术学会,十分恰当地表达了这种精神"[2]。整个社会务实主义精神的弥漫,使得工业化和城市化在18世纪开始加速。论及城市化程度,"1801年,大约30%的不列颠本岛人居住在城镇,21%的人口居住在人口超过1万的城镇,这一比例远远高于任何北欧国家"[3]。论及工业化程度,"机器大工业的发展,使得无力与之竞争的工厂和家庭手工业迅速衰落,使英国的产业结构发生了根本变化。工业革命前,英国仍然是一个以农业为主的国家,农业生产总值在国民收入中占据绝对优势。工业革命开始后,工业发展迅速,到1851年,英国的工业产值在国民总收入中所占的比重已经超过了农林渔所占比重之和"[4]。广泛的殖民策略为英国开辟了巨大的海外市场,早在18世纪70年代英国的商品就已经全球流通,而这又反过来为工业化提供了强大的推动力。英国当时的煤炭业、冶铁业、纺织业、交通运输业的发达程度无一不居当时世界一流水准。

19世纪20年代,英国出现了"工业化"概念。"到了1829年,工业化的趋势突然变得毋庸置疑。《爱丁堡评论》(Edinburgh Review)中,一个刺耳的新声描绘了'这个时代的标志':我们移除高山,变海洋为通途;没有什么可以阻挡我们。我们向蛮荒的大自然宣战;发动强大的引

---

[1] 〔英〕肯尼思·O.摩根:《牛津英国史》,方光荣译,人民日报出版社2021年版,第348页。
[2] 同上书,第366页。
[3] 同上书,第393页。
[4] 转引自程汉大主编:《英国法制史》,齐鲁书社2001年版,第370—371页。

擎,总是胜利归来,载满了战利品。"①以上画面基本上描摹出了19世纪英国的主色调——狂飙突进的进步时代、自由时代和帝国时代。19世纪50年代,英国本岛的城镇人口数首次超过了乡村人口。"到了19世纪60年代,自由贸易(具体来讲就是不设保护性关税)已经成为英国政治的核心正统,几乎与新教传承一样不可动摇。古典政治经济学家取得了完胜。"②伴随城镇化而来的是汹涌的世俗化和自由化,人们的观念渐趋开放,进步时代的人们体验着政府改革的诸多利好。例如,19世纪60年代强制性的"教会税""知识税"(对报纸征收的印花税,以及对纸张征收的关税和消费税)的废除,牛津大学和剑桥大学宗教考试的废除,公务员招录的开放,19世纪70年代后期多所大学开始设立女子学院等。19世纪也充斥着统一的帝国主义与地方自治的冲突问题,尤其是在19世纪的最后三十年。一方面,白人居住的老殖民地获得了自治权力,加拿大1867年通过了《自治领法》,澳大利亚1900年通过了《联邦法》;另一方面,英国又在非洲、远东和太平洋地区积极吞并广袤的新殖民地。

英国的20世纪大体上是一个绝望和幻灭时期。在两次世界大战的冲击后,英国的海外市场丧失殆尽,侵占的殖民地纷纷谋求独立,大英帝国的迷梦难以为继。"到20世纪60年代初,只有少数几块杂乱的领土仍然在英国的直接统治之下:英属洪都拉斯加勒比海地区的小岛、福克兰群岛、直布罗陀、中国香港、亚丁、斐济和其他一些前哨基地。现在,人们对帝国的神秘感充满怀念。'帝国日'从公立学校的日历中消失了。"③为了谋求新的国际地位并缓解20世纪存在的社会动荡困境,经过两次尝试与努力,英国最终于1973年成功加入了西欧的政治经济联盟——欧洲共同体。但这并不代表英国人承认自己是纯粹的"欧洲人",而仅是出于对时局的考虑。事实上,"20世纪70年代的英国,为宏

---

① 〔英〕肯尼思·O.摩根:《牛津英国史》,方光荣译,人民日报出版社2021年版,第388页。
② 同上书,第436页。
③ 同上书,第535页。

观经济和社会学治理提供了一个永久的、痛苦的案例。与几乎所有其他发达国家相比,英国的经济持续下滑——按绝对价值计算,甚至低于其早期的生产水平。"①经济的严重衰退引发的高通胀、高失业率必然点燃底层社会的不稳定情绪,其中最为严重的是北爱尔兰激进主义和暴力横行,这一问题直到1993年《唐宁街宣言》的发表才宣告解决。

千禧年以来的英国,始终纠结于自己的"英国性"或者说"民族连贯性"问题。"这片古老的大地历经2000年后,现在面临着凯尔特人民族主义和大批欧洲移民的挑战,以及全球化所带来的文化压力。"②所谓凯尔特人民族主义,是指苏格兰和威尔士的分离主义倾向。英国的国内政策地区差异很大,久而久之,苏格兰和威尔士的文化特性回潮迹象愈发明显。"在苏格兰,英国国旗基本上被弃用,取而代之的是苏格兰神圣安德鲁旗,苏格兰人很少唱英国国歌《天佑女王》;在威尔士,地方分权使得地方议会制定了新的教育和儿童政策,威尔士语得到了推广。"③与此同时,欧洲大规模移民的涌入再次加重了英国的种族和文化多元问题。"继早期的撒克逊人入侵后,不列颠曾遭到丹麦人和诺曼人的入侵。在最近的几百年里,都铎王朝时期的弗兰德斯织布工,斯图亚特王朝末期的法国胡格诺教徒,历尽东欧大屠杀的犹太人,以及20世纪50年代后、来自黑人英联邦的移民——这些外来移民向英国引入了新的少数民族文化。到2000年,来自印度次大陆、非洲和加勒比地区的大批人口在英国安家落户,此外,还有来自中东、远东和巴尔干半岛的难民,以及合法或非法的移民。"④这些状况使得英国的种族和文化融合问题变得异常复杂和艰巨,也使得英国的民族认同、身份认同、国家认同问题异常突出。2020年1月30日,英国正式脱离欧盟,这一大事件集中映射出英国人急于寻回其"英国性"的普遍焦虑。

---

① 〔英〕肯尼思·O.摩根:《牛津英国史》,方光荣译,人民日报出版社2021年版,第540页。
② 同上书,第590页。
③ 同上书,第577页。
④ 同上书,第573页。

第二节　近代以来英国法渊源的变革与沿袭

离开纯粹的规范语境,在对英国法的渊源进行学理层面认识的时候,需要追溯法的渊源的基本意蕴。法的渊源"不是那些直接或遥远的起因,而是一项规则之所以成为法律规则的有效性来源。此项探索不是'你如何说明一项具体法律规则的内容',而是'你为什么说某些规则是法律规则?'"[①]但是,法的渊源本质上是一个制度有效性的问题,并非学者探究的结果。法律"是被法律自身确认为法律渊源的"[②]。质言之,法律的有效性源于法律自身的确认。

一、近代以来英国法的渊源的变革

（一）判例法适用法庭不断调整

1. 旧法庭的变化与发展

（1）封建领主法庭

领主法庭包括封臣法庭和习惯法庭两类,前者是为庄园自由地产保有人设立的;后者是为农奴土地保有人设立的。随着业务量减少,这两类法庭逐渐式微。就封臣法庭而言,尽管 1833 年之前,"涉及自由保有地产的诉讼应在争议地产所属领主之封臣法庭进行的原则的确并未被取消,但法律家们用自己的天赋设计了许多方法规避这一原则,致使它已经成为具文。几乎无须怀疑的是,亨利七世时许多封臣法庭只是在名义上存在"[③]。就习惯法庭而言,亨利七世时,人身农役制已经消失,与此同时,农奴土地保有人及其保有的土地实际上得到了王室法庭的保护,如果领主违背庄园惯例将农奴地产保有人逐出,地产保有人可

[①] 〔英〕鲁伯特·克罗斯、J. W. 哈里斯：《英国法中的先例（第四版）》,苗文龙译,北京大学出版社 2011 年版,第 167 页。

[②] 同上书,第 183 页。

[③] 〔英〕梅特兰：《英格兰宪政史》,李红海译,中国政法大学出版社 2010 年版,第 132 页。

以在王室法庭提起针对其领主的侵权之诉。如此,习惯法庭仅剩正常的土地转让业务。总之,习惯法庭之裁断纠纷的地位一落千丈。

(2) 社区法庭

到了16世纪末期,"亨利七世时,郡法庭仍然是每月举行一次,40先令此时还没有'贬值'为一个微不足道的小数额;司法事务实际上由郡长处理,很少受到来自自由地产保有人或其代表的干预;陪审制尚未进入这些法庭,它们还在使用过去的宣誓神裁制度。"① 论及传统的社区法庭时,不得不提一种新型的社区法庭,即治安法官季审法庭(quarter sessions of justices of the peace)。这一法庭之所以被称为"季审法庭",主要是基于1388年的一项制定法,该法要求治安法官(justice of the peace)每年必须主持开庭四次。治安法官是早在13世纪就出现的新型司法和地方管理职官,起初仅负责协助郡长维持治安。到了14世纪,这些仅负责维持治安的贵族"不仅被授权接受控诉,而且还可以对被控者进行审讯。这之后不久,这些被委以很高司法权的治安维持员逐渐被称为法官……在理查二世时代,治安法官委任状的格式得以确立"②。到了15世纪,"治安法官季审法庭越来越取代旧的郡法庭成为郡内真正的管理机构;旧的郡法庭正逐渐消退为一个单纯受理小额民事纠纷的裁判所"③。16世纪,一种对被指控的犯罪嫌疑人进行预审的程序开始萌芽,因为拘捕嫌犯的职责从郡长之手转移至治安法官之手,因此对嫌犯的初步审查随之成为治安法官的职责。但这一程序的"目的并不在对被拘押者是有罪还是无辜进行公正调查,更主要在于对其进行讯问并对其进行立案;治安法官在这里所扮演的角色与其说是法官还不如说是公诉人"④。因此,它与现代的预先审查功能略有差异。17、18世纪,为社会管理需要,制定法创设的轻微犯罪名目渐趋繁多,这类犯罪由制定法授权治安法官在无陪审团的情形下,采取简易程序

---

① 〔英〕梅特兰:《英格兰宪政史》,李红海译,中国政法大学出版社2010年版,第133页。
② 同上书,第133—134页。
③ 同上书,第134页。
④ 同上书,第150页。

(summary conviction)对罪犯予以小额罚金或短期监禁的惩罚。大量轻微犯罪接受简易定罪程序的司法方式在18、19世纪发展迅速,1848年的一项制定法对此进行了规范,将处理大量轻微犯罪的法庭称为小治安法庭(petty sessions),季审法庭成为对小治安法庭判决不服的上诉法庭,高等法院是作为对小治安法庭法律问题不服的上诉法院。小治安法庭"处以的刑罚很少有超过3个月监禁的,大部分都是处以数额不等的罚金"①。这类法庭的业务量越来越庞大。长此以往,治安法官代替郡长成了地方社区事实上的法官。与之相反,古老的地方长官郡长则实权尽失,地位衰落,"最后几乎沦为仅限于执行法院的判决——扣押债务人的财产、对债务人予以拘押、看管郡监狱、对重罪处以绞刑。曾经的肥差现在却变得事务繁重且得不偿失。早在17世纪就很难找到人出任郡长,大家避之唯恐不及"②。郡长都是被迫任职的,当然,它依然是一个有尊严的荣誉头衔。

传统社区法庭的式微或者说普通法庭的司法集中化给简单诉讼带来的与其说是便宜,不如说是实际的不公正,因为它消耗的金钱、时间以及精力往往让当事人倍感得不偿失。"18世纪时力图解决这些问题,为此各地创设了一些如良心裁判法庭(courts of conscience)或小额债务索赔法庭(courts of requests)等,它们可以受理债务诉讼,且不使用陪审。"③无疑,这些改革仍然属于小修小补的非体制性改革。直到1846年《郡法院法》颁布,一种新型的专门处理民事纠纷的郡法院开始在英国全境设立。它们并非旧的郡法庭的沿袭,"因为这些新型的郡法院并不是以各郡的地理划分为依据"④,而是主要是以方便当事人的原则而设立,并且一个郡可能有多所郡法院。1846年的《郡法院法》从争议标的和地域两方面对郡法院管辖权作出了限制。在诉讼标的方面,当事人的争议标的不超过50英镑;在地域范围方面,"被告必须在他的

---

① 〔英〕梅特兰:《英格兰宪政史》,李红海译,中国政法大学出版社2010年版,第304页。
② 同上书,第151页。
③ 同上书,第298页。
④ 程汉大主编:《英国法制史》,齐鲁书社2001年版,第393页。

第四章 英国宪法学方法论的近现代英国法学根脉(16—20世纪) 155

居住地或营业地的法院被起诉……在郡法院使用陪审团极为罕见,法官一般既适用法律,也裁断事实。针对法官对任何法律问题(但不包括对事实的裁断)做出的决定,当事人可以向高等法院(High Court of Justice)提出上诉。经高等法院同意,还可向上诉法院上诉(Court of Appeal);同样,还可以上诉到上议院"[1]。依据经验事实,新型郡法院的改革无论是从诉讼费用还是从诉讼效率上判断都是成功的。

(3) 王室法庭

16世纪末期,"三个旧的普通法高级法庭,即王座法庭、皇家民事法庭和财税法庭,其权力和地位都在不断增长。王国几乎所有的民事诉讼(地方法庭对此没有管辖权)都可以诉至这三个法庭中的一个或另一个。王座法庭是最高的刑事诉讼法庭,财税法庭依然保持了它对于所有涉及财政税收案件的垄断"[2]。质言之,此时的中央王室法庭已经高度职业化。同期,中央巡回法庭仍然存在,其管辖权的大体情形是,"每年(大约)2次各郡都会被巡回法官光顾,他们的委任状使得他们有权进行清监提审和听审所有的刑事案件,或者处理刑事案件中治安法官在其季审法庭未予处理的部分;依委任状他们还可以(在地方上)审理(已诉至)威斯敏斯特之王室法庭但却未予判决的民事案件"[3]。此外,彼时的中央巡回法庭同样已经非常职业化,巡回法官的工作仅限于纯粹的主持法庭和听审案件,不再有行政事务之累。

法庭的陪审制度也发生了较大的变化。在民事诉讼中,12人陪审团已经成为对事实问题进行裁断的法官,而不再是早期的证人身份。刑事诉讼通常会涉及两个陪审团,一个是负责对罪犯提出指控的23人控诉陪审团(大陪审团);一个是负责裁断事实的12人裁断陪审团。关于12人裁断陪审团的审判,需要注意两点:第一,在亨利七世时它还不是当然形式,是采取决定断讼还是采取陪审团审判还要依赖当事人的选择。彼时,为了获取被告人"由上帝和我的邻人"(by God and my

---

[1] 〔英〕梅特兰:《英格兰宪政史》,李红海译,中国政法大学出版社2010年版,第2页。
[2] 同上书,第135页。
[3] 同上书,第136页。

country)审判之同意立场,法庭不惜公然采取刑讯手段。① 被告人因此被折磨致死者亦不在少数。被告之所以甘愿冒被折磨致死之风险,"原因在于如果经审判被确认有罪,他们的土地和动产将会被没收,如果未被确认有罪而死则不会没收财产,其家人也因此而得以保全"②。第二,12 人陪审团全体一致同意制度直到中世纪后期才确立,在此之前,法律允许采取多数人同意制。总之,17 世纪以来高度职业化的王室法庭一直处于主导地位。

(4) 教会法庭与海事法庭

罗马法在都铎王朝时代迎来了新的机遇。"都铎王朝的第二位国王亨利八世认识到罗马法对加强王权的价值,大力支持对罗马法的研习,并在剑桥大学(1540)和牛津大学(1546)相继设立教授席位讲授罗马法,由王室给予俸禄。亨利八世还授予罗马法博士结婚的特权,以及能够从事教会性质的司法职业的特权。"③故此,16 世纪的"海事法庭似乎仍然指导着海商法的发展;宗教高等教务委员会法庭和其他一些教会法庭不仅对所有宗教案件,而且对包括结婚和离婚以及与管理已故人员房地产有关的一切事项在内的案件,都行使着专属的管辖权"④。17 世纪,适用罗马法的海事法庭和适用教会法的教会法庭受到了普通法庭的极大排挤。"但是海事法庭仍保留了对海事法的部分管辖权,在捕获方面仍拥有专属的管辖权;一个 1661 年通过的法案恢复了教会法庭对刑事矫正案件的管辖权,并保留了对婚姻案件的管辖权,以及对遗嘱检验和管理已故人员遗产的管辖权。"⑤这意味着 1661 年斯图亚特王朝复辟后,旧的教会法院及其司法管辖权得到了立法的重述。由其组织体系看,"教会法院有着精致的体系和结构,并可由下而上提出上诉。

---

① 对被告人的酷刑制度直到 1772 年才被废除。
② 〔英〕梅特兰:《英格兰宪政史》,李红海译,中国政法大学出版社 2010 年版,第 137 页。
③ 转引自冷霞:《英国早期衡平法概论——以大法官法院为中心》,商务印书馆 2010 年版,第 22 页。
④ 〔英〕威廉·塞尔·霍尔斯沃思:《英国法的塑造者》,陈锐等译,法律出版社 2018 年版,第 235 页。
⑤ 同上书,第 236 页。

每一个副主教辖区都有一个副主教法院,主教辖区有主教法院,教省有大主教法院;依据亨利八世 1534 年的一项法律,最终的上诉要向国王提出,然后由国王任命法院予以听审"①。由其管辖权看,教会法院原本的管辖领域包括:婚姻和遗嘱事务、②敌视宗教(如异端、教派分裂)和不道德(如私通、通奸)、③与教会捐赠有关的管辖权、④教会法院对教士义务的强制执行。⑤ 其中,数量最庞大的业务为婚姻和遗嘱事务。

海事法庭和教会法庭的案例报告于 18 世纪末期先后出现。受战争及国际法的影响,海事法庭的重要性与日俱增。"直到 18 世纪,人们才承认,法院对于(海事)捕获案件的管辖权完全不同于普通案件的管辖权,其实施的不是国内法,而是国际法。"⑥教会法庭的主要业务在 19 世纪被世俗法庭拆分了。1857 年新颁布的《离婚法》规定,"原来隶属于教会法庭的有关离婚及其他家事的诉讼,如要求宣判结婚无效的诉讼、冒充配偶罪的诉讼、要求恢复夫妻同居权的诉讼以及其他有关婚姻事务的诉讼,都将被移交给新成立的离婚法庭,教会法庭只保留颁发结婚证书的权力。"⑦从此,离婚事务转移至新成立的离婚与婚姻事务法庭

---

① 〔英〕梅特兰:《英格兰宪政史》,李红海译,中国政法大学出版社 2010 年版,第 336 页。
② 涉及动产的遗嘱必须在主教或大主教法院得到验证。〔英〕梅特兰:《英国宪政史》,李红海译,中国政法大学出版社 2010 年版,第 336 页。
③ 教会法院在理论上对世俗人士和教士享有较大的刑事司法管辖权。除了那些由王室法院宣布惩罚的世俗犯罪外,教会法院还逐渐丧失了很多较为严重的犯罪的管辖权,如 1603 年之后的重婚罪,1855 年之后的诽谤罪。教会法院针对世俗人士采用的惩罚措施包括苦修赎罪、革除教籍,被革除教籍者还会因此被剥夺许多民事权利,直到 1813 年制定法才停止了这一做法,但是替代做法是宣布革除教籍的教会法院有权对被惩罚者处以不超过 6 个月的监禁。〔英〕梅特兰:《英格兰宪政史》,李红海译,中国政法大学出版社 2010 年版,第 336—337 页。
④ 教会法院曾对什一税和教堂费事务具有管辖权。将自己财产的 1/10 奉献给上帝是早期基督徒的一种普遍义务,近代则转化为土地上的一种义务。由于什一税的收取采取了简易程序,教堂费 1868 年之后不再强制性收取,因而教会法院的此类业务不再继续。〔英〕梅特兰:《英格兰宪政史》,李红海译,中国政法大学出版社 2010 年版,第 337 页。
⑤ 英格兰教会即圣公会(Church of England),有圣职的教士依照法律规定传播教义和主持仪式,否则教会法院可以终止其活动或剥夺其薪俸。〔英〕梅特兰:《英格兰宪政史》,李红海译,中国政法大学出版社 2010 年版,第 337—338 页。
⑥ 〔英〕威廉·塞尔·霍尔斯沃思:《英国法的塑造者》,陈锐等译,法律出版社 2018 年版,第 252 页。
⑦ 程汉大主编:《英国法制史》,齐鲁书社 2001 年版,第 394 页。

(Court for Divorce and Matrimonial Causes)。同年,议会颁布《遗嘱检验法庭法》,又将教会法庭的遗嘱检验业务转移至新设立的遗嘱检验法庭(Court of Probate)。由此,司法权进一步世俗化。1875 年,这两类法庭又被并入了高等法院。由以上叙述不难发现,教会法庭虽然一直存在,但其主要司法业务直到 19 世纪还在不断被世俗法庭蚕食,教会法庭地位日渐式微。

(5) 衡平法庭

15 世纪末 16 世纪初期时,御前大臣法庭(Court of Chancery)已经被人们视为一个确定的司法机构,它拥有衡平管辖权,这标志着英国衡平法庭的确立。但是,"对于 15、16 世纪的衡平法,我们几乎是一无所知,因为不像普通法法庭的诉讼自爱德华一世以来就一直有报告,衡平法庭的诉讼并无报告。大法官们并不认为他们要严格遵守规则,每一位大法官都认为自己有相当大的自由可以根据自己的是非观念来决断案件。"①这一状况一直持续至 1661 年之后,"衡平法庭开始了其新篇章。衡平法成为一套发展迅速的原则体系和补充性的判例法体系——提供额外的救济并强制实施额外的义务,而且这个判例法体系也报告并尊重自己的先例"②。到了 18 世纪,衡平法已经发展成为一个不容小觑的规则体系。与此同时,衡平法庭逐渐地组织化、体制化,与普通法庭的差异日益分明。

"在 1875 年被取消之前,衡平法院的最终组成是这样的:初审共 4 名法官,即 3 位副大法官和掌卷法官,他们中任何人做出的判决均可被上诉到一个逐渐被称为衡平上诉法院(Court of Appeal in Chancery)的机构。后者共有 3 位法官,即大法官和两位上诉法官。从大法官和衡平上诉法院还可以上诉到上议院。"③衡平法院的诉讼程序与普通法院的差异具体表现于,"在衡平法院,'独任法官'(the one-judge)体制占了主流;而普通法法庭的法律问题通常要在法庭全体法官面前进行争辩

---

① 〔英〕梅特兰:《英格兰宪政史》,李红海译,中国政法大学出版社 2010 年版,第 145 页。
② 同上书,第 201 页。
③ 同上书,第 300 页。

并由其做出裁决。此外,衡平法院也不采用陪审制,它无权召集陪审团。法官会决定所有的问题,既包括法律问题,也包括事实问题"①。除此之外,启动衡平诉讼的传票比普通法的令状更为简单且形式统一,原告的救济请求也更为宽泛,不似普通法中的救济请求那么呆板、僵化。最后,从救济结果看,"衡平法院可以强制执行某些普通法不予执行的债务关系(如信托),还为普通法权利提供了新的救济,如禁令和针对合同的特定履行。你修建墙壁挡住了我的左窗(修建20年以上的窗户):普通法法庭只能给予赔偿,而衡平法院则命令你拆毁墙壁。你同意售予我土地却拒绝履行合同:普通法法庭只能判令货币赔偿,衡平法院则可以下令履行合同,并在你不履行时将你投入监狱。"②诸多的差异也投射在了两类法院法官的知识体系之中。1852年之前,衡平法院和普通法院的法官认为自己仅需了解各自领域的法律足矣,甚至出现过当衡平法庭中出现普通法问题时,将案件移送至普通法庭征求意见的做法,但在1852年之后,此类现象不再出现。1852年颁布的《大法官庭诉讼条例》"取消了衡平法庭长期沿用的封建的传唤令状,采用了一种书面传票的方式,附在起诉状之后。此条例还突破旧制,授权衡平法庭可以决定诉讼过程中随时出现的法律争议问题,而无须将其提交普通法法庭,从而避免了因法庭间相互转送案件而造成的审理延误情况的发生"③。以此为基础的衡平法庭的诉讼程序改革在1858年颁布的《衡平法修正条例》中进一步深化。该条例授予衡平法庭只有普通法庭曾经拥有的赔偿金裁定权和使用陪审团裁决事实的权力。至此,消除两种法庭的司法权交叉重叠现象的制度基本建立。

2. 19世纪的司法改革

18世纪后期,面临工业革命给英国社会带来的巨大变革,传统的旧司法体制显得局促无力。"普通法调整范围的狭窄、诉讼程序的僵化,使得大量的新型社会关系,或被排除在救济范围之外,或因程序问题,

---

① 〔英〕梅特兰:《英格兰宪政史》,李红海译,中国政法大学出版社2010年版,第300页。
② 同上书,第302页。
③ 程汉大主编:《英国法制史》,齐鲁书社2001年版,第392页。

而得不到应有的法律补偿。原本作为修正和补偿普通法的衡平法,也随着其原则的确定而变得烦琐和呆板,寻求公正的当事人往往因技术上的过失而败诉。"①亦即,两种法律体系各自出现了"病症"。然而,"英国法律制度的弊端并不在于它有普通法和衡平法之分,而在于:一个人去普通法法庭寻求救济,如果诉讼过程中出现衡平法上的要求和衡平法上的辩护时,他不得不到衡平法庭重新开始"②。统一行使普通法和衡平法、消除种种积弊已经成为现代司法改革难以回避的应有课题。

(1) 民事法院改革

由于保守力量的阻滞,19世纪英国的司法改革大体上是多次的、自我革命式的、整体性的。起初主要是诉讼程序改革和小幅度的组织机构调整,之后逐渐过渡为整个中央司法体系的革新。

普通法法庭诉讼程序主要是通过五次改革实现的。第一次是1832年的《统一程序法》废除了对人诉讼的各种令状格式,三个普通法庭采用统一的传唤令状程序。"这种程序较为简单,它可以不经案件受理法庭的签署,也不再送交所在郡郡长,而直接送于被告。如果被告拒不出庭,原告可依法获得缺席判决,而被告的公民权也不再予以剥夺。"③但是,这并非全部令状的取消,因为以上条例"并未排除选择具体令状的必要性,原告仍须参照某种诉讼形式,详细说明诉讼理由,如果他选错了令状,像往常一样,必须中途放弃诉讼,否则只有败诉。"④尽管令状改革并不彻底,但是普通法法庭诉讼程序改革由此拉开了序幕。第二次是1833年颁布的《不动产时效法》"几乎取消了所有不动产诉讼的令状制度,只保留了以不动产回复之诉为主的3种重要程序,使不动产诉讼程序大大简化"⑤。第三次是1833年的《民事诉讼法》一方面废除了古老的宣誓断讼制度,另一方面"创立了新的辩护制度,以简化过去较为

---

① 程汉大主编:《英国法制史》,齐鲁书社2001年版,第372页。
② 同上书,第396页。
③ 同上书,第388页。
④ 同上。
⑤ 同上。

复杂的辩护程序"①。第四次是1852年的《普通法诉讼条例》"消除了30年代程序改革中的缺陷,规定用一种简单的土地追索之诉来代替恢复不动产之诉。自此,原告再也不必根据传唤令状选择具体的诉讼形式,令状制度迅速衰亡"②。第五次是1854年颁布的《普通法诉讼条例》允许在普通法法庭受审的被告按照衡平法的程序(如强制获取或披露文据、书面质询、不用陪审团审案)进行辩护,在衡平法庭得以颁发普通法禁令的讼案中,被告有权获得与普通法判决相对立的衡平法上的补偿(如陪审制被引入了衡平法庭)。与此同时,以1852年《大法官庭诉讼条例》和1858年《衡平法修正条例》为主要依据的衡平法庭诉讼程序改革也在同步进行。由此,普通法法庭与衡平法法庭诉讼程序的统一改革开始启动。然而,英国司法改革最切中"七寸"的法案直到1873年才被议会通过,即1873年颁布的《司法法》(由于该法于1875年12月1日才正式实施,且实施的内容已有变化,因此本书将该法称为1875年《司法法》),该法案使得"整个司法体制得以重建",③其核心内容涉及四个方面,即"合并现存的相互独立的普通法庭和衡平法庭;统一普通法和衡平法的基本原则;简化诉讼程序;改革上诉程序"④。而这些改革思路实现的基石无疑在于一套全新而有效的司法体系的出现。

到了1875年,多元重叠且繁复僵化的传统司法体系革新议题终于尘埃落定。此次改革的一大举措是合并了中央法庭,这次改革彻底将所有世俗的旧式法庭(大法官法庭、王座法庭、皇家民事法庭、财税法庭、海事法庭、遗嘱检验法庭、离婚法庭、伦敦破产法庭)合并为英格兰高等法院。从此,高等法院接手了原普通法法庭和衡平法法庭所有的初审司法权,成为民事诉讼的一审法院,同时拥有下级法庭的上诉司法权。新成立的高等法院起初由五个分庭组成,即衡平分庭、王座分庭、

---

① 程汉大主编:《英国法制史》,齐鲁书社2001年版,第389页。
② 同上书,第390页。古老而僵化的令状制度的彻底废除直到1875年的诉讼程序改革后才完成。作为《司法法》实施细则的《最高法院规则》确立了交叉询问双方证人的对抗式辩论制度,废弃了传统的书面宣誓书制度。
③ 同上书,第397页。
④ 同上书,第396—397页。

皇家民事分庭、财税分庭、遗嘱检验、离婚与海事分庭。1880年12月16日后，维多利亚女王将皇家民事分庭和财税分庭并入王座分庭。此后，高等法院缩减改革为三个分庭，即王座分庭、大法官分庭、遗嘱检验、离婚和海事分庭。其中，王座分庭"是最主要的中央法庭，它由1名首席法官和其他14名法官组成，辅以15—18名职员，享有民事和刑事两方面的初审司法权。王座法庭的刑事司法权通过1972年的《法院法》移交给了新成立的皇家刑事法院"①。至于大法官分庭，其管辖事务极具现代意义，"辖有对信托、抵押、契约、地产经营，以及其他如税收、公司事务、合伙关系等现代经济纠纷案件的司法权。它由5名法官组成，每一名法官都可单独开庭审案"②。相比较前两个分庭，高等法院之遗嘱检验、离婚和海事分庭的管辖事项变化较大。"1970年，该法庭更名为家事法庭，拥有家事管辖权，同时还接管了原属衡平法庭的对监护事宜的司法管辖权，但它原有的遗嘱检验权被大法官庭接管，原有的海事司法权则转归于王座法庭中新设立的海事分庭。"③从此，高等法院的三个分庭分别为王座分庭、大法官分庭以及家事分庭。新设的高等法院为当事人带来了极大的便利，所有问题，无论是事实问题还是法律问题，无论是普通法问题还是衡平法问题，均可以得到救济。

  1875年司法改革的另一重大举措是建起了最新的上诉司法组织体系，成立了专门的上诉法院。"上诉法院接管了原属大法官上诉法庭和财税法庭的上诉司法权，同时取消了议会的大部分上诉司法权……其司法权主要是受理高等法院所属各法庭的上诉案件。"④之所以改革上议院的上诉司法权，是因为"由大法官主持的上议院的司法上诉权仅限于衡平法庭的司法上诉，其司法职能不可避免地带有某种程度的片面性；其次，上议院的司法力量极其薄弱，许多案件被长期搁置"⑤。由此

---

① 程汉大主编：《英国法制史》，齐鲁书社2001年版，第399页。
② 同上。
③ 同上。
④ 同上书，第397—398页。
⑤ 同上书，第402页。

引发了广泛的取消上议院司法权的舆论。最终,保留上议院司法权的政治力量占据了上风,那些旨在取消上议院司法权的条款在 1875 年《司法法》生效前即被删除。1876 年的《上诉管辖条例》进一步明确了上议院作为上诉终审法院的合法性,规定"上议院作为英格兰、威尔士和苏格兰任一法院的上诉终审法院而存在"①。亦即,新设立的上诉法院仅作为上诉环节的中间法院而存在。改革之后的实践中,高等法院对于来自郡法院的上诉案件的司法权鲜有实施,几乎所有民事案件的上诉路径都是从高等法院上诉至上诉法院,再从上诉法院上诉至上议院。1876 年的《上诉管辖条例》"创设了一种终身享有上议院司法权资格的领受薪俸的司法贵族,并规定'必须有 3 个司法贵族到庭,否则不能审理上诉案件'"②。由此,上议院的外行贵族被剥夺了对上诉案件的审判权。同时需要注意的是,上诉法院和上议院均无陪审团参与审判。

(2) 刑事法院改革

刑事法院包括季审法院和高等法院。季审法院仅负责以简易程序审理的极其轻微的犯罪。在季审法院,事实问题由陪审团裁断,法律问题由治安法官决定。严重的犯罪,包括重罪(felonies)和轻罪(misdemeanours)一般依照公诉程序处理。被控者在被提起公诉前,往往会被羁押入狱,先由治安法官进行预先审查。然后可由"任何人"③提出一份申请公诉书,再由大陪审团④决定是否将被告交付审判,最后由小陪审团予以审理。"自 1875 年起,所有审判公诉罪的其他法院理论上都成了高等法院的分支。囚犯或者在伦敦的高等法院,或者在中央刑事法院,或者在巡回审判专员、重罪庭审专员和清监提审专员面前接受审判;尽管这些专员并非在所有情况下都是高等法院的常任法官,但他们

---

① 程汉大主编:《英国法制史》,齐鲁书社 2001 年版,第 403 页。
② 同上。
③ 在英国,任何人都可以针对国王的大臣提起公诉申请。
④ 大陪审团的组成人数不能多于 23 人,也不能低于 12 人。

都在各郡之镇区主持高等法院的审判。"①一般而言,刑事诉讼不存在上诉,但也有例外情形:高等法院在轻罪案件定罪之后可能会准予重新审理;1907年《刑事上诉法》规定,"被确认犯公诉书指控之罪行者可单独就其中的法律问题以任何理由提出上诉。若上诉事由只涉及事实问题或既涉及事实问题也涉及法律问题,则必须获得刑事上诉法院的允许或原审法官的确认。"②亦即,刑事案件即使是上诉也是受限制的。到了20世纪后期,刑事法院的改革是梅特兰时代无法想象的。1971年的《法院法》建立了一所新型的刑事法院,被称为皇家刑事法院。该法院"取代了原来的巡回法庭和季审法庭,负责对公诉罪进行初审,对英格兰和威尔士各地发生的刑事案件有统一的管辖权……刑事法院是目前英国唯一实行陪审制的法院"③。刑事案件不但是可以上诉的,而且陪审制在刑事法院的初审中得以保留。与刑事案件发展相反,"经过20世纪的多次调整,在英国民事案件的审判中,陪审制只有在例外情况下才偶尔被采用。"④陪审制之所以在民事案件中衰落,是因为到了近代,"传统的陪审制逐渐暴露出一些不尽如人意的地方。它不仅耗材费时、效率低下,而且由于陪审员素质参差不齐,难以保证审判的公正性。更为严重的是,法官以各种不正当的方式影响陪审员的独立判断"⑤。故此,古老的陪审制也成了19世纪的司法改革的对象之一。陪审制的改革也是逐渐完成的,一是1825年法令限制了担任陪审员的人员的财产资格,即"拥有土地、房屋或其他财产而且这些产业的年收入不少于10磅的人,以及每年收入不少于20磅的佃户"⑥。二是通过法案引导陪审制的运用。"1854年的《普通法诉讼条例》规定,如果当事人同意,可以不采用陪审制。1875年的《司法法》直接将大法官法庭不用陪审团的审

---

① 〔英〕梅特兰:《英格兰宪政史》,李红海译,中国政法大学出版社2010年版,第306页。
② 同上。
③ 程汉大主编:《英国法制史》,齐鲁书社2001年版,第433页。
④ 同上书,第405页。
⑤ 同上书,第404页。
⑥ 同上书,第405页。

判方式延伸到了普通法法庭。"①即便如此,普通法法庭一般仍然采用陪审制审理民事案件。这一局面直到 1883 年才大幅度改观,《1883 年最高法院细则》明确规定,"除诽谤、诬告、诱奸和违背婚约等案件外,对其他民事案件法院有权决定不用陪审团审判"②。自此,民事案件陪审制走向衰亡。陪审制在刑事案件中继续发挥作用。当然,关于公民担任陪审员资格的规定在 20 世纪也得以完善,也许这与民权运动有关,又或许与公民素质的提升有关,1972 年制定的《刑事司法法》完全废除了对陪审员财产资格的限制,此后,担任陪审员仅剩年龄、职业以及精神条件的限制。除非公民因犯罪被剥夺了陪审权,否则均可充任陪审员。

3. 现代司法体制的确立与判例法渊源

(1) 现代司法体制框架

19 世纪英国传统司法体制的改变是脱胎换骨式的,此次司法改革真正革除了司法组织多元繁复、各自为政的弊端,建构起了一套较为统一的体系化的现代司法体制。2009 年 10 月 1 日,英国又设立了专门的终极上诉法院,即最高法院,接替了之前上议院的终审职能。

英国统一司法体制中的"统一"是相对的,具有自身的独特性。由于历史的原因,几种各自独立的司法体系现状导致英国的司法体制并非单一而统一,而是三种制度并存,分别是英格兰和威尔士司法体制;苏格兰司法体制;北爱尔兰司法体制。但是最高法院均在这些地方法院之上,是其共同的终极上诉法院。亦即,整个英国的司法体制实际上是四级三元一体的体制。英格兰和威尔士、苏格兰、北爱尔兰是谓"三元";三者共同的上诉终审法院是英国最高法院,是谓"一体";三种司法体制均建立在地方和中央的可逐级上诉的四审级法院组织框架之上,是谓"四级"(如图 4-1 所示)。

最高法院处于英国司法体系的顶端,听审来自英格兰和威尔士、苏格兰以及北爱尔兰的上诉案件。因为威尔士早在爱德华一世时期就被

---

① 程汉大主编:《英国法制史》,齐鲁书社 2001 年版,第 405 页。
② 同上。

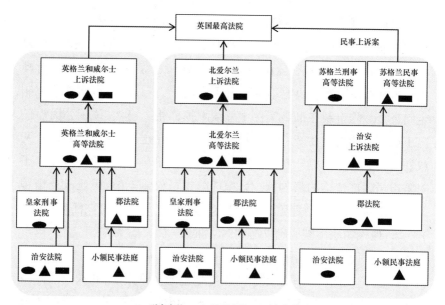

图 4-1 英国司法体系图

英格兰征服,①英格兰的法律随即被引入威尔士,故英格兰和威尔士的司法体制是同一种类型,而分别于 18 世纪初(1707)和 19 世纪初(1801)并入英国的苏格兰和北爱尔兰则各自保留了自己的司法体制。其中,英格兰和威尔士司法体制是典型的本书第四章英国中世纪法院传统的沿袭与变革载体。英格兰和威尔士的法院组织从低到高依次为地方治安法院(Magistrates' Courts)和专门民事法院(Tribunals)、皇家刑事法院(Crown Court)和郡法院(County Court)、英格兰和威尔士高等法院(England & Wales High Court)、英格兰和威尔士上诉法院(England & Wales Court of Appeal)、英国最高法院(UK Supreme Court)。治安法院作为地方法院,可受理小额民事案件、家事案件和轻微的刑事案件。其刑事案件除了向皇家刑事法院上诉外,也可直接上诉至高等法院王座分庭;其民事和家事案件的上诉法院分别为高等法

---

① 1282 年,在英格兰与威尔士的战役中威尔士大败,威廉一世将他这一时期出生的王子封为"威尔士亲王",此后的王室沿袭了这一惯例,将英王的长子称为"威尔士亲王"。

院民事分庭和家事分庭,高等法院可再上诉至上诉法院民事分庭最终则可上诉至最高法院。专门民事法院与治安法院同级,其上诉路径有三种,除了正常的上诉至郡法院之外,还可以直接上诉至高等法院民事分庭,或者直接上诉至最高法院。皇家刑事法院作为刑事案件的初审法院时,其刑事案件除了上诉至高等法院王座分庭外,也可直接上诉至上诉法院刑事分庭。郡法院作为民事和家事案件的初审法院时,其案件可以上诉至高等法院家事分庭,也可直接上诉至上诉法院家事分庭。此外,高等法院作为案件的初审法院时,其案件可以上诉至上诉法院,也可直接上诉至最高法院。

(2) 对现代英国判例法渊源的分析

通过以上梳理,可以看到从遥远的中世纪走来的主要传统英国法庭格局在近代遭遇了巨大的时代洗礼与变革,地方法庭中的封臣法庭已经完全被时代淘汰。新型的地方法院渐次而生,首先是治安法院几乎代替了旧的郡法庭的功能,旧的郡法庭在15世纪仅仅是小额民事纠纷的裁判机构,新型的郡法院则是地方民事案件和家事案件的初审法庭,也是治安法院和小额民事法庭的上诉机构。作为中央法庭的王室法庭持续走向职业化发展道路;作为普通法庭辅助法庭的衡平法庭在17、18世纪已经与普通法庭齐头并进,相辅相成。至于教会法庭和海事法庭,"正如18世纪普通法庭和衡平法庭已学会界定各自的管辖权范围并彼此合作一样,在19世纪,教会法庭和海事法庭已学会如何与普通法法庭、衡平法庭合作。"[①]这为后期三者的合并奠定了基础。最终,在19世纪大刀阔斧的司法改革之后,英国现代司法体系形成。

单从英格兰和威尔士体制尤其是其高等法院判断,虽然各旧式的法院被整合,案件审理似乎采用了统一的程序,但是作为实体法的法的渊源并未消弭。可以说,19世纪的司法改革"完成了一项法的改革与法的现代化的巨大工作"[②]。达维德此处所言之法应该主要指英格兰的判

---

① 〔英〕威廉·塞尔·霍尔斯沃思:《英国法的塑造者》,陈锐等译,法律出版社2018年版,第259页。
② 〔法〕勒内·达维德:《当代主要法律体系》,漆竹生译,上海译文出版社1984年版,第311页。

例法。所有传统的旧式法庭或式微、或被整合，意味着英国法的渊源之形式发生了巨大的变化。原中世纪法的渊源即传统法庭的日耳曼法、领主法庭的封建法、自治市法庭的城镇法因普通法法庭挤压而式微，这些法庭适用的特殊习惯法在历史惯性下被逐渐合并且吸纳入了统一习惯法即普通法。而教会法庭的教会法、海事法庭的罗马法则一直单独存在，虽然经受过普通法庭的削弱，但是这些法律从未在英格兰失去过效用。与此同时，作为普通法辅助法的衡平法在17、18世纪逐渐规范化并与普通法平行存在。如此，英国判例法的渊源形式并非"普通法+衡平法"能概括，其形式还应包括罗马法和教会法。重新整合之后的高等法院之家事分庭的离婚业务源自原教会法庭，监护业务源自原属高等法院的衡平分庭；大法官分庭接管了高等法院之遗嘱检验、离婚和海事分庭原有的遗嘱检验业务，王座法庭中新设立的海事分庭接管了高等法院之遗嘱检验、离婚和海事分庭原有的海事业务。试问，大法官分庭处理遗嘱检验的法律源自哪里？非衡平法而是原来的教会法。王座分庭处理海事业务的法律源自哪里？非普通法而是原来海事法庭的罗马法。家事分庭处理离婚业务的法律源自哪里？非普通法而是原来的教会法。虽然家事分庭与普通法分庭、衡平分庭采用了相似的程序，但是要想进一步弄清楚法官处理案件的实体法依据是什么，必须回溯至每一法庭不同性质案件所涉及的法的渊源。

  仅从普通法和衡平法本身而言，"这些改革融合了普通法院和衡平法院，创造出了一套几乎相同的程序和辩护体系，并且，它规定在衡平法规则和普通法规则冲突的情况下，衡平法规则应优先得到适用，但其并未将这两大系统的实体性规则融合。"①亦即，两大判例法虽然在同一个法院系统中依照相同的程序被适用，但是这并不能消弭两大判例法法源的实质差异，正因如此，梅特兰才提出，"普通法和衡平法分别在不同的法院行使，各自有着不同的程序体系、辩护体系、证据体系，现在，

---

① 〔英〕威廉·塞尔·霍尔斯沃思：《英国法的塑造者》，陈锐等译，法律出版社2018年版，第231页。

这些虽已成历史陈迹,但它们仍在坟墓中规制着我们"①。即使是20世纪末期出版的《英国法导论》也认可"普通法与衡平法融合的结果并不是实体法的改变,而应该说是对程序的变更与简化。想要弄清实体法是什么,我们还是必须回到那个普通法、衡平法分属不同法院的时代"②。同理,对于高等法院家事分庭,乃至王座分庭、大法官分庭中涉及罗马法、教会法问题的案件的处理实质上仍是在追溯罗马法、教会法。

(二) 制定法规模日益庞大

作为法律渊源的制定法,在近代以来日益发达。这主要基于一系列重大的政治变革。第一,专门立法机构和人员的产生。这一立法发达的首要条件在中世纪后期已经具备了,早在爱德华三世时期,独立的平民下议院就开始形成。"1400年后,任何立法都必须经平民同意的原则得以确立;1407年,今天议会的议事日程最终确立,立法议案由贵族和平民分别讨论,只有在二者通过后才能提交国王御准。"③此所谓机构条件。至于人员条件,在法案起草环节,"过去由法官或书记官事后依咨议会针对请愿所作之决定起草法律,在都铎时期则转变为由专人事先准备好法律草案供议会讨论"④。亦即,15世纪立法机构的特定议事程序确立,16世纪专门立法人员出现,法官尤其是普通法法官负责严格解释制定法。第二,议会接管了国王的行政立法权。17世纪的光荣革命"一劳永逸地终结了国王在颁发谕令和批准豁免适用法律方面的权力后,议会就力图通过制定法的形式来亲自完成这些工作。它力图规范社会生活的方方面面,因此制定了大量特权法(privilegia)而不是一般性的制定法(leges)。"⑤如此导致18世纪的英格兰立法事无巨细,数

---

① 〔英〕威廉·塞尔·霍尔斯沃思:《英国法的塑造者》,陈锐等译,法律出版社2018年版,第232页。
② 〔英〕威廉·格尔达特:《英国法导论(第11版)》,张笑牧译,中国政法大学出版社2013年版,第38—39页。
③ 李红海:《英国普通法导论》,北京大学出版社2018年版,第67页。
④ 同上。
⑤ 同上书,第68页。

量庞大。"梅特兰认为,此时的制定法看来是害怕上升到一个一般性陈述的层次。实际上,它处理的是这块公用地和那桩婚姻。"①如此琐碎而庞杂的立法类似于行政性规定。第三,19世纪"科学立法"观念盛行。英格兰立法规模在19世纪更是急速膨胀。如前所述,复杂艰难的司法改革的推进和法律体系的现代化无不依赖于建构性的制定法,尤其是"边沁主义时代"②以后,"在诸如法令全书的改革、法律编纂和司法制度的改革、刑法典和证据法的改革、不动产法的改革、宗教信仰自由以及济贫法的改革等问题上,边沁的著作、理念对所有试图针对这些法律分支进行改革的人都有指导作用"③。边沁对于制定法的偏好真正影响了那个时代。戴雪也提出,"边沁将科学立法这一信念强加给了整整一代英国人。"④对边沁理论的评析此处暂时不论。无论如何,作为法的渊源的制定法在英格兰社会生活中,不但从未消失,而且影响力渐深,不容忽视。即使今天,这一发展势头仍然不减,英国"职业性议员和更长的会期使得英国议会制定数量众多的法律成为可能。英国议会每年开会两次,第一个会期从3月末开始,到8月初结束;第二个会期从10月底开始,到12月圣诞节前结束。会期总共为7个月左右"⑤。因此,英国议会产出的制定法数量不容小觑。

二、近代以来英国法的渊源的沿袭

个别的法的渊源当然存在一个证成语境中的效力识别问题,但这并不妨碍从整体视角考察一个国家法的渊源的特质,这种分析无疑基于一个长时段的历史底蕴。英国法的渊源的基本特质显然从遥远的中世纪就已经形成了。故而,非追溯其中世纪历史,不能辨明。即使近期的五百余年,其基本的底色始终得以持守。

---

① 李红海:《英国普通法导论》,北京大学出版社2018年版,第68页。
② 〔英〕威廉·塞尔·霍尔斯沃思:《英国法的塑造者》,陈锐等译,法律出版社2018年版,第280页。
③ 同上。
④ 同上书,第279页。
⑤ 李红海:《英国普通法导论》,北京大学出版社2018年版,第71页。

第四章 英国宪法学方法论的近现代英国法学根脉(16—20世纪)

从16世纪至今,中世纪奠定的英国法的渊源的基本架构从未改变,这一基本架构就是"制定法+判例法(普通法+衡平法+特殊习惯法)"。而且,在历代法学家的著作中不断得以重述。15世纪的福蒂斯丘在其《论英格兰的法律与政制》一书中将英国法与罗马法比较后说:"所有的人法,不外乎自然法、习惯法、制定法……如若我能就这全部法律的三个渊源,证明英格兰法律出乎其类,拔乎其萃,我也就证明了,那法律对王国的统治而言是良好和有效的。"①其中的"习惯法"是指普通法,"自然法"则应该是能够引入裁判的教会法。故,福蒂斯丘的法源架构大致是"制定法+判例法(自然法+习惯法)"。17世纪的马修·黑尔在其《英格兰普通法史》中明确提出,"英格兰的法律分为两类:写下来的法律(lex scripta),或者说成文法;和没有写下来的法律(lex non scripta),或者说不成文法……(不成文法)我将他们分为两类:第一,普通法。第二,适用于特定臣民、事项或法院的特别法。"②无疑,马修·黑尔对英国法的渊源的描述是"成文法(制定法)+不成文法(普通法+特别法)"。18世纪的普通法学家威廉·布莱克斯通在其《英国法释义》一书中将法的渊源表述为,"英国的国内法,或者说预先规定此王国居民必须遵守的行为规则,应当归为两大类:lex non scripta(不成文法或普通法);lex scripta(成文法或制定法)。不成文法不但包括各地通行的习惯(亦即通常所称的普通法),也包括仅在王国某些地区通行的特定的习惯,以及那些按惯例只有在特定法院和特定的司法管辖权范围内才被沿用的法律。"③可以将布莱克斯通关于英国法的渊源的表述化约为"成文法(制定法)+不成文法(普通法+特殊习惯法)"。以上学者关于法的渊源似乎没有明确提及判例法中的衡平法,也许是他们自身的普通法学家的身份使然。但是,英国衡平法院从中世纪独立存在至19

---

① 〔英〕约翰·福蒂斯丘:《论英格兰的法律与政制》,袁瑜琤译,北京大学出版社2008年版,第56页。
② 〔英〕马修·黑尔:《英格兰普通法史》,史大晓译,北京大学出版社2016年版,第1页。
③ 〔英〕威廉·布莱克斯通:《英国法释义(第一卷)》,游云庭、缪苗译,上海人民出版社2006年版,第76页。

世纪的事实,足以说明英国衡平法法源的重要性。即使在 19 世纪法院改革之后,英国法学家在论及法的渊源时,也会将衡平法涵盖其中。例如,牛津大学英国法的讲席教授威廉·格尔达特在其《英国法导论》一书的开篇三章中叙述的就是英国法的渊源,可将之概括为"成文法(国会立法+委任立法)+判例法(普通法+衡平法+教会法+海事法)"。几乎同时期的另一位英国法学家爱德华·甄克斯在其《英国法》论著中也提及了英国法的两类法源,即制定法和判例法(普通法,衡平法,教会法、罗马法、商法等外来法)。无论如何,历代学者的理论阐释无不与其所在时代法院之法相契合。

综上,尽管每个时期具体有效的法源不尽相同,但是整体上英国法源的基本架构自中世纪形成以来,始终得以保持。

第三节 近代以来英国法学"多米诺骨牌"的重整

一、新旧因素博弈中的判例法学

20 世纪,英格兰法史上出现了两个经典的"英格兰法与文艺复兴"同名演讲,前者为弗雷德里克·威廉·梅特兰 1901 年所为;后者为约翰·汉密尔顿·贝克于 1984 年所讲,两人皆为剑桥大学的唐宁讲席教授。有趣的是,贝克的唐宁讲习教授任职演讲题目也与梅特兰的相同。[①]

梅特兰和贝克对文艺复兴背景下英格兰法命运的不同视角的解读为我们提供了极好的素材,前者重在梳理知识冲突;后者重在分析制度变化。总之,二人的演讲稿大体上对 16 世纪文艺复兴时期英国法学遭遇了什么做出了各自的回答。经人文主义熏染的罗马法学传入英格兰

---

① 1888 年 10 月 13 日,梅特兰发表其唐宁讲席演讲"为何英格兰的历史尚未写就?"。1998 年 10 月 14 日,贝克发表了同样题目的唐宁讲席演讲。二人关注中世纪法史的共同旨趣在前述英国中世纪法学部分已有介绍,不再赘述。

后,给古老的普通法学带来了不小的冲击。那么,新学压力之下的普通法学如何回应,又如何引领普通法从中世纪走向现代?衡平法学在狭窄的缝隙中又如何觅得自己的独立地位?这些问题都可以从梅特兰和贝克论及的"三 R"时代寻找线索。

(一)文艺复兴与新罗马法学的传入

梅特兰的 1888 年《英格兰宪政史》中明确出现了"三 R"组合词,书中表述的原词为文艺复兴(Renaissance)、宗教改革(Reformation)以及罗马法继受(Reception)。梅特兰对其中的"罗马法继受(Reception)"一词作出了精确的界定,即"罗马法的二次新生"[①]。言下之意,由 1135 年罗马法手稿在意大利的阿玛尔菲城被发现从而引发的罗马法研究热潮是谓"罗马法的第一次新生",史称"罗马法复兴"(Revival)。"罗马法的二次新生"是指熏染了文艺复兴风潮的罗马法及罗马法学,这种新的罗马法学即"人文主义法学",该种新法学主要汲取了人文主义[②]方法论的灵感。该方法论提出,"知识的本质并非扦插在你我之间流转的书本中,这里,我们同样也要遵循人文主义启蒙运动中的呼唤——回归(知识)源头!"[③]"用纯净而优雅的拉丁文把法学教育和人文知识很好地结合在了一起"[④],恢复真正的古代罗马法。这一方法论开启了 15—16 世纪"人文主义法学流派"时代,这一"新法学"暂时夺去了 13 世纪中期—14 世纪曾经风行一时的评论法学流派以及更早的 12 世纪初—13 世纪中期的注释法学流派的风头。在人文主义法学流派眼中,"中世纪的法学家对于古典文化一无所知,对于时间的流逝视而不见,而且他们最要

[①] 全句为"据我间接了解,我们很难找到一个比里德的逝世日(1519 年 1 月)更恰当的时间来界定罗马法的二次新生。"〔英〕梅特兰:《英格兰宪政史》,李红海译,中国政法大学出版社 2010 年版,第 8 页。
[②] 人文主义强调欧洲不同地区之间的差异性,主张以特殊性取代普遍性,欣赏而非忽略周遭的种种不同和差异。这相当于在中世纪流行的"同一性"观念上打开了另外一扇天窗。
[③] 转引自〔英〕梅特兰:《英格兰宪政史》,李红海译,中国政法大学出版社 2010 年版,第 11 页。
[④] 同上书,第 8 页。

命的错误莫过于竟然迷信'法律是内部和谐的永恒智慧'这样的鬼话"①。这透露出人文主义法学个别化、历史化、语境化的研究立场。

德国法学家萨维尼认为,"只有两位学者可以视为这个学派的开山鼻祖。"②他所指的人文主义法学家一个是意大利的安德里亚斯·阿尔恰托,另一个是德国的乌尔里希·宰瑟。这固然没错,但是人文主义法学主要是被法国学者发扬光大了,他们中最声名卓著的是被誉为"法国现代法学先驱"的雅克·居亚斯,彼时人文主义法学最重要的学术中心是法国的布尔日。法国人文主义法学家创造出了"一种新的法学方法论,也就是一种源于法国的所谓'高卢方法'——之所以这样命名,主要是为了区别于既存的那种源于意大利的法学方法。这种新的法学方法论运用历史语源学的方法来解读罗马法"③。比较而言,这种在人文主义精神指导下的人文主义法学更多开展的是一种对罗马法文本追根溯源的考古式、碎片化研究,这一立场与注释法学派协调整合各种不同法律渊源,并构建一套多种内容连贯的规范体系的努力显然不同。以法国人文主义法学家富朗索瓦·霍特曼为例,此君"毕生致力于发现纯粹而独特的法国法,他把这样的规范界定为'习惯法'……对于法国来说,一切政治制度都发源于君臣之间缔结的政治协议。国王与臣民之间的政治协议早已体现为习惯法,国王不能通过援引罗马法来违背法国的习惯法,因为后者对于法国人来说,乃是一切合法性的来源"④。由此方法阐释,霍特曼抽取了"君权至上论"的合法性。可以说,法国人文主义法学家更重视地方法的发现与重述工作,他们是人文主义历史性、个别化研究彻头彻尾的践行者。

既然人文主义法学是"同一性"的反动者,自然与打碎单一信徒群

---

① [美]塔玛尔·赫尔佐格:《欧洲法律简史:两千五百年来的变迁》,高仰光译,中国政法大学出版社2019年版,第193页。
② 转引自[英]梅特兰:《英格兰宪政史》,李红海译,中国政法大学出版社2010年版,第8—9页。
③ [美]塔玛尔·赫尔佐格:《欧洲法律简史:两千五百年来的变迁》,高仰光译,中国政法大学出版社2019年版,第191页。
④ 同上书,第198—199页。

体及单一教会法的新教改革观念一致,而且两者造成的双重影响极具颠覆性。"到了16世纪中叶,人文主义法学开始与新教思维融汇成一股强大的思想潮流。宗教改革家挑战教皇的权威,主张复归早期基督教的无政府状态(据说能够体现出更为纯真的信仰);人文主义法学家则秉持十分类似的观点,只不过他们挑战的对象不是教皇,而是法律的权威。"①这种思想汇流的结果是欧洲长达一个世纪的此起彼伏的天主教和新教之间的宗教战争;作为协调欧洲地区混乱秩序的唯一依赖,罗马法依然具有相当大的权威,当然,此时的罗马法学已经摒弃了中世纪注释法学方法论。这样的新学(New Learnings)也悄然传入了英格兰。亨利七世时期,"新学在英格兰大行其道,当时,一些英格兰人到意大利求学,并且,学成归国后,他们开始在英格兰教授自己从意大利学到的知识。"②亨利八世不只是承袭了其父亲的政策,他在罗马法研究和宗教改革方面都有开创性的作为。从宗教改革而言,亨利八世完全抛开了罗马教皇,自己成了英格兰世俗和教会的首脑,英格兰国教由此创立。

从新法学而言,亨利八世鼓励英格兰人研习罗马法,并准许在牛津大学和剑桥大学设立罗马法教席,梅特兰说亨利八世所选的罗马法教席担当者都带有"三R"因素,那些罗马法博士也被称为"亨利派的法学博士"。③ 托马斯·史密斯博士是其中的佼佼者,"在被选定为剑桥教授之际,他怀着值得赞誉的热忱远赴发源地追寻罗马法和法学学位。回来后,在两个就职演说中,他都提到了新法学,激情满怀地讲述阿尔恰托和宰瑟"④。此外,史密斯博士在自己的演讲中还向罗马法学生们"提供

---

① 〔美〕塔玛尔·赫尔佐格:《欧洲法律简史:两千五百年来的变迁》,高仰光译,中国政法大学出版社2019年版,第195—196页。
② 〔英〕威廉·塞尔·霍尔斯沃思:《英国法的塑造者》,陈锐等译,法律出版社2018年版,第90页。
③ 转引自〔英〕梅特兰:《英格兰宪政史》,李红海译,中国政法大学出版社2010年版,第38页。此处涉及的所谓国王大事,具体指亨利八世为了摆脱自己的妻子凯瑟琳(实为其兄长遗孀),向罗马教皇提出离婚申请。"亨利派的法学博士"都曾在当时那场因亨利八世离婚而轰动世界的"国王大事"中施展自己的学术拳脚,他们四处搜集知识依据,为国王声援。
④ 〔英〕梅特兰:《英格兰宪政史》,李红海译,中国政法大学出版社2010年版,第21页。

了在外交、衡平法院、宗教法庭和海事法庭施展才华的图景"①。史密斯不仅在口头上传播新法学理念,还积极将自己对于新法学的热情践行于工作中。"当托马斯·史密斯任请愿法庭(Court of Requests)②法官时,他在法庭推行一种被称为'完全依据罗马法简易诉讼过程'的程序,而那时的请愿法庭和其他适用类似程序的法院似乎很轻松、具有理性和人气。"③

事实上,那个年代建立的新法庭除了请愿法庭这种本质上的衡平法庭之外,还有星室法庭(Court of Star Chamber)、北方委员会法庭(Court of Council of the North)④、威尔士委员会法庭(Court of Council of Wales)、高等教务委任法庭(Court of Hight Commission)。"在这些新兴的法院及其审判过程中创设的部分法律中,我们可以看到罗马法影响的蛛丝马迹。星室法庭将一些罗马法理念引入了刑法及程序法中,海事法庭将许多新的商事法与海事规则引进来,衡平法庭和小额索赔法庭引入了一些程序规则。"⑤这些 16 世纪及 17 世纪早期发展起来的深受罗马法浸染的新法院几乎都与国王的咨议会密切相关。可以将其大略一分为二,衡平性质的大法官法庭承担了咨议会的民事司法权;剩余的星室法庭、北方委员会法庭、威尔士委员会法庭、高等教务委任法庭基本承担了国王咨议会的刑事司法权。此外,海事法庭也可以算作国王的专门法庭。如前所述,直到 19 世纪司法改革前夕,衡平法庭、海事法庭、教会法庭都是存在的,唯独星室法庭及各委员会法庭在

---

① 〔英〕梅特兰:《英格兰宪政史》,李红海译,中国政法大学出版社 2010 年版,第 23—24 页。
② 大卫·休谟:《英国史Ⅲ:都铎王朝早期》,刘仲敬译,吉林出版集团有限责任公司 2012 年版,第 59 页。译者将"Court of Requests"译为"上访法院"值得商榷。"Court of Requests"首次在亨利七世时期成为小型衡平法庭(minor equity court),专门听审来自穷人和国王仆人的案子。休谟在其《英国史》之第 26 章"亨利七世(三)"中记录:"穷人可以根据所谓的'穷人程序'诉讼,当事人无须为令状付费,也无须向枢密院缴纳任何费用。"休谟认为这是亨利七世时代优良的立法。
③ 〔英〕梅特兰:《英格兰宪政史》,李红海译,中国政法大学出版社 2010 年版,第 22 页。
④ 也被译为"北部地区委员会"。
⑤ 〔英〕威廉·塞尔·霍尔斯沃思:《英国法的塑造者》,陈锐等译,法律出版社 2018 年版,第 97 页。

历史中湮灭了。

在法的渊源部分,对那些昙花一现的刑事性质的国王法庭,本书并未论及。但是,还是有必要在此对这些法庭的功能作一个客观说明,这些法庭虽然被历史淘汰了,但也并非完全如梅特兰所言,它们仅"是一个供政客们推行其政策的法庭,而不是一个由法官适用法律的场所"①。由这些法庭的缘起看,它们应该源于国王咨议会的司法职能,当时"人们普遍认为,咨议会可以惩罚以下犯罪:普通法法庭无权处罚的;尤其是不符合重罪条件的;构成干涉常规司法程序之犯罪;暴乱;贿赂陪审员"等。这些犯罪的当事人往往过于强大,但是又没有合适的法庭对其进行公正审判,于是只有求助于国王咨议会解决。于是,星室法庭于亨利七世时期设立。当时的制定法只是明确赋予一个委员会对犯有"暴乱、做伪证、贿赂陪审员、郡长的不法行为及一些同类的其他案件"②以司法管辖权。这个委员会的组成人员是"大法官、财务大臣、玉玺保管官召集的一名主教、咨议会的一名世俗贵族以及王座法庭和皇家民事法庭两位首席法官"③,因为该委员会开庭的地点为威斯敏斯特的一间名为"Star Chamber"的办公室,故该法庭被人们称为"星室法庭"。④ 亨利八世时期,北方委员会法庭成立,"它在约克郡和更靠北的四郡对暴乱、共谋和暴力行为享有刑事司法管辖权;同时也被授予衡平性质的民事管辖权,但这一点在伊丽莎白一世统治时期被普通法官们宣布为非法。不过北方委员会还是维持了其刑事司法权"⑤。威尔士委员会法庭于爱德华四世期间兴起,由1542年的一项制定法予以确认。高等教务委任法庭于伊丽莎白一世时期设立,依据《至尊法》的规定,在教会法庭之上,女王可以委任人员担任王室特使并组成法庭,行使涉及宗教事务的司法管辖权。

---

① 〔英〕梅特兰:《英格兰宪政史》,李红海译,中国政法大学出版社2010年版,第170页。
② 同上书,第141页。
③ 同上。
④ 有时也被译为"星宫法庭"。
⑤ 〔英〕梅特兰:《英格兰宪政史》,李红海译,中国政法大学出版社2010年版,第170页。

这些法庭几乎都是在中央王权加强的都铎王朝时期设立的,无论是在加强国家治理方面还是在普通法的缺陷修补方面,都起到了不容忽视的作用,就前者而言,"枢密院、威尔士及北部地区委员会监督镇及郡的治安法官作为或不作为犯罪的方式,让治安法官成了现代国家地方治理最有效的工具。威尔士及北部地区委员会与星室法庭处理腐败的陪审员,并处理那些行贿和恐吓陪审员的人,这一做法又使得陪审员系统恢复了正常运行"①。就后者而言,"星室法庭与威尔士及北部地区委员会在许多方面发展了刑法。而且,星室法庭与威尔士及北部地区委员会在规范那些被授予职权的个人与机关的行为时,开始将类似行政法的东西引了进来。"②正是基于此,霍尔斯沃思说他不赞成梅特兰的"16 世纪这些与普通法院竞争的法院和法律机构正威胁着普通法的存在"的判断。言下之意,那不是一个普通法的存亡问题,而是一个普通法至高无上地位是否维续的宪制问题。③ 最终,在 17 世纪普通法与国王的斗争中,那些都铎时期罗马法广泛实施的新法庭作为"国王的特权法庭"被废止了。1641 年 7 月 5 日,星室法庭和高等教务委任法庭被废除,北方委员会法庭、威尔士委员会法庭的类似司法管辖权被剥夺。

在那场 17 世纪普通法捍卫自身最高地位的斗争中,深受罗马法影响的法庭还有海事法庭、教会法庭,虽然其业务受普通法庭的挤压而不断缩小,但终究还是存活了下来,这与英格兰罗马法学家们的努力有关。早在 16 世纪初期,英格兰就出现了高度组织化的罗马法学家群体。他们拥有如同普通法律师公会一样的组织——民法博士会馆(Doctor's Commons)。④ 彼时,只有获得牛津或剑桥的罗马法博士学位,并且取得坎特博雷大主教的特许状,才能在星室法院和海事法院担

---

① 〔英〕威廉·塞尔·霍尔斯沃思:《英国法的塑造者》,陈锐等译,法律出版社 2018 年版,第 94 页。
② 同上书,第 96 页。
③ 同上书,第 99 页。
④ 该会馆的前身为 1511 年设立的"坎特伯雷法律博士与基督教辩护律师协会",于 1767 年并入"在教会法院和海事法院执业的法律博士协会"。自 1572 年以来,教会法庭和海事法庭都曾在民法博士会馆开庭处理案件。1857 年,民法博士会馆解散。

任辩护律师(在任职七年的代理律师中产生)。"在这些罗马法专家中,两个最著名的人物是里奥林·詹金斯爵士和斯托维尔勋爵。"① 里奥林·詹金斯在牛津大学的耶稣学院接受了罗马法和教会法的学习,并于 1664 年成功加入民法博士会馆。其职业经历无不与其学科背景相关:海事法院的助理法官(1665)与独任法官(1668)、法兰西外交使节(1669)、去德国(1673)和荷兰(1675)执行外交任务、海牙全权大使(1679)、在议会任职(1679—1680)、牛津大学教师(1680—1681)、国务大臣(1680)。正是在这些重要的职业经历中,詹金斯竭尽所能地将罗马法英格兰化,为英格兰捕获法庭确立了一些基本原则。他提出,"罗马民法在处理与外国有关的条约问题时显得非常必要。因为正是通过《万民法》这一法律,我们才能维系与所有外国的交往。"②

在里奥林·詹金斯之后的另一位著名的罗马法法学家是被封为斯托维尔勋爵(Lord Stowell)的威廉·斯科特。威廉·斯科特于 1764—1780 年就职于牛津大学,1779 年成为民法博士会馆的辩护律师,1782 年被任命为海事法院首席法律顾问,1788—1821 年担任伦敦主教教区法院的法官,1788 年起担任王室的总法律顾问,1790 年成为议会议员,1798 年任海事法院法官,1821 年荣膺斯托维尔勋爵贵族头衔。威廉·斯科特可谓是一个接受过深厚的古典学术训练的罗马法法学专家。他在詹金斯的基础上进一步确立了英格兰的教会法和海事法基本原则,"创立了在英美都得到适用的捕获法体系"③,在连续航行、违禁品、封锁、中立国从交战国购买船舶、毁坏中立国船舶的交战国的赔偿义务、商业机构的住所等问题上,他的一些判决发挥了指导性作用,成为现代国际法的部分基础。④ 必须承认,那些罗马法学家为英格兰教会法和海事法规则的确立作出了独特的贡献。因为他们的判例报告出现较晚,

---

① [英]威廉·塞尔·霍尔斯沃思:《英国法的塑造者》,陈锐等译,法律出版社 2018 年版,第 240 页。
② 同上书,第 242 页。
③ 同上书,第 248 页。
④ 同上书,第 254 页。

海事法庭判例报告于 1798 年出现,教会法庭判例报告到 1822 年才有,故他们长期被视为一个神秘的存在。"他们应用的法律通常只包含在自己的笔记本和记忆中,有时甚至只是一些难以准确界定的法律传统。"①总之,在 19 世纪司法改革之前,教会法庭、海事法庭与普通法庭、衡平法庭相比,采用的是不同的司法程序与法律知识。虽然教会法庭的世俗业务和海事法庭与普通法庭和衡平法庭最终合并了,曾经辉煌的民法博士会馆也被历史湮灭了,但是英格兰法中的罗马法元素是无法被历史抹去的。

(二)劫后余生的衡平法及衡平法学

面临普通法的围追堵截,深受罗马法影响的法庭中,"唯一成功实现了自己所有诉求的法庭是衡平法庭"②。梅特兰说:"衡平法庭从未受过欢迎,有时甚至被认为是违反宪法的,却逃过了此劫。"③那么,衡平法庭以及衡平法是如何做到的?

1. 奠基阶段的衡平法以及衡平法学

霍尔斯沃思认为,衡平法的发展历经了四个阶段:④

第一阶段(13 世纪—14 世纪早期),借助普通法院适用衡平法时期。当时,普通法法官通常由高级教士担任,如最为知名的布拉克顿。那时普通法庭的"普通法学家们是在最为宽泛的意义上使用'衡平'一词的,其中包含有抽象正义之类的东西"⑤。此时的衡平法类似一种抽象的道德原则。

第二阶段(14 世纪下半叶—15 世纪),严格衡平法时期开启。普通法在日渐独立、职业化、体系化的同时,逐渐与国王产生了距离,甚至对抗。与此同时,普通法自身出现了难以修复的僵化问题。于是,国王的

---

① 转引自〔英〕威廉·塞尔·霍尔斯沃思:《英国法的塑造者》,陈锐等译,法律出版社 2018 年版,第 251 页。
② 同上书,第 141 页。
③ 〔英〕梅特兰:《英格兰宪政史》,李红海译,中国政法大学出版社 2010 年版,第 201 页。
④ 〔英〕威廉·塞尔·霍尔斯沃思:《英国法的塑造者》,陈锐等译,法律出版社 2018 年版,第 103—106 页。
⑤ 转引自同上书,第 104 页。

枢密院和枢密大臣便开始行使衡平性修复这一特殊司法权,由此开启了衡平法发展的第二阶段。不同于以往的是,"神职的枢密大臣们将'衡平'置于更严格的理念基础之上,认为法庭应强制每一个诉讼当事人履行理性与良心指示的、人们在此种情况下应承担的所有义务,他们相信理性与良心一定能确定如何及何时矫正由法律的一般性而产生的不正义"[1]。在这种衡平原则指导下的衡平法庭因发挥了恰当的修复普通法一般性带来的弊病而广受欢迎。"以至于在15世纪后期及16世纪,不同的衡平法庭如雨后春笋般出现。这一新的法庭与普通法庭之间的摩擦逐渐增多,这一摩擦在16世纪的前四分之一世纪已变得非常频繁。"[2]此时,衡平法在近代的正当性及其法律地位显然成了争议的焦点,这一问题解决不好,由中世纪初步形成的衡平法极其脆弱的连续性将不再延续。解决衡平法这一重大危机的人就是"英格兰衡平法体系的首要奠基者"[3]克里斯托弗·圣·杰曼,此人虽是内殿律师会馆的出庭律师,但他既熟悉英格兰法,又是教会法专家。他以自己渊博的学识和敏锐的学术嗅觉完成了《神学博士与普通法学徒之间的对话》[4]这一近代以来英国法学史上有影响力的首本对话录。作为跨越中世纪和近代的一个极为重要的法学人物,圣·杰曼的对话录在其身后二百年的英格兰司法界从未失去指导意义。"直到布莱克斯通那一时代,它几乎被每一位研究衡平法的作者引用。"[5]该对话的要旨是将教会法原则引入衡平法,以克服和纠正普通法的僵化弊病,并倡导在英格兰普通法中有必要加入衡平法。该对话建构的衡平法体系一方面保证了衡平法自身发展的连续性,另一方面也为教会法在英格兰的本土化作出了有益的理论尝试。可以说"圣·杰曼针对教会法原则所做的事情,就像布拉

---

[1] 〔英〕威廉·塞尔·霍尔斯沃思:《英国法的塑造者》,陈锐等译,法律出版社2018年版,第104页。
[2] 同上书,第105页。
[3] 同上书,第107页。
[4] 这本对话录实际上由两篇对话构成,两篇对话最初分别以拉丁文和英文出版于1523年和1530年。
[5] 〔英〕威廉·塞尔·霍尔斯沃思:《英国法的塑造者》,陈锐等译,法律出版社2018年版,第107页。

克顿针对罗马民法原则所做的事情,两者都是使外国的原则适应英格兰的环境。"①由此,衡平法的正当性问题在学理上得以解决。

第三阶段(15世纪末—16世纪末),衡平法开始由世俗法学家解释。这一阶段的显著特点是缓和普通法庭与衡平法庭在实践中的龃龉和冲突。因为"普通法学家是一个强大的群体,同时在下议院中有着举足轻重的影响"②。为了博得普通法学家对于自己的宗教政策及前述"国王大事"的支持,亨利八世任命普通法学家托马斯·莫尔为衡平法庭大法官。这一重大事件"成了衡平法历史上的一个重要转折点,它标志着衡平法的实施者由神职的教会法学家转向世俗的普通法学家"③。由此,衡平法发展的第三阶段开启。托马斯·莫尔担任衡平法庭大法官期间,尽其所能地弥合普通法庭和衡平法庭之间的不愉快,"当他听到普通法庭的法官们仍在抱怨,禁制令签发得太频繁、因而妨碍了当事人在普通法庭打官司时,他邀请这些法官共进晚餐,解释他的行事原则。他向他们解释说,如果不降低道德僵化的特点,他就必须签发禁制令"④。虽然托马斯·莫尔因未支持亨利八世的离婚诉求而遭遇不测,但他达成的使衡平法庭和普通法庭半个世纪关系和谐的成就足以使其堪称"英格兰衡平法体系的第二位奠基者"⑤。

第四阶段(16世纪末—17世纪末),即衡平法庭规则的确立阶段。普通法对于衡平法的讨伐在16世纪末17世纪初的柯克时代再度兴起,与之论辩的衡平法学家是托马斯·埃杰顿,他也被称为埃尔斯米尔勋爵。"柯克与埃尔斯米尔就衡平法庭是否有权发布禁制令以对抗普通法庭的诉讼或者阻止普通法庭的判决得到执行展开了激烈争论,这一争论在詹姆斯一世时期达到顶峰。"⑥这场争论的结果是詹姆斯一世

---

① 〔英〕威廉·塞尔·霍尔斯沃思:《英国法的塑造者》,陈锐等译,法律出版社2018年版,第108页。
② 同上书,第109页。
③ 同上。
④ 同上书,第110页。
⑤ 同上。
⑥ 同上书,第112页。

国王于 1616 年支持了埃尔斯米尔勋爵,并且宣称在普通法与衡平法相冲突的情形下,优先适用衡平法。由于埃尔斯米尔勋爵为衡平法独立性做出卓越贡献,因此他被尊为"英格兰衡平法体系的第三位奠基者"。① 埃尔斯米尔勋爵的门徒弗朗西斯·培根②"从理论上确立了衡平法庭的运行程序,在 19 世纪法院改革之前,这一程序一直在使用"③。因此,霍尔斯沃思对培根评价极高,认为"自从由法学家担任衡平大法官以来,培根是第四位,同时也是最伟大的英格兰衡平法体系的奠基者"④。经过埃尔斯米尔勋爵和培根的不懈努力,衡平法迈向了发展的第四阶段。大叛乱(the Great Rebellion)⑤后的共和制期间(1653—1659),衡平法庭并未遭遇被废除的厄运。1661 年王政复辟之后,历经磨难的衡平法庭及衡平法真正迎来了其发展时期。

2. 现代阶段的衡平法学家以及衡平法学

如果说衡平法的奠基历经了四个阶段,那么衡平法以及衡平法学真正的现代阶段则始于培根之后,跨越了三个世纪,分别有三位代表人物。

(1) 17 世纪赫尼奇·芬奇(诺丁汉勋爵)的衡平法学

赫尼奇·芬奇是复辟后的首位英格兰国王查理二世时期的杰出法学家,此人在共和时期,就已经是一名出色的律师,在王政复辟期间,他以副总检察长的身份审判过"弑君者"(the regicides)。1670 年成为总检察长,1673 年担任掌玺大臣,1675 年担任衡平法庭大法官。这些跨

---

① 〔英〕威廉·塞尔·霍尔斯沃思:《英国法的塑造者》,陈锐等译,法律出版社 2018 年版,第 111 页。
② 弗朗西斯·培根有剑桥大学和格雷律师会馆教育背景。职业经历包括格雷律师会馆讲师(1587—1599),议会议员(1584),副总检察长(1607),总检察长(1613),掌玺大臣(1617),衡平法庭首席大法官(1618)。出版的学术专著包括《学术的进步》《新工具》《论进步》等。
③ 〔英〕威廉·塞尔·霍尔斯沃思:《英国法的塑造者》,陈锐等译,法律出版社 2018 年版,第 106 页。
④ 同上书,第 113 页。
⑤ 这包括苏格兰起义、英格兰起义以及内战。查理一世统治时期,国王要求苏格兰采用英国国教祈祷书及仪式,这引发了苏格兰起义(1639)。筹措军费遭到拒绝后,查理一世解散了议会会期不到一个月的议会("短期议会")又引发了英格兰的起义。为了与苏格兰达成和解及筹措费用,查理一世被迫召开了新的议会,即"长期议会"(1640 年 11 月—1653 年 4 月)。但国王与议会之间难以达成妥协,最终爆发了内战(1642—1648)。

越普通法和衡平法的从业挑战激励了芬奇为衡平法和衡平法学赋予更多现代元素。这体现于两个方面:一方面,借鉴普通法,建构衡平法的规则性。芬奇接受了同时代伟大普通法学家黑尔的做法,竭力减少衡平法的随意性,增强其规则性。他看到黑尔"将衡平法视为普通法的一部分,是普通法的基础之一;因此,总是尽其所能地将衡平法概括为某些规则和原则,以至于人们可以将它当作一门科学而进行研究,同时不认为其实施具有任何随意性"[1]。受黑尔的启发,作为衡平法庭大法官的芬奇明确提出,"对于公众而言,与其仅仅因大法官的喜好和想象而失去他们的财产,不如依靠完全秘密的信托单簿或协议,后者的后果要好得多"[2]。于是,衡平法也像普通法一样,逐渐有了自己稳定的规则体系。17世纪末,衡平法完全吸收了普通法的遵循先例原则,形成了衡平案件的法律报告制度。另一方面,芬奇将衡平法引向规范化的理论与实践也使得"普通法和衡平法都必须承认这一事实,即它们并非完全对立,而是相互补充的两种制度"[3]。这意味着关于衡平法与普通法关系的争论归于理性。正因为对于衡平法的这些独创性贡献,所以芬奇被尊称为"现代衡平法之父"。

(2) 18世纪菲利普·约克(哈德威克勋爵)的衡平法学

菲利普·约克是"18世纪最伟大的法学家"[4]。他于1715年从中殿律师会馆获得律师资格,1719年成为下议院议员,1720年成为副总检察长,1727年担任总检察长,1733年升职为王座法庭大法官。1737—1756年的近20年间,这位哈德威克勋爵一直担任衡平法庭大法官。在一份判决中,哈德威克勋爵提出,"我们首先要弄清楚,这一王国的宪法规定,应根据发生争议的财产类型适用不同的法律。如果是与遗产、遗嘱有关的问题,就适用国王的教会法;如果是海事问题,就适用

---

[1] 转引自〔英〕威廉·塞尔·霍尔斯沃思:《英国法的塑造者》,陈锐等译,法律出版社2018年版,第162—163页。
[2] 同上书,第163页。
[3] 同上。
[4] 同上书,第198页。

海事法;如果事涉地产问题,就适用普通法中的土地法。"①哈德威克就是这样,既坚持遵从普通法的规定,又修正并发展了普通法不能解决的一些新问题,"他通过与普通法中的财产权进行比较,界定了衡平法中财产权的性质和特点……使信托、家事、贷款抵押、资产管理之类的法律在很大程度上确立了最终的形式"②。这显示出18世纪衡平法在处理新的交易模式、新的财产形式上的不可替代性。

(3) 19世纪约翰·斯科特(埃尔顿勋爵)的衡平法学

约翰·斯科特于1776年获得中殿律师会馆的律师资格,1788年成为副总检察长,1793年担任总检察长,1799年被任命为民事上诉法庭的首席大法官。1801—1827年,他担任衡平法庭大法官。约翰·斯科特在哈德威克勋爵的基础上,进一步完善了衡平法的规则体系,使衡平法与普通法之间的关系得以最终确定。有学者描述说,"在埃尔顿退休后,衡平法不再作为矫正普通法的法律体系;只有衡平大法官实施的那部分内容才能被描述为矫正正义。并且,从总体上看,与普通法相比较,衡平法主要是从事行政管理与保障性工作,而普通法则主要服务于矫正性和惩罚性工作。"③无疑,经过18世纪衡平法学者的努力,衡平法已经与普通法一样,成为非常明确统一的规范体系。

当衡平法愈来愈具备规范性且能够与普通法相处融洽时,一个新的问题随之出现,即普通法与衡平法是否应该在同一个法庭被采用。当一个苏格兰法官通过信函方式与哈德威克勋爵探讨这一问题时,哈德威克并未立即支持苏格兰那种普通法与衡平法在同一法庭适用的制度。④ 事实上,对于这一重要问题的探讨不但十分广泛,而且早在18世纪甚至出现了两种完全不同的思想流派。"衡平大法官以及大多数普通法庭的法官们倾向于支持由不同的法庭、按照不同的原则分别实施

---

① 〔英〕威廉·塞尔·霍尔斯沃思:《英国法的塑造者》,陈锐等译,法律出版社2018年版,第202页。
② 同上书,第203页。
③ 同上书,第222页。
④ 同上书,第222—223页。

普通法与衡平法,但这两大法庭之间应是一种互相合作的伙伴关系。"①而以曼斯菲尔德和布莱克斯通为代表的另一派则认为,"为了使英格兰法律和谐发展,并为了保障诉讼当事人的利益,在不同的法庭适用的法律原则与规则应逐渐融合。"②曼斯菲尔德和布莱克斯通的情况本书将在后文详细描述,这里仅叙述他们对于以上问题的观点。曼斯菲尔德认为:"衡平法上的地产案件应被普通法上的地产案件吸收。"③布莱克斯通在自己的《英国法释义》中曾义愤填膺地指出:"在一个国家中,并存着两个最高的、独立的法院,对于同样的事情,行使着竞合的司法管辖权,对于同样的情形,有两种不同的财产规制,并且,上述两者经常相互冲突、矛盾,没有比这还荒谬的事情了!"④这些在18世纪白热化的争论为19世纪的司法改革准备好了理论基础。客观而言,曼斯菲尔德与布莱克斯通之将衡平法与普通法完全融合的观点走得有些过"远"。如前所述,19世纪的司法改革并没有形成曼斯菲尔德和布莱克斯通所期待的结果。改革者是在认可衡平法与普通法的差别与联系的基础上,仅在程序上合并了两个法庭体系。人们早已认识到"衡平法并不意图摧毁普通法,而是完善普通法。普通法的每一条、每一点都将被衡平法遵守。但一旦这些全部满足时,又可能出现另外的某些事情,需要衡平法规制"⑤。梅特兰这位19世纪司法改革的见证者的观点应该属于当时的共识。

(三) 普通法学的危机与重塑

1. 普通法的危机与爱德华·柯克的重述

约翰·汉密尔顿·贝克的演讲"英格兰法与文艺复兴"开篇先抛出了与梅特兰相同的问题,他说:"梅特兰在他1901年著名的里德演讲中提出了这样一个问题,在他所谓传统信条土崩瓦解、罗马法正将日耳曼

---

① 〔英〕威廉·塞尔·霍尔斯沃思:《英国法的塑造者》,陈锐等译,法律出版社2018年版,第223页。
② 同上书,第224页。
③ 同上。
④ 同上。
⑤ 同上书,第230页。

法逐出德意志之时,为什么中世纪英格兰法律却得以存续下来?"①可以说贝克对梅特兰的问题作了相当精准的提炼。16世纪,新罗马法学给整个欧洲法学带来深刻而巨大的影响,尤以德国为甚。但是,受到冲击的英格兰普通法学整体的独特性依然得以存留,它并未被同化为欧陆法学。梅特兰在自己的演讲中陈述了诸多对普通法缺陷极为不满并力主以罗马法取而代之者的观点,从中不难体会到他所谓的"大约16世纪的第二个25年里,英格兰法律史的延续性遭到了威胁"②的情况。但是,这种威胁于1547年亨利八世薨逝之后,立即遭遇反弹,英格兰普通法学生的请愿活动爆发,他们向护国公和枢密院请求:"希望阁下们不要忘记,我们伟大的大英帝国和她的土地,一开始就是拥有一部叫做普通法的自己的法律,而我们伟大的帝王作为帝国的管理者,正是用这部法律来治理这个帝国和臣民,这不同于其他任何一个国家。"③无疑,作为外来法的罗马法的再次植入遭遇了古老的英格兰普通法的阻击,但是那个最有力的回击还要等待17世纪普通法的杰出先锋爱德华·柯克的出现。

爱德华·柯克在梅特兰的"英格兰法与文艺复兴"演讲中,属于一个画龙点睛式的人物,梅特兰正是由柯克的问题引出了自己的问题。他说:"在詹姆斯一世统治下,一位在英格兰历史上留下浓墨重彩,与莎翁和培根同时代的才华横溢、学识渊博之士,曾明确、诚恳、谨慎而又反复地强调:一部用过时的殖民地法语写就的、彻头彻尾的中世纪著作'是所有人文著作中最为完美的上乘之作'。然而,这正是爱德华·柯克对托马斯·利特尔顿短篇专著所作的评价。虽然利特尔顿直到1481年才去世,然而他绝不是文艺复兴之子。"④亦即,利特尔顿的《论土地占

---

① 〔英〕弗雷德里克·威廉·梅特兰、约翰·汉密尔顿·贝克:《英格兰法与文艺复兴》,易继明、杜颖译,北京大学出版社2012年版,第87页。
② 〔英〕梅特兰:《英格兰宪政史》,李红海译,中国政法大学出版社2010年版,第42页。
③ 转引自同上书,第57页。
④ 同上书,第5—6页。

有》完成于中世纪,且又采用了被近代人文主义者斥为"野蛮的语言"①写就,因此在柯克所在的 16、17 世纪,该书早已显得格格不入。那么柯克为什么还要给予它那么高的评价?梅特兰认为柯克在暗示一个问题,即"在一个传统信条土崩瓦解、各类旧有信条逐渐崩坏、对原有的事物进行反叛并充分意识到反叛的时代,一个规范体系,一个与我们所有人都休戚相关的规范体系,是怎样的?"②换言之,近代的英格兰是什么?这个问题是柯克在他那个时代面临的现实问题,也是梅特兰在 1901 年"里德演讲"时激情谈论的历史命题。梅特兰对柯克不惜赞赏之词的叙写无疑也暗示着他对柯克学术立场的支持。

1578 年 4 月 20 日,爱德华·柯克于内殿律师会馆获得律师资格,1592 年担任副总检察长,1593 年担任下议院议长,1594 年被伊丽莎白女王任命为总检察长,1606 年詹姆斯一世任命他为皇家民事法庭的首席大法官,1613 年被调任王座法庭担任大法官。1616 年 11 月 14 日,柯克从法官职位被解雇。然而,柯克与议会反对派的结盟使其职业生涯发生了较大的转型,在 1620 年、1624 年、1625 年、1628 年的议会中,柯克担任着议会反对派领袖。期间,他曾被囚于伦敦塔(1621)但于当年获释;曾被调任白金汉郡郡长(1626),从议会外放;1628 年重返议会后,他又参与起草了《权利请愿书》。反观柯克的职业生涯,可谓艰险且绮丽。在时间上横跨两个王朝的三个国王,分别是都铎王朝末期的伊丽莎白女王、斯图亚特王朝的第一个国王詹姆斯一世和第二个国王查理一世。此外,其职业倾向上显现出对待王权的不一致立场。作为总检察长时,柯克是一个王权的坚定维护者。"他憎恨天主教徒,尊崇王权,对叛乱或煽动叛乱的人冷酷无情。"③但是,在担任詹姆斯一世的民事上诉法庭首席法官时,柯克又逐渐开始反对国王的特权。"1606 年至

---

① 神学博士雷吉纳德·波尔就认为英格兰的"法律和公共规则是用野蛮的语言写就的。年轻人学了以后不会有什么用处,认识到这点对我们的政策制定很关键"。转引自〔英〕梅特兰:《英格兰宪政史》,李红海译,中国政法大学出版社 2010 年版,第 15 页。
② 同上书,第 6—7 页。
③ 〔英〕威廉·塞尔·霍尔斯沃思:《英国法的塑造者》,陈锐等译,法律出版社 2018 年版,第 126 页。

1610年,在'教会法庭与威尔士及北部地区委员会之间的司法管辖权的范围有多大'①'国王是否可以撤销普通法法庭的案件并亲自审判案件'以及'国王诏书的范围是什么'②之类的问题上,柯克与詹姆斯一世一直发生着冲突。"③其中,最著名的是关于国王在"法上还是法下"的争论。引发这一争论的起因是1605年的普通法法庭与教会法庭的管辖权冲突。班克罗夫特大主教指责普通法庭不断以国王的名义签发禁审令干涉教会法庭的事务。最终国王支持了大主教,并且试图当面告知普通法法官他的理由。柯克则回应:"国王说,朕以为法律乃以理性为基础,而朕和其他人与这些法官一样都具备理性。对此我的回答是,的确上帝赋予陛下广博的学识和聪颖的天资;但陛下对王国的法律和案件并不精通,而这些又关涉其臣民的生命、财产等基本生活要素;它们不是靠自然理性而是靠技艺理性和法律判断来决定的;其中的法律须经长期研习和具备丰富经验之后方能有所体悟;此外,法律还是金色的权杖和审理臣民纠纷的依据,它保障陛下的和平和安定。"④柯克的言下之意是"王在法下",且国王不能直接参与案件的审理。为此,柯克极大地冒犯了国王。詹姆斯一世根据培根的建议,将柯克调往主要看顾国王利益的王座法庭担任大法官。国王原本是期望柯克能够收敛锋芒,然而事与愿违,即使在王座法庭,柯克与国王也爆发了三场激烈的争执。在1613年的"皮查姆案"中,他反对被征求意见或者说向国王提供法律意见;在1615年与衡平法庭的争执中,柯克反对衡平法庭的这一权力,即"如果有人通过欺诈、违反诚信或以不公平的方式得到一纸判决,他可

---

① 这是指柯克所在皇家民事法庭指责高等教务委任法庭无权处以罚金和监禁的刑罚,因为其委任状未得到制定法的授权。〔英〕梅特兰:《英格兰宪政史》,李红海译,中国政法大学出版社2010年版,第173页。
② 这是指柯克及其皇家民事法庭的同仁宣称国王的诏书不能创设新的犯罪,即诏书不具有一般法的效力。〔英〕梅特兰:《英格兰宪政史》,李红海译,中国政法大学出版社2010年版,第174页。
③ 〔英〕威廉·塞尔·霍尔斯沃思:《英国法的塑造者》,陈锐等译,法律出版社2018年版,第127页。
④ 〔英〕梅特兰:《英格兰宪政史》,李红海译,中国政法大学出版社2010年版,第173页。

能会被禁止执行此判决。"①如前所述,这场争论的胜者为埃尔斯米尔,国王最终支持了衡平法庭。在1616年的"圣俸托管案"中,因为主教尼尔从国王那里获得了两份有俸圣职,因而被人提起诉讼。这一案件中,国王授权的合法性无疑遭到了质疑,为了摆脱尴尬,国王要求停止案件的审理。在所有案件审理法官中,只有首席法官柯克一人未屈服于王命,但是他却被解职了。从此,很难再得到国王信任的柯克完全走向了国王的对立面。

综观柯克与国王的数次论争以及与衡平法庭的争点,无不体现出柯克"普通法至高无上"的基本立场,在柯克的眼中,"普通法几乎是一个完美的体系,不仅英格兰人的公共权力和私人权利建立于其上,而且,英格兰国家的存在也依赖于它"②。为此,柯克不但在司法实践语境中贯穿自己的立场,而且在工作之余著书立说,积极用英文而非"粗俗法语"(debased French)为他那个时代阐释普通法。柯克一生著述丰富,且影响深远。其最重要的成果是《判例报告》和《法律总论》。③《判例报告》共13部分,"柯克报告的案例几乎成了普通法大全,既包括民法,又包括刑法。他对法律的所有部分都进行了审查,对古老的法律知识进行了重述,并且运用最近的法规和案例对古老的法律知识进行了修正"④。正所谓"新谷必定长自熟地"⑤,新谷产自合宜且富饶的土壤之中。毅力超群的柯克于76岁退休之年开始撰写《法律总论》,并在当年出版了第一卷,剩余三卷在其身后出版。之所以将其命名为《法律总论》,柯克解释说:"除了记录学识并将其呈现到学生面前之外,文本并

---

① 〔英〕梅特兰:《英格兰宪政史》,李红海译,中国政法大学出版社2010年版,第174页。
② 〔英〕威廉·塞尔·霍尔斯沃思:《英国法的塑造者》,陈锐等译,法律出版社2018年版,第127页。
③ 应该说,柯克的四卷本《法律总论》借用了查士丁尼法典之四卷本《法学阶梯》的标题。需要说明的是,在中文中,对Institutes的翻译,有"法学阶梯"和"法学总论"两种。本书未采用"法学阶梯"的译法,主要是为了区别于罗马法之《法学阶梯》。
④ 〔英〕威廉·塞尔·霍尔斯沃思:《英国法的塑造者》,陈锐等译,法律出版社2018年版,第135页。
⑤ 这句谚语出现于《判例报告》第一卷前言的结尾部分,柯克以这句谚语作为《判例报告》的总结。

没有更大的作用……我们的希望是,它们将教育和指导学生,指引他沿着一条预备好的道路了解英国的国家法律。"①这无异于表明了他也要为英国的普通法学生编写类似于罗马《法学阶梯》一样教材的志趣和抱负。正是带着这种对于文本的忠实记录和指导应用的理念,柯克完成了其四卷本的《法律总论》。

从内容上看,"《法律总论 I》将利特尔顿的理论引入了现代,对利特尔顿提到的所有事情,柯克都予以了解释和评论。《法律总论 II》是对大约三十九部法规的评论,主要处理的是公法问题。《法律总论 III》处理的是刑法问题。《法律总论 IV》讨论的是法院管辖权问题。"②从方法上看,"首先,他从年鉴收录的散乱且常常不一致的判决附随意见中推导出了一些实在的、与现代法律报告发布的规则一致的法律规则。其次,他通过同样的方式,将中世纪的普通法作品与现代普通法作品协调起来。最后,他的报告提供了一些信息,告诉人们普通法庭之外的法庭(衡平法庭、星室法庭和海事法庭)做了哪些工作,使普通法学家开始了解源自这些法庭的一些新观念,从而使普通法获得了新的发展。"③一言以蔽之,柯克的著述主要是对中世纪的普通法作了适合时代需要的重述和调整,正是柯克这些执着而可贵的学术劳作缝补了近代普通法与中世纪的连接。为此,培根形象地比喻:"如果没有爱德华·柯克爵士的法律报告,这一时期的法律似乎就成了一艘没有压舱石的船。"④即使是 19 世纪的梅特兰也由衷赞叹:"他的确是一个非常博学的人:在《年鉴》知识并不普及之时,他便了解了他那个时代的《年鉴》;通过展示其在英文而不是粗俗法语方面的学识和成果,数世纪以来他一直是中世纪普通法各个方面的终极权威。"⑤用本民族语言阐释本民族法律,不遗

---

① 〔美〕小詹姆斯·R. 斯托纳:《普通法与自由主义理论》,姚中秋译,北京大学出版社 2005 年版,第 26 页。
② 〔英〕威廉·塞尔·霍尔斯沃思:《英国法的塑造者》,陈锐等译,法律出版社 2018 年版,第 135—136 页。
③ 同上书,第 140—141 页。
④ 同上书,第 141 页。
⑤ 〔英〕梅特兰:《英格兰宪政史》,李红海译,中国政法大学出版社 2010 年版,第 173 页。

余力地维护其至上性,说柯克是一个将法律民族主义进行到底的人似乎并不为过。

2. 其他现代普通法学的重塑者

(1) 马修·黑尔:第一位伟大的现代普通法学家①

马修·黑尔的职业经历横跨大叛乱、共和以及王政复辟时期。但因宽容持中审慎的人生态度,他未受到政治冲击。"在共和时期,他被保皇党视为朋友,在查理二世时期,(又)与信仰新教的持不同政见者关系良好。"②这一点也可以从黑尔耀眼的职业背景中窥见,他担任过民事上诉法庭的法官(1654),财税法庭的首席大法官(1660),王座法庭首席大法官(1671)。三大王室法庭不但都有其身影,而且口碑俱佳。诺丁汉勋爵曾这样评价他:"他在所有类型的法庭都担任过法官,并在其中的两个法庭担任过首席大法官。无论他在哪里当法官,随后的一切事务都会按照他的意思办理。"③除了人品出众,令黑尔获得高度认同的另一个要素便是其广博的学识。他"不仅学习了与英格兰法紧密相关的一些科目,如罗马法和英格兰史,还研习了数学、自然科学和哲学;他诚笃的宗教信仰甚至引导着它学习了神学"④。正因为这些知识积累,黑尔在英格兰法律史、宪法以及刑法方面的学术贡献卓著,尤其是其《普通法的历史》一书。霍尔斯沃思对《普通法的历史》给予极高评价,认为它是"首部关于普通法的著作;在 1895 年波洛克和梅特兰的著述出版之前,在已问世的作品中,本书是对英格兰法律史最出色的介绍"⑤。黑尔《普通法的历史》之所以能够为后世的学者所认同,是因为基于其方法上的优长,这种方法即体系性、整体性方法。"即认为过去的某些片段代表了一个完备的整体,讲故事就应该讲一个整体。黑尔是第一个具有上述认识的英国法的研习者,也是第一个尝试运用这种方法写作

---

① 〔英〕威廉·塞尔·霍尔斯沃思:《英国法的塑造者》,陈锐等译,法律出版社 2018 年版,第 158 页。
② 同上书,第 150 页。
③ 同上书,第 151 页。
④ 同上书,第 149 页。
⑤ 同上书,第 158 页。

的研习者。"①因此,虽然黑尔和柯克一样,似乎都具备历史视野,但是黑尔在某种程度上已经超越了柯克,柯克的叙事"过于隐秘、过于混乱、过于重视实用目的。黑尔的《普通法的历史》之所以重要,并不是因为它把法律史带到法庭以外的地方,而是因为他表现出一套全新的历史—法学态度。"②无怪霍尔斯沃思说:"黑尔是柯克之后最伟大的普通法学家。尽管他在英格兰法律史上的影响不及柯克,但作为法学家,他略胜一筹。"③或许可以客观地说,柯克影响了普通法史,黑尔影响了普通法学。

(2) 布莱克斯通:现代大学法学教育的先驱④

布莱克斯通于1746年在中殿律师学院取得律师资格,1756—1758年曾任牛津大学衡平法庭法官,大学出版社代表。其间,竞聘罗马法教授职位失利,受王座法院首席法官曼斯菲尔德勋爵的指引,他在无教职无薪俸的情形下于1753年开设了一门"英国法"的讲座课程,因课程口碑极佳,1758年布莱克斯通以全票当选瓦伊纳讲席⑤的第一位教授,这一身份持续至1766年。出色的英国法讲座令布莱克斯通声名鹊起,也为他赢得了更高的社会认同。1761年,布莱克斯通成为下议院议员,1763年成为总检察长。1770年2月16日至6月22日,他担任王座法庭的法官,后因民事上诉法庭一位法官(约瑟夫·亚特斯)去世,布莱克斯通接替其成为民事上诉法庭的法官。1780年2月14日,布莱克斯通逝于民事上诉法庭法官任上。

布莱克斯通对英国普通法的贡献主要是通过大学教职渠道实现的,这一点完全不同于此前的普通法法学家。布莱克斯通开普通法在英国大学被教授的先河。在瓦伊纳讲席就职演讲中,布莱克斯通指出,

---

① 〔英〕马修·黑尔:《英格兰普通法史》,史大晓译,北京大学出版社2016年版,编者导言。需要说明的是,本书采用"研习者"代替了译文中的"学生"。
② 〔英〕马修·黑尔:《英格兰普通法史》,史大晓译,北京大学出版社2016年版,编者导言。
③ 〔英〕威廉·塞尔·霍尔斯沃思:《英国法的塑造者》,陈锐等译,法律出版社2018年版,第158页。
④ 同上书,第272页。
⑤ 1756年6月5日,英国法研究者查尔斯·瓦伊纳于弥留之际,将其部分遗产捐献给牛津大学,意在设立专门讲授普通法的瓦伊纳讲座和学习英国法的瓦伊纳奖学金。布莱克斯通是第一个瓦伊纳讲座教授。

"由这一职位的继任者负责进行研究、加以整理以及通过相关学术课程的开设加以诠释的,是我们国家自己的宪法和法律。"①布莱克斯通无疑是在高扬瓦伊纳讲席的英国普通法开设宗旨。长期以来,英格兰普通法仅在律师公会被传授。人文主义思潮传入以后,"威克里夫曾呼吁在英格兰的大学里教授英格兰法,然而这个呼声数世纪以来都在旷野中回荡。"②因为英格兰的大学教授罗马法的传统早已根深蒂固,自瓦卡里乌斯在牛津大学讲授罗马法开始,尤其是在斯蒂芬国王颁发禁令,禁止对罗马法展开研究之后,"英国好像分裂成了两个对立的阵营:一方是以外国人居多的主教和其他天主教神职人员,他们专注于研究已经紧密相连、密不可分的罗马法和教会法;另一方面是贵族和普通信徒,他们以同样坚决的态度固守原有的普通法"③。罗马法和教会法研究虽然较为隐秘,但从未停止,教士们坚持在他们自己的学校和修道院研习和传播,即使是在大学脱离教会控制之后,依然如此。为了将普通法的研习引入大学,布莱克斯通身体力行,他不但是成功开设英国普通法讲座的第一人,而且以学校讲稿为基础创作了英国"有史以来最伟大的一部法学著作"④。布莱克斯通以自己 1758—1766 年每年一次的英国法讲座为基础,于 1765—1769 年陆续出版了四卷本专著《英国法释义》,该书一经问世,即刻被奉为经典。"曼斯菲尔德说,这是理想的学生教科书,爱德华·吉本将本书通读了三遍,并对第一卷做了详细的分析。"⑤作为普通法的集大成者,布莱克斯通看到了柯克论著的缺陷,他说柯克的四卷本论著虽然采用了盖尤斯"法学阶梯"的书名,但是"从其内容看几乎没有'法学阶梯'式的条理性。"⑥布莱克斯通在方法论上超越了柯

---

① 〔英〕威廉·布莱克斯通:《英国法释义(第一卷)》,游云庭、缪苗译,上海人民出版社 2006 年版,第 4 页。
② 〔英〕梅特兰:《英格兰宪政史》,李红海译,中国政法大学出版社 2010 年版,第 66 页。
③ 〔英〕威廉·布莱克斯通:《英国法释义(第一卷)》,游云庭、缪苗译,上海人民出版社 2006 年版,第 21 页。
④ 〔英〕丹宁勋爵:《法律的未来》,刘庸安、张文镇译,法律出版社 1999 年版,第 17 页。
⑤ 〔英〕威廉·塞尔·霍尔斯沃思:《英国法的塑造者》,陈锐等译,法律出版社 2018 年版,第 270 页。
⑥ 〔英〕威廉·布莱克斯通:《英国法释义(第一卷)》,游云庭、缪苗译,上海人民出版社 2006 年版,第 85—86 页。

克,他说:"一个真正意义上的英国法教育者的课程应该像一张完整的英国'地图'。他的职责是在这张地图上勾勒出英国法这个'国家'的形状、它的邻国和边境线以及国家内部郡与郡之间的分界。"①这种还原大象全貌的教育理念既借鉴了注释法学派整体性、体系化的叙事格调,又兼顾了人文主义法学派关注地方性经验的优点。布莱克斯通模仿盖尤斯,将纷繁复杂的英国法依照个人的权利、物的权利、侵害个人的不法行为、公共不法行为四个大类进行整体描述,以此种分析框架大体释明英国法是什么。整体性、体系性叙事方式使得《英国法释义》在英美法学界独步学林。早在《英国法释义》的第一个美国版本出现之前,其英国版本就已在美国出售了大约 1000 本。那个撰写了《美国法释义》的詹姆斯·肯特在谈及布莱克斯通的著作对自己的影响时曾说:"这部著作激励了 15 岁的我,我满怀崇敬之情,并决心投身法律。"②那个为美国法院赢得违宪审查权的时任联邦最高法院首席大法官约翰·马歇尔在他 27 岁时,已经读了 4 遍布莱克斯通的《英国法释义》。这本伟大著作对美国早期的影响也可从"Blackstone lawyer"③这一术语中可见一斑。

二、实证法学:作为普通法学的批判体系

(一) 实证法学的法概念

1666 年,霍布斯的《哲学家与英格兰法律家的对话》成书。该书无疑是英格兰法学历史上另一本著名的对话。霍布斯采用神似的书名和对话体形式大概是为了表明,普通法学还应该接受另一类法学的挑战。虽然霍布斯的论著中并未提及"法学",更未提及"实证法学",但是学术界仍然将霍布斯看作"法律实证主义的创始人"④。《哲学家与英格兰法

---

① 〔英〕威廉·布莱克斯通:《英国法释义(第一卷)》,游云庭、缪苗译,上海人民出版社 2006 年版,第 34—35 页。
② 同上书,中译本前言。
③ 主要指那些通过《英国法释义》自学法律知识的律师。
④ 〔美〕小詹姆斯·R. 斯托纳:《普通法与自由主义理论》,姚中秋译,北京大学出版社 2005 年版,第 69 页。

律家的对话》一书的副标题是"国王是至高无上的法官"①。这不但延续了其《利维坦》之"至高无上的立法者也必须是至高无上的法官"②的一贯原则,而且"它比《利维坦》和《论公民》更清晰地揭示了霍布斯的特质"③,即旗帜鲜明地否定普通法学,为实证法学张目。需要注意的是,霍布斯并不是一个彻头彻尾的君主制的拥趸,他只是强调国家主权的完整性、不可分割性和不可转让性。既然主权者是立法者,就意味着唯有主权者的理性可被接受为法律,这与柯克的法律是一种法官的技艺理性的观点相悖。在1651年出版的《利维坦》中,霍布斯在批判柯克法律观的同时,明确阐述"法律是主权者的命令"④。必须承认,在霍布斯这里,英国法学出现了方法论上的实证主义转向,霍布斯采用了自然科学的实证方法来描述法律,法律在霍布斯这里开始概念化、抽象化了。

实证主义者杰里米·边沁被公认为"普通法修正主义者"。⑤ 边沁的《道德与立法原理导论》(An Introduction to the Principles of Morals and Legislation)和《政府片论》(A Fragment on Government)都浸透着他的功利主义⑥哲学。他的实证主义倾向比之霍布斯有过之而无不及。他高度重视立法,提倡编纂法典。但是,霍布斯更关注法的命令性功能,边沁则更关注法的构造性功能。在反对普通法这一点上,边沁似乎更为犀利,他的《政府片论》就是专门为批判布莱克斯通的《英国法释义》导论之第二部分"论法律的普遍性质"而写的。边沁讥讽普通法是"狗法"(dog law),指摘它不确定、专断、腐败、不公正。与此同时,他对于普通法理论也展开了釜底抽薪式的批判,他认为普通法学"可能是

---

① 〔美〕小詹姆斯·R.斯托纳:《普通法与自由主义理论》,姚中秋译,北京大学出版社2005年版,第185页。
② 同上。
③ 〔英〕托马斯·霍布斯:《哲学家与英格兰法律家的对话》,姚中秋译,上海三联书店2006年版,翻译说明。
④ 〔英〕霍布斯:《利维坦》,黎思复、黎廷弼译,商务印书馆1985年版,第206—225页。
⑤ 〔美〕杰拉德·波斯特玛:《边沁与普通法传统》,徐同远译,法律出版社2014年版,第212页。
⑥ 也可称为"最大多数人的最大幸福"原则。

某种神秘的或'形而上学'的理论"①。如是,边沁试图将普通法学打入谷底。边沁在其《政府片论》的末尾寄语中写道:"我们可以继续期待另一个人。我的任务已经完成:我已经在他面前铺平了这条道路。"②在边沁的眼里,布莱克斯通并不是一个好的英国法的阐释者,所以他期待一个更好的英国法的阐释者,这种阐释必须是从一般意义、抽象意义上展开的。1832年,边沁辞世那年,奥斯丁的《法理学的范围》出版,也许,奥斯丁正是那个边沁所期待的英国法的阐释者。但是,奥斯丁不是在伦理学或者说立法科学层面继续寻求法应该是什么,而是在法理学即法学科学的意义上阐释法是什么。奥斯丁称自己的特殊使命是"解开知识之扣"。那么,该如何解开呢?奥斯丁的名言是:"法的存在是一个问题。法的优劣,则是另外一个问题。"③无疑,割除了各种价值杂念的奥斯丁为纯粹的法学科学确立了明确的研究对象,即由人制定的实在的法,奥斯丁的实证主义立场展露无遗。一言以蔽之,实证法学视界中真正的法是"制定法"。

(二)实证法学的展开

1. 托马斯·霍布斯:法律实证主义的创始人④

托马斯·霍布斯又将我们拉回到了新思想、新学派风起云涌的17世纪。霍布斯在其14岁时已经通晓希腊文和拉丁文,15岁于牛津大学攻读古典哲学和经院派逻辑,毕业后留校讲授逻辑学。22岁时经校长推荐,霍布斯成为贵族卡文迪西家的家庭教师,基于这一媒介霍布斯从此眼界大开,他不仅陪伴贵族两次游历欧陆,还结识了那个时代诸多的思想名流,如著名的意大利科学家伽利略、法国数学家笛卡尔等,他还与培根交往甚密,曾担任其秘书。1640年,英国短期议会解散后,霍布

---

① 〔美〕杰拉德·波斯特玛:《边沁与普通法传统》,徐同远译,法律出版社2014年版,第316—319页。
② 〔英〕边沁:《政府片论》,沈叔平等译,商务印书馆1995年版,第236—237页。
③ 〔英〕约翰·奥斯丁:《法理学的范围(中译本第二版)》,刘星译,北京大学出版社2013年版,第229页。
④ 〔美〕小詹姆斯·R.斯托纳:《普通法与自由主义理论》,姚中秋译,北京大学出版社2005年版,第69页。

斯的《保卫在国内维持和平必不可少的国王大权》一文引起国会派不满,他因此流亡巴黎。1646—1648 年,他有幸担任同样流亡巴黎的威尔士亲王(即复辟后的查理二世)的数学老师。流亡巴黎期间,霍布斯笔耕不辍,于 1647 年出版《公民》,1655 年完成《论物体》,1658 年完成《论人》。那本享誉四海的《利维坦》则成书于 1651 年。然而,《利维坦》对于君权神授和教会的挞伐又激起了法国当局和流亡法国的英国王党分子的强烈反对。舆论压力下的霍布斯悄然返回英国时,正值克伦威尔主导的共和政府时期,霍布斯认为那是一种理想的政治状态。因为"一切政府形式中的权力,只要完整到足以保障臣民,便全都是一样的"①,只不过这种政府的统治权掌握在多人组成的议会之手而已。在霍布斯看来,"国家的区别在于主权者的不同。国家只有三种,因为代表不是一个人便是许多人。当代表只是一个人的时候,国家就是君主制,如果是集在一起的全部人的会议时便是民主国家或平民国家,如果只是一部分人组成的会议便称为贵族国家"②。无论国家是哪一种,主权者都是立法者、司法者,也是法律执行者。

  既然主权者是立法者,那么就意味着唯有主权者的理性可被接受为法律,这与柯克的法律是一种法官的技艺理性的观点背道而驰。在 1651 年出版的《利维坦》之中,霍布斯在批判柯克法律观的同时,明确阐述了"法律是主权者的命令"③的观点。1666 年《哲学家与英格兰法律家的对话》一书出版,该书书名的原意是"哲学家与英格兰普通法学徒(或研习者)间的对话"(A Dialogue Between a Philosopher and a Student of the Common Laws of England)。从形式看,该书似有模仿另一本著名的对话录即圣·杰曼的《神学博士与普通法学徒间的对话》之意。那本"对话录的关注点主要集中在良知和普通法之间的关系"④

---

① 〔英〕霍布斯:《利维坦》,黎思复、黎廷弼译,商务印书馆 1985 年版,第 141 页。
② 同上书,第 142 页。
③ 同上书,第 206—225 页。
④ 转引自〔英〕诺曼·多恩:《中世纪晚期英国法中的最高权威》,杨尚东译,中国政法大学出版社 2018 年版,第 166 页。

上,强调将公平和良心这样的衡平法理念引入普通法的必要性。霍布斯采用相似的书名应该是在表明自己对普通法的批判立场。比较霍布斯的著作,"如果说《利维坦》(还有《论公民》)是针对普通人的,打算用于改良后的大学使用的,那么,《对话录》也许就是为那些没有进大学而直接在律师公会研习法律的法律家们所写。"① 了解了这一点,就不难理解书名的含义。同时,还须注意到,霍布斯树立了一个普通法法律家的代表作为自己批驳的靶子,这位代表就是爱德华·柯克,尽管在霍布斯完成这本对话录时(1666),柯克已经作古 32 年了。

《对话录》的主旨就是批判普通法学的法观念。霍布斯在谈论法律时,运用自己精通数学的特长,开篇首先指出"精通数学之人不会像精通法律之士那样常犯错误"②,剑指柯克法律认知上存在的"理性"错误。在柯克看来,"理性是法律的灵魂,有悖于理性的东西就不是法律,理性是法律的生命;此处所指通过长期的研究、观察和经验而获得的理性是一种技艺理性,而不是每个人的自然理性。"③霍布斯针锋相对地指出:"我不认为,作为法律的生命的理性为什么不应是自然的,而是技艺性的……创制法律的,不是智慧,而是权威……除非一个人拥有立法之权,否则,他就不能够创制法律。"④ 有法律家反驳道:"你说的是制定法,而我说的是普通法。"⑤作为哲学家的霍布斯则回应道:"我在一般性地讨论法律。"⑥这些充满火药味的开篇对话已经点出了实证法学与普通法学对于理性的不同理解,"普通法理性一般更关注人类事务中几乎是无穷无尽的种类差异,而不会声称,这些差异可以被归入若干概括性范畴中;霍布斯式的理性,恰恰与此相反,总是追求明晰和简化,确定地而

---

① 〔美〕小詹姆斯·R.斯托纳:《普通法与自由主义理论》,姚中秋译,北京大学出版社 2005 年版,第 180 页。
② 〔英〕霍布斯:《哲学家与英格兰法律家的对话》,姚中秋译,上海三联书店 2006 年版,第 1 页。
③ 转引自〔英〕霍布斯:《利维坦》,黎思复、黎廷弼译,商务印书馆 1985 年版,第 3 页。
④ 同上书,第 4 页。
⑤ 同上书,第 5 页。
⑥ 同上。

非细致入微地处理问题"①。

必须承认,在霍布斯这里,英国法学出现了方法论上的变革,作为一个处于17世纪自然科学大变革时代又深受其浸染的学者,霍布斯试图采用自然科学的实证方法描述法律,这一点已经属于共识。"在《对话》、在《利维坦》,在其他著述中,霍布斯都明确指出,那些认为自己的法律意见是权威的、而不需要主权者认可的私人,乃是公共权威的篡夺者。"②这一指控在《哲学家与英格兰法律家的对话》一书中无疑靶向的是普通法法律家;在《利维坦》中靶向的是神职人员。将普通法法律家和神职人员请下神坛的霍布斯,自己给法律下了一个定义,在他看来,"法律就是拥有主权权力的人向他或他们的臣民所发布的命令"③。无疑,法律在霍布斯这里开始概念化、抽象化了,此即霍布斯所谓"我在一般性地讨论法律"的本意。关于从科学本质探讨法律的抱负和志趣,霍布斯自己也有明确的交代,他认为,"真正的哲学是更为概括性的、更为宏大的科学和整个世俗世界的法律,而英格兰的普通法只是其中很小的一个组成部分"④。在霍布斯的法概念体系中,作为组成部分的"普通法无非就是衡平法"⑤。他将普通法等同于衡平法(自然律法)。霍布斯的这番宏论自然无法遭遇已经睡在墓园的普通法斗士柯克的回击,但是他确实得到了同样经历过克伦威尔和查理二世时期的普通法法官马修·黑尔的批判。黑尔专门撰文《首席大法官马修·黑尔爵士关于霍布斯有关法律理论的对话的思考》,针锋相对地指出:"法律涉及管理文明社会,并使之井然有序,涉及确定衡量正当与不当的标准,这涉及很多具体细节。因而,人们不能指望对于它们可获得与数学科学相同之确定性、清楚和证明。有的人带有某种信念宣称,自己构造了一个可以适用于所有国家和各种情况、永远不会出错的法律与政治理论体系,就

---

① 〔美〕小詹姆斯·R.斯托纳:《普通法与自由主义理论》,姚中秋译,北京大学出版社2005年版,第184页。
② 同上书,第189页。
③ 〔英〕霍布斯:《利维坦》,黎思复、黎廷弼译,商务印书馆1985年版,第25页。
④ 同上书,第58页。
⑤ 同上书,第93页。

像欧几里得证明他的结论那样清楚和一致。这样的人是自欺欺人,一旦碰到具体的应用,就会证明是无效的。"①无疑,黑尔坚持捍卫"法律是长期的、不断重复的经验的产物"的普通法法律观。

2. 杰里米·边沁:普通法修正主义者②

杰里米·边沁是一个极为聪慧、敏感而又早熟的人,他12岁那年即1760年,就获准正式入学牛津大学女王学院。1766年取得文学硕士学位后,他在18岁那年离开了大学。边沁对牛津的大学生活极其反感,他"既藐视那些课程,又不喜欢他周围的那些人,所以生活是苦恼而无所获益的"③。1769年,边沁在林肯律师会馆获得律师资格,但他志不在此,而是投身于法学理论和司法改革。边沁的《道德与立法原理》和《政府片论》均于1776年完成。前者直到1789年才正式发表;后者于完成当年匿名发表,极为轰动。两本使其声名远播的著作都浸透着边沁的功利主义哲学观,边沁本人也将其哲学称为"最大多数人的最大幸福原理"或"最大幸福原理",这一原理的反面即"最少部分人的最少痛苦"。为便于理解,在此摘录边沁临终前的一段话。边沁曾对身边的友人说:"我感到我快要死了,我们要注意的是必须减少痛苦到最低限度。不要让任何仆人到房间里来,要让所有的青年人都走开。他们看到这种情景是很难受的;他们在这里也无济于事。我当然不能单独地留在这里,你得留下来看着我,而且只要你一个人看着我。这样就可能使我们的痛苦尽可能减少到最低限度。"④这一原理的内核大约可见,而灵感则来自休谟和贝卡利亚。边沁正是采用功利主义原则构建了自己的立法理论。"他把最大量幸福作为法律与道德的真正目标。这种最大量的幸福可能是少数人所享受的集中的幸福,而不是多数人所享受的分散的幸福。"⑤法国大革命让边沁看到了施展自己改革主张的机会,

---

① 〔英〕霍布斯:《利维坦》,黎思复、黎廷弼译,商务印书馆1985年版,第201页。
② 〔美〕杰拉德·波斯特玛:《边沁与普通法传统》,徐同远译,法律出版社2014年版,第212页。
③ 〔英〕边沁:《政府片论》,沈叔平等译,商务印书馆1995年版,第7页。
④ 同上书,第16页。
⑤ 同上书,第36页。

他曾撰文《论政治策略》(又称《立法议会程序》)给缺乏议会经验的法国,也曾毛遂自荐帮助法国创办模范监狱①和济贫院,但是被暴力裹挟的法国没有给他任何机会,仅对他的热心回报以授予法国公民资格了事。边沁的模范监狱计划在英国最终也并未被政府采纳,"这一计划开始很受欢迎。1792 年,议会曾经讨论过。1794 年按照边沁的设计图建立一座监狱的法案被批准成为法律。那时还购置了一块宽广的地基,一切都说明这一实验很有希望;然而事情却中断了,据说是因为乔治三世反对"②。圆形监狱计划虽然搁浅了,但是他力促的法律改革还是收获了相当大的反响,尤其在 19 世纪。"边沁的改革计划包括了法律的全部领域。他的精力都被用来推动两大改革:改革法律的本质和改革法律的形式。在法律的本质方面,他力图运用自己检验各种制度的一般标准来加以纠正,这标准就是:为最大多数人创造最大幸福的能力。在法律的形式方面,他所企望的改革是坚持编制法典。"③由此不难看出边沁的实证主义倾向。但是,边沁是霍布斯自然权利理论的激进反对者,他认为那是"踩在高跷上的胡说八道"④。权利是由法律创设的,不存在先于法律和政府而存在的抽象权利。因为"抛开法律的概念,使用权利一词,你所得到的只是争吵的声音而已。我说我有一项权利,我说你无这项权利。人们一直这样争吵,直到他们疲惫厌倦,而即便是在这时,他们依然难以得出一个相互接受的观念和协议,就像他们在此前一样"⑤。这一自然权利批判立场当然是与边沁的立法主义立场是相符合的。

边沁对于普通法的批判态度同样坚决如铁。对待布莱克斯通,他也有过赞誉,认为"在所有讲授法理学而又是法律制度评论者的作家

---

① 边沁非常热衷于模范监狱计划。他的模范监狱类似于"环视房",坐在中央的人可以看见周边的每一部分和每一个犯人。边沁甚至认为这种结构也可用于其他公共机构。
② 〔英〕边沁:《政府片论》,沈叔平等译,商务印书馆 1995 年版,第 12 页。
③ 同上书,第 34 页。
④ 转引自〔英〕H. L. A. 哈特:《哈特论边沁——法理学与政治理论研究》,谌洪果译,法律出版社 2015 年版,第 83 页。
⑤ 〔美〕杰拉德·波斯特玛:《边沁与普通法传统》,徐同远译,法律出版社 2014 年版,总序。

中,他是第一个用学者和绅士的语言来谈法理学的人。他使这门文句艰涩生硬难读的科学得到了润饰,为它洗清了官府里的尘埃和蛛网"①。除此以外,几乎都是无情的批判。然而,为布莱克斯通量身定做的批判性文章《政府片论》仅是《〈英国法释义〉评述》这一著作的一部分而已。边沁之所以将18世纪普通法学的代表人物作为自己的靶子,目的显然是为了痛击普通法及普通法学的七寸。"边沁常常提醒人们注意同时代英国法,尤其是刑法的野蛮性、非人道性和无效率性。但是,他把最严厉的批评留给了繁衍和滋养这些法律的普通法系统。"②他对普通法鞭辟入里的批判在著述中俯拾皆是。"这种抨击所针对的大致是普通法的两个不同侧面:第一,普通法理论与其实践或绩效之间有出入,甚至有矛盾;第二,普通法理论本身所谓的融贯性。"③前者直指普通法实践弊病;后者直指普通法理论缺陷。关于前者,边沁认为,"除了专业精英,所有人都完全不懂法。普通法非但没有确保安全性,反而构成对安全性的蓄意破坏。"④因此,边沁指摘,"普通法的缺陷是根本性的,无法根除。普通法只不过是一种拟制,一种纯粹想象出来的事物。"⑤关于后者,他认为,"普通法理论面临着一个困境,如果有人获得了授权,他或她即变成了立法者。如果根本就没有被授权,那么根本就不会存在什么普遍规则,而且根本不存在法。因此它不是法。"⑥亦即,在个别层面上,普通法具有权威性,但在普遍意义上,普通法的权威性是缺失的。既如此,普通法在边沁那里就完全贬值了。客观而论,边沁痛批普通法理论过于神秘,但是他自己的功利理论也并非放之四海而皆准,起码他忽略了具体社会的历史。

---

① 〔英〕边沁:《政府片论》,沈叔平等译,商务印书馆1995年版,第113页。
② 〔美〕杰拉德·波斯特玛:《边沁与普通法传统》,徐同远译,法律出版社2014年版,第295页。
③ 同上。
④ 同上书,第300页。
⑤ 同上书,第316页。
⑥ 同上书,第318页。

3. 约翰·奥斯丁:"解开知识之扣"之人①

1818年,约翰·奥斯丁于内殿律师会馆获得律师资格,1826—1835年担任伦敦大学的首任法理学教授,其间,奥斯丁曾赴德国研习法律。由德国返英之后,奥斯丁在伦敦大学开设的法理学系列讲座持续至1832年。1835年,奥斯丁辞去伦敦大学法理学教授职位。奥斯丁还兼任过英国刑事法律委员会委员、英国皇家刑事法律及刑事诉讼法律委员会委员。奥斯丁最出色的成就是他的《法理学的范围》一书,该书出版于1832年,修订版于他身后的1861年出版,但是直到修订版本问世,奥斯丁才声名鹊起。

奥斯丁曾这样评价自己,"如果我在知识上有任何特殊使命的话,那就是'解开知识之扣'"②。他的这一自我评价应该说是恰当的。奥斯丁在《法理学的范围》的开篇就说明了自己之所以界定法理学的范围,是因为严格意义上的法是法理学的研究对象,但是人们常常混淆严格意义上的法和非严格意义上的法,为了帮助人们厘清严格意义上的法,他对广义的法中的"神法""人法""社会道德""隐喻意义上的法"一一进行了翔实的辨析。在分析以上概念的同时,他又阐释了与之相关的诸多次级概念,如"主权""命令""制裁""义务""责任""优势者""劣势者""法学科学""立法科学"等。在解开以上"概念之扣"的基础上,奥斯丁断言:"法理学的对象,是实际存在的由人制定的法,亦即我们径直而且严格使用'法'一词所指称的规则。"③紧接着,在同一讲,他进一步明确指出:"所有的'法'或'规则'都是'命令'。"④由此,基本可以看出奥斯丁是一个由霍布斯开启的分析实证主义谱系的学者,他承袭了霍布斯的"法即命令"的命题,同时与边沁一样,极力批判霍布斯的社会契约论假设。

---

① 这是奥斯丁的自我评价。
② 转引自〔英〕威廉·塞尔·霍尔斯沃思:《英国法的塑造者》,陈锐等译,法律出版社2018年版,第287页。
③ 〔英〕约翰·奥斯丁:《法理学的范围(中译本第二版)》,刘星译,北京大学出版社2013年版,第15页。
④ 同上书,第20页。

奥斯丁与边沁交往甚密,因而《法理学的范围》带有明显的边沁功利主义原理的痕迹,他"深信功利理论的真理性,以及重要性"①。几乎是将功利原则视同神法。但是,奥斯丁的研究方法与边沁明显不同,梅因将奥斯丁与边沁的差异总结为,"边沁是一位重视立法问题——法律应当怎样的作家,而奥斯丁是一名法理学家——他探讨法律是什么。"② 这一区分实际在奥斯丁《法理学的范围》之导论部分早有明确叙述,奥斯丁认为,立法科学不同于法学科学,立法科学是有关实际存在的由人制定的法应该如何的科学;而法学科学则是有关实际存在的由人制定的法实际如何的科学。③ 应该说,边沁的志趣在于应然法(law as it ought to be),而奥斯丁的志趣则在于实然法(law as it is)。这一立意在奥斯丁的名言"法的存在是一个问题。法的优劣,则是另外一个问题"④中得到了最贴切的展现。奥斯丁仅研究法的存在问题,不涉及法的价值问题。割除了各种价值杂念的奥斯丁为纯粹的法学科学确立了明确的研究对象,即由人制定的实在的法。比较而言,边沁的研究框架则过于宽泛,在给制度寻找存在理由时,边沁提出,"这些理由是什么呢？绝不是技术性的理由。所谓技术性的理由,是只有律师才会提出或接受的理由;至少我们可以希望,快乐和痛苦的含义是无须求教于律师人们就能懂得的。这样的名词如果能划归科学的话,也只能属于伦理学而不能属于法理学,甚至也不能属于普遍性的法理学。"⑤无疑,边沁也受制于他自己分析框架的局限性,即并非纯粹的法学。

奥斯丁"法理学科学"的特质是"与实际存在的由人制定的法有关,或者,与我们所说的严格意义上的法有关,而不管这些法是好的,还是

---

① 〔英〕约翰·奥斯丁:《法理学的范围(中译本第二版)》,刘星译,北京大学出版社2013年版,第8页。
② 转引自威廉·塞尔·霍尔斯沃思:《英国法的塑造者》,陈锐等译,法律出版社2018年版,第281—282页。
③ 〔英〕约翰·奥斯丁:《法理学的范围(中译本第二版)》,刘星译,北京大学出版社2013年版,第8页。
④ 同上书,第229页。
⑤ 〔英〕边沁:《政府片论》,沈叔平等译,商务印书馆1995年版,第117—118页。

坏的"①。密尔认为:"这是奥斯丁对法学思想做出的最大贡献。"②奥斯丁由此既处理了19世纪之法理学与边沁的"立法科学"的差异问题,又顺便清算了罗马法学家之法理学定义的缺陷。关于前者,他认为立法科学仅是"伦理科学中与实际存在的由人制定的法相互关联的那一部分内容;这一科学的目的,是阐明实际由人制定的法,应该是怎样的,阐明实际存在的由人制定的法,必须是怎样的"③。正是基于此种法概念立场,他对《学说汇纂》开篇"法理学是神事和人事的知识"④之法理学定义展开了旗帜鲜明地批判。在他看来,"作为一个法理学的定义,罗马法学家所描述的内容不仅包含了'法律'这一研究对象,而且包含了'实际存在的社会道德'这一研究对象,甚至包含了两者所参照的标准这一研究对象。进一步来说,这个标准断定了法律是来自正义的。"⑤由此,奥斯丁指摘,"罗马法学家从希腊人那里借用的哲学,或者,以希腊人为榜样而建立的法律哲学,却是徒劳无功的。"⑥无疑,此论断显示出,19世纪法学开始挣脱哲学束缚,决心走向独立。

三、历史法学:作为实证法学的纠偏体系

(一)历史法学的法概念

19世纪后期,一种新的法学流派兴起,其基本立场是"法的素材是由民族的整个过去给予的,不是经由意志以至于法的素材可能偶然地是这种或那种,而是源自民族自身内在的秉性和历史"⑦。其看待法律

---

① 〔英〕约翰·奥斯丁:《法理学的范围(中译本第二版)》,刘星译,北京大学出版社2013年版,第164页。
② 转引自〔英〕威廉·塞尔·霍尔斯沃思:《英国法的塑造者》,陈锐等译,法律出版社2018年版,第287页。
③ 〔英〕约翰·奥斯丁:《法理学的范围(中译本第二版)》,刘星译,北京大学出版社2013年版,第165—166页。
④ 同上书,第235页。
⑤ 同上书,第236页。
⑥ 同上书,第235页。
⑦ 〔德〕弗里德里希·卡尔·冯·萨维尼:《历史法学派的基本思想(1814—1840年)》,郑永流译,法律出版社2009年版,第20页。

的方式直指实证主义法律观的忽视历史传统与现实需求的缺陷,这一新的法学流派即历史法学派。就英国法学而言,"这一新学派将法律与历史的研究置于全新的基础之上。这一学派一方面承认,边沁及其同僚们发起的法律改革对英国法律发展产生了积极的作用;另一方面,又将法律思想从边沁之流的狭隘哲学拥有的近乎垄断的控制中解放出来。"①这对于缓和实证法学与英国现实的紧张无疑具有不可磨灭的作用。

历史法学视界中的"法"是一种历史文化意义上的民族国家法,其基本方法是探究从历史深处走来的最能代表一个民族国家的法。但是,这一法特质显然不能从实证法学那里得到答案。譬如,在哈特那里,法(law)和法律(laws)的区分被有意识地隐匿了。制定法、普通法、特殊习惯法这些英国的法律渊源都被编织进了哈特的规则体系,共享着"规则"这一标签。哈特摈弃了那种一味从不同法律渊源背后的权威视角论证法是什么的传统方法论,可谓是就法律论法律。但是如果走出域内的法权威之争,从外部观察整个英国的法特质并试图获得一个较为语境化的图景,则必须依赖对历史文化意义上的法观念的解读。

早在中世纪的英国,其法的渊源形式就已经包括众多特殊的法院习惯法、普通法院习惯法、衡平法以及制定法,而且明显以法院之法居多。13、14世纪,作为一般习惯法的普通法一举夺取了众多地方法院特殊习惯法的阵地,英国固有的法院法底色从此被涂上了普通法的重彩。16世纪以来,普通法先是遭遇了外来的罗马法继受危机,在夺取阵地的斗争中,形成了独特的普通法院与衡平法院并立的司法格局。1832年,随着"边沁主义时代"的到来,普通法又遭遇了更猛烈的来自制定法的冲击。但是19世纪后期,历史法学派在击破实证法学结论和依据的同时,又将普通法捧上了天。不论普通法是不是波洛克所谓的荷马式女

---

① 〔英〕威廉·塞尔·霍尔斯沃思:《英国法的塑造者》,陈锐等译,法律出版社2018年版,第293页。

神,五百年以来,她最终经受住了各种危机风暴终归是个事实。即使是今天,普通法这艘历经千难万险的大船依然堪谓"归来时的阿戈尔号还是出海时的阿戈尔号"①。她早已成了英格兰民族的秘密符码与荣耀底色。即使到了 20 世纪,在英格兰"成文法(国会立法+委任立法)+判例法(普通法+衡平法+教会法+海事法)"的法源结构中,"法的基础仍然是普通法。制定法若不以普通法为参照就将毫无意义。如果制定法都消失,我们仍有一个法的体系。如果清除了普通法而仅保留制定法,我们就只剩下了毫无体系关联的法规,而最重要的与生活相关的规则都将消失。"②这一判断源自《英国法导论》这部 20 世纪初期诞生但不断更新的权威著作。③ 基于此,可以认为,英国法的底色至今仍然是普通法,她依然堪称英国民众心头"真正的法"(ius),也只有从这层意义上才能理解"普通法的规则很少被称为法律(laws)"④这句话的所指,虽然这一说法带有普通法学的论调,但是普通法至今仍然是英国的基础法这一事实是无法被推翻的。因此,英国历史法学观念中的法在本质上依然是普通法,在他们看来,普通法才是英国这个民族的灵魂和根基。

(二)历史法学的展开

1. 梅因:从身份到契约⑤

1847 年,梅因成为剑桥大学民法学钦定讲座教授。1852 年,梅因

---

① 〔英〕马修·黑尔:《英格兰普通法史》,史大晓译,北京大学出版社 2016 年版,第 42 页。
② 〔英〕威廉·格尔达特:《英国法导论(第 11 版)》,张笑牧译,中国政法大学出版社 2013 年版,第 2 页。
③ 《英国法导论》的原作者是牛津大学的法学家威廉·格尔达特,此人是 1922 年牛津大学女子入学制度的推行者。格尔达特虽然英年早逝,但由其开创的描述现代英国法制度的传统延续了下来。《英国法导论》出版于 1911 年;霍尔斯沃思教授编著了第二版(1929)和第三版(二战前夕);H.G. 汉伯里教授编著了第四、五、六版;大卫·亚德里教授编著了此后的五版。当前的中文版本是原著的第十一版(1995)。
④ 〔英〕威廉·格尔达特:《英国法导论(第 11 版)》,张笑牧译,中国政法大学出版社 2013 年版,第 2 页。
⑤ 梅因在其《古代法》中提出:"所有进步社会的运动,到此为止,是一个'从身份到契约'的运动。"〔英〕梅因:《古代法》,沈景一译,商务印书馆 1959 年版,第 112 页。

成为在律师会馆中第一位讲授罗马法的讲师,这与布莱克斯通首次在牛津讲授英国普通法一样具有开创性意义。此外,梅因也曾担任过牛津大学的科尔普斯法理学教授和剑桥大学的惠威尔国际法教授。除了教职之外,1862—1869年,梅因还曾在印度担任过印度总督委员会的委员,期间,兼任加尔各答大学的副校长。

历史法学派的梅因应该是熟知萨维尼著述的。① 梅因最为知名的著作是1861年出版的《古代法》,全书无不在强调人为制定法不同于自然形成的法。他在该书的第 章就将矛头对准了实证法学的前提,即立法机关。梅因说:"在边沁的《政府片论》以及奥斯丁的《法理学的范围》中,他们把每一项法律分解为立法者的命令……可奇怪的是,我们对于古代思想史如果研究得越深入,我们发现自己同边沁所主张的所谓法律是几个要素的混合物的这种概念,距离越远。可以断言,在人类初生时代,不可能想象会有任何种类的立法机关,甚至一个明确的立法者。"②本书在第二章罗马法部分,已经叙述了梅因的法律与社会相适应的"拟制""衡平"和"立法"三手段。梅因在分析了洛克、霍布斯、孟德斯鸠、边沁、奥斯丁的理论之后提出,"也许除了孟德斯鸠之外,在所有这些纯理论中,的确都有一个可以指责的显著漏洞。这些纯理论都忽视了在它们出现的特定时间以前很遥远的时代中,法律实际上究竟是怎样的。"③这可谓击中了实证法的软肋,这应该是梅因研究古代法时在学术上的最大贡献了。霍尔斯沃思因此赞誉说:"他的伟大成就在于:他改变了法学家们的观点,使他们相信,如果要理解法律与法律制度,就必须从历史的角度进行研究。"④梅因就是那个在19世纪向那些纯粹法理论发难的第一人。可以说,梅因相当于英国的萨维尼。

---

① 〔英〕梅因:《古代法》,沈景一译,商务印书馆1959年版,导言。
② 同上书,第5—6页。
③ 同上书,第79页。
④ 〔英〕威廉·塞尔·霍尔斯沃思:《英国法的塑造者》,陈锐等译,法律出版社2018年版,第300页。

2. 梅特兰:历史是一张无接缝的网①

1876年,弗雷德里克·威廉姆·梅特兰于林肯律师会馆获得律师资格。1883年,他回到剑桥大学担任英国法的讲师,1888年成为唐宁讲席教授。据说,梅特兰一回到剑桥,即投身英国法律史的研究。②梅特兰的历史观是始终如一的,他说:"历史是一张没有接缝的网;只想讲某一段历史的人,一定会感到他说的第一句话,就要扯破这张网。"③以此历史观为底色的梅特兰的治学态度可用"言必尽意,否则不置一词"④来总结。为了帮助人们不扯破历史这张大网,梅特兰做了大量的智识性工作。他翻译了萨维尼的《罗马法史》、基尔克的《中世纪政治理论》;编写过《布莱克顿札记》;其他著述有《格劳塞斯特刑事诉讼》(1884)、《高等法院法官与警察》(1885)、《末日裁判书及其他》(1897)、《区与自治城市》(1898);还有与波洛克合著的《爱德华一世之前的英国法律史》(1895),以及本书已经提及的知名演讲稿《英格兰法与文艺复兴》(1901)和剑桥大学讲义《英格兰宪政史》(1908)。此外,《衡平法与普通法诉讼形式两讲》于其身后的1909年出版。梅特兰因其天才特质被霍尔斯沃思评价为"一个博学多才的法学家,因此,他知道故事的结局。由于梅特兰知道故事的结局,因此,他能重点研究那些至今仍存的规则、趋势和制度"⑤,这是一个十分精妙的评价。正是站在现实视角,凭借充分的历史证据,梅特兰才断言:"衡平法拯救了普通法,星室法庭拯救了宪制。"⑥基于梅特兰的智识贡献,英格兰法的历史连续性得到了较

---

① 该话出自梅特兰本人。〔英〕梅特兰等:《欧陆法律史概览:事件,渊源,人物及运动(修订本)》,屈文生等译,上海人民出版社2015年版,总序。
② 〔英〕威廉·塞尔·霍尔斯沃思:《英国法的塑造者》,陈锐等译,法律出版社2018年版,第304页。
③ 〔英〕梅特兰等:《欧陆法律史概览:事件,渊源,人物及运动(修订本)》,屈文生等译,上海人民出版社2015年版,总序。
④ 梅特兰曾以此为题写过一篇文章,霍尔斯沃思认为"这句话是对梅特兰工作最贴切的描identifying"。〔英〕威廉·塞尔·霍尔斯沃思:《英国法的塑造者》,陈锐等译,法律出版社2018年版,第305页。
⑤ 〔英〕威廉·塞尔·霍尔斯沃思:《英国法的塑造者》,陈锐等译,法律出版社2018年版,第305页。
⑥ 同上。

为客观地解释。

3. 波洛克:人类无法被计算①

弗雷德里克·波洛克是与梅特兰同时代的伟大英格兰法史学者,除了与梅特兰合著《爱德华一世之前的英国法律史》之外,波洛克还有其他贡献性的著述,比如,"有关合同和侵权的著作是第一部以科学兼文学方式处理这些法律部门原理的著作⋯⋯他的《论普通法中的占有》一书首次明晰地阐述了英格兰法中的占有权与所有权原理。"②除此之外,波洛克还有大量法律与非法律题材的著述。种类丰富的著述表明,在法律领域,波洛克不仅是一个普通法学家,在衡平法、国际法方面都堪称专家。在其他诸多领域,波洛克也涉猎广泛,且成果卓著。霍尔斯沃思因此评价他"是一个高超的语言学家,能用拉丁文、希腊文、法文以及德文创作诗歌,对于东方语言,他也有一定的了解;而且,他同时还是一位哲学家、历史学家,在某种程度上,还可称为数学家"③。也许,只有这样一个博学而又充满人文情怀的人才能发表"普通法的精神"(Genius of Common Law)这样气势恢宏、文辞华美的普通法演讲。④ 该演讲稿于 1912 年被哥伦比亚大学出版社出版。它最大的特点是对于英格兰普通法的极尽赞美,波洛克说,"我们效忠于我们的普通法女神,我们的生命来自她,我们是她在尘世间的崇拜者。这位女神有着和人类一样的判断力,一样的同情心,这正是我们崇拜她的原因⋯⋯她属于荷马式的那种神明,比人类更强大,但和人类一样充满热情,会犯错误"⑤。波洛克的语言充盈着文学色彩,但是其论证视野是历史的,这一点在请出"普通法女神"之前,波洛克就有交代,他说,"希望能让那些对法律科学深信不疑的人们了解到一点,那就是:与法律信仰相伴的,不仅仅有

---

① 〔英〕弗雷德里克·波洛克:《普通法的精神》,杜苏译,商务印书馆 2016 年版,第 8 页。
② 〔英〕威廉·塞尔·霍尔斯沃思:《英国法的塑造者》,陈锐等译,法律出版社 2018 年版,第 315 页。
③ 同上书,第 309 页。
④ 这是指波洛克 1911 年受邀在哥伦比亚大学的卡朋蒂埃讲坛所作的演讲。
⑤ 〔英〕弗雷德里克·波洛克:《普通法的精神》,杜苏译,商务印书馆 2016 年版,第 2—3 页。

智力的巧思,更有我们对人类和民族历史的理解"①。同时应该看到,波洛克本质上还是一个法律家而非历史学家,他一方面告诫年轻人不要将任何遥远的传闻和未经证实的主张当作历史事实,并说,"这种轻佻风气的泛滥很有可能源自一位伟大的执业律师——爱德华·柯克,他的历史意识很少,但却树立了一个很坏的榜样"②。另一方面,波洛克也提醒年轻人,"我们一定不能陷入那种大而化之的历史思维当中,我们必须明确自己作为一个普通法学生的目标,那就是成为法律家,而不是历史学家。"③亦即,法学家要有历史视野,但是不能误入"复古主义陷阱"④,否则就偏离了柯克式的法律家的本分。

综上,从梅因、梅特兰到波洛克,尤其是梅特兰和波洛克,这些19世纪与20世纪之交的英国历史法学家,他们同16世纪的人文主义罗马法学家相似,在那个实证主义甚嚣尘上的时代,他们承受寂寥,重返英格兰的隐秘历史当中,为现实法律问题寻求长时段的体系化解释,他们对英格兰法律渊源中普通法与衡平法的关系、判例法与制定法的关系作出了更为合理的判断,他们竭尽所能地守护了英格兰的判例法传统。一言以蔽之,从弥合英国诸法律渊源之间的冲突,保持英国法律的连续性角度而言,历史法学派的智识贡献十分珍贵。

---

① 〔英〕弗雷德里克·波洛克:《普通法的精神》,杜苏译,商务印书馆2016年版,第1页。
② 同上书,第104页。
③ 同上书,第103页。
④ 此为霍姆斯大法官的提法。〔英〕威廉·塞尔·霍尔斯沃思:《英国法的塑造者》,陈锐等译,法律出版社2018年版,第319页。

第五章
以一般法学为根柢的英国宪法学方法论的生成

(19世纪以来)

> 宪法,就其在英国的使用而言,它的规则包括两套性质完全不同的原则或准则。第一套规则是严格意义上的法律。第二套规则是宪法惯例或宪法道德。
>
> ——〔英〕戴雪

第一节 英国有没有宪法?

一、"法"(ius)概念之争从未终止

如前所述,法学的起点都是从解决"法是什么"这一概念问题开始的。在英国,这种对于现有法律规则展开更为抽象的学理层面的探讨始于15世纪后期,代表性的学者如我们此前提及的福蒂斯丘、利特尔顿、圣·杰曼等。总体观之,"他们的学说符合他们所支持的民法理论、教会法理论和托马斯主义的法学理论。"① 因而,15世纪法学家的法理论中纠缠着两种对立的法观念。以法律的权威来源为依据,大略可区分为两类:要么认为法律的权威源于人的同意和社会惯例;要么认为法律的权威源于外在的道德。人们往往将前者称为"唯意志论",将后者称为"自然法"。

法观念上的"唯意志论"强调法的世俗性和独立性。"直到雷金纳德·皮卡克和约翰·福蒂斯丘的著作出版,法律权威来自人的集体意志的观点才第一次受到广泛关注,逐渐与大陆法理学家的观点呈分庭抗礼之势。"② 在当时的理论家看来,有效地调整社会利益的"法律"(laws)均属于人定法,或称实定法。早于福蒂斯丘20年,雷金纳德·皮卡克就曾"采用'实定法'这一表述来指称人类制定的法律"③。这些实定法包括所有有效的判例法和制定法。"实定法"或"人定法"概念本质隐含了一种人的意志论法观念,亦即"人类通过同意和实践制定了法律。从立法上,就是基于国王与社会的同意;从习惯法上,就是基于社会的实践与同意;在普通法的案件上,就是基于国王委任的法官的同意

---

① 〔英〕诺曼·多恩:《中世纪晚期英国法中的最高权威》,杨尚东译,中国政法大学出版社2018年版,第41页。需要说明的是,为了保持文字表述的一致性,本书统一采用了"圣·杰曼"这一译名,未采用该译著的译法。
② 同上书,第9页。
③ 同上书,第42页。

与实践。"①质言之,无论是法院的判例法,还是议会的制定法均属于人的意志自治的产物,其权威性源于人的同意本身,而与道德无涉。这样的法观念的出现意味着现代意义上的实证主义幼芽已经长出。

当然,还需强调的是,以上理论家在勉力提出法的人本身意志权威的同时,还是难以完全革除所处时代的自然法印记。比如,福蒂斯丘在《论英格兰的法律与政制》第十五章中提及英格兰法之"自然法、习惯法、制定法"三大法律渊源。② 在福蒂斯丘看来,"法律不仅仅需要获得普通民众的同意,还需要获得上帝(上帝的意志又通过自然法得以表达)的同意。"③换言之,不符合神意的法律是不正义的或者说是不道德的。但在非正义法律的效力判断上,福蒂斯丘显得游移不定。他说:"'国王和民众同意的规则才是法律,坏的规则也是法律';法律就是神的权威创造的自然法……与自然法相违背的坏规则根本就不是法律。"④这种矛盾的论证方式似乎是奥古斯丁和阿奎那观念的混合产物。因为奥古斯丁认为"不正义的规则不是法律"⑤,而阿奎那则认为"与自然法相违背的人定法不是法律,是对法律本身的曲解……不公正的法律还是存在的"⑥。由于福蒂斯丘、圣·杰曼、利特尔顿均是王室法庭的法官,因此那种作为最高法的自然法对英格兰的影响甚至延伸到了司法实践中,圣·杰曼不但坚持"任何与自然法不符的训令、地方习惯法或议会法律都是无效的,不正义的"⑦,并且"将这一理念最早运用于实践之中"⑧。然而,纵观整个英格兰年鉴,类似圣·杰曼的"这种观

---

① 〔英〕诺曼·多恩:《中世纪晚期英国法中的最高权威》,杨尚东译,中国政法大学出版社 2018 年版,第 41 页。
② 〔英〕约翰·福蒂斯丘:《论英格兰的法律与政制》,袁瑜琤译,北京大学出版社 2008 年版,第 56 页。
③ 〔英〕诺曼·多恩:《中世纪晚期英国法中的最高权威》,杨尚东译,中国政法大学出版社 2018 年版,第 92 页。
④ 同上书,第 101 页。
⑤ 同上书,第 94 页。
⑥ 同上书,第 95 页。
⑦ 同上书,第 92 页。
⑧ 同上。

点……并没有得到明确表述"①。换言之,"一般情形下,法官并不适用'自然法'这一概念判定令人生恶的人定法(包括地方习惯法、王国的习惯法和议会制定的法律)无法律效力。然而,尽管受到严格的使用限制,法官们内心中还是接受了自然法理念。"②在英格兰的法律实践中,类似自然法的抽象正义概念往往被转换成了更为世俗的理性和良知。"理性就是英格兰法律最重要的基础。"③在英格兰的年鉴中,有关理性的记载比比皆是,比如"制定法律的基石就是理性""普通法就是共同理性""法官行为必须是理性的"等。④与此同时,良知概念在英格兰的法律实践中也被广泛采用。对于这一抽象名词的理解可以参照福蒂斯丘在1452年的解释:"良知一词是由 con 和 scire 组成的,所以它的含义是'与上帝一起知道';而智慧(wit)的意涵则是一个理性的人可以知道上帝的意志。"⑤无疑,在福蒂斯丘这里,前者属于人的良知,后者属于人的理性。原本良知概念仅在衡平法庭被普遍使用,而福蒂斯丘之后的圣·杰曼却又更多地讨论了良知与普通法之间的关系。贝克认为圣·杰曼的《一个神学博士与一个普通法研习者的对话》"具有划时代的意义,正式开启了法律的终极权威与英格兰相对具有封闭性的法律体系之间的讨论"⑥。无疑,是圣·杰曼主张将抽象的良知理念注入普通法,以缓和普通法的僵硬与严苛。

到了17世纪,"由人创制的规则也是法"这一15世纪出现的实证主义苗头终于在霍布斯的锤炼下正式出炉且锋刃尖利。霍布斯一方面无情痛斥以神的权威为根基的神法及形而上学,另一方面严厉批判同为世俗法的普通法以及以其为研究对象的普通法学。其中,《利维坦》矛头主要对准前者,《哲学家与英格兰法律家的对话》的矛头则主要对

---

① 〔英〕诺曼·多恩:《中世纪晚期英国法中的最高权威》,杨尚东译,中国政法大学出版社2018年版,第99页。
② 同上书,第95页。
③ 同上书,第95页。
④ 同上书,第136页。
⑤ 同上书,第164页。
⑥ 同上书,第73页。

准后者。客观而言,共同研究世俗法的普通法学家与实证主义法学家间还是存在共同点的,他们都认同法源于人的同意而非神的同意,换言之,那种总是主张由抽象道德寻求法律权威的理论,应该是普通法学和实证法学的共同靶子。因此,普通法学家和实证法学家的著作总是在处理法与道德的问题,或者说总是在抵挡自然法学派一直向他们投出的匕首。即使如此,普通法学与实证法学这对难兄难弟之间也存在分歧,虽然都认同法是人的理性,但在哪类"人"这个主体问题上,双方一度争论不休。"在柯克看来,法律乃是这样一门学科,它有点类似于亚里士多德所说的实践性学科,将理性和具体细节的知识融为一体,那些知识不是包含在书本中,而是包含在那些可以运用它的人的心灵中。"①既如此,普通法学家眼中的那个"人"必须是法官。在普通法学视野中,"法"(ius)是"法官的理性",即使是制定法,也要经由法官解释路径而被适用。与之相反,在实证法学家眼中,"构成法律的不是法官的慎虑或低级法官的智慧,而是我们这位人造的人——国家的理性和命令;但国家不是人,除开通过代表者以外无法做出任何事情,代表者就是主权者"②。因此,"法"(ius)是"主权者的命令"。主权者是唯一的立法者(一个人或会议),也是唯一的司法者。也只有从这一视角,才能理解为何《哲学家与英格兰法律家的对话》一书的副标题是"国王是至高无上的法官"③。实证主义法学批判普通法学的调性到了边沁这位跨越18世纪后期和19世纪前期的法学家这里更显高亢,他尝试改造普通法的判例法风格,痛斥普通法学为神秘的形而上学。边沁的继任者奥斯丁在清除霍布斯和边沁法观念中的诸道德价值,亦即他所谓的"非严格意义的法"的同时,略微调和了实证法学与普通法学的矛盾,他说:"边沁先生,正如我所想象的,就曾令人遗憾地在使用判例法(judge-made

---

① 〔美〕小詹姆斯·R.斯托纳:《普通法与自由主义理论》,姚中秋译,北京大学出版社2005年版,第5页。
② 〔英〕霍布斯:《利维坦》,黎思复、黎廷弼译,商务印书馆1985年版,第207、210页。
③ 〔美〕小詹姆斯·R.斯托纳:《普通法与自由主义理论》,姚中秋译,北京大学出版社2005年版,第185页。

law)称谓的同时,认为法官立法是不明智的。应该指出,无论如何,我都不会赞成边沁先生所坚持的这个观念……法官立法是世所公认的一个现象……我十分尊敬边沁先生,但是,边沁先生不应该因为法官立法而去指责法官"①。由此,法官立法在奥斯丁的实证法学中似乎被"人定法"概念吸收整合了。

长期以来,奥斯丁的理论一度被奉为主宰英国法学的主流理论。第二次世界大战的战火同时引发了新自然法思潮的奔涌。危急时刻,新分析法学派的创始人哈特重新为实证法学赢回了体面和主流地位。1961年,哈特《法律的概念》一书出版,这本惊世之作的开篇即抛出观点——"关于人类社会的问题,极少像'什么是法律?'这个问题一样,持续不断地问着"②。哈特以此亮明了自己卓越的研究抱负。在哈特看来,奥斯丁"理论的主要对手是较其更为古老的学说,这种古老的学说宣称通过法律与道德的'必然'联系,法律才能够获得最佳的理解。而奥斯丁,如同他之前的边沁,则将此学说作为攻击的主要对象……简单的命令理论的错误与其更为复杂之对手的错误相较,是我们通往真理的道路上更好的指针"③。从这段叙述中,我们可以看到两点:第一,哈特是一个如同奥斯丁一样的实证主义者;第二,哈特之法概念的阐释将从纠正奥斯丁的错误开始。哈特认为奥斯丁的"以威胁为后盾之命令的模型,对于法律所遮蔽的远比所揭露的来得更多;将各式各样的法律化约成单一简单形式的努力,结果是将虚伪的统一性强加于法律"④。故此,哈特名为"法律的概念"的煌煌论著在方法上并未提供一个高度抽象的明确的法概念,而是以"对国内法律体系的独特结构提供一个较为优越的分析"⑤为宗旨和归宿。哈特认为,法体系的核心是"初级规

---

① 〔英〕约翰·奥斯丁:《法理学的范围(中译本第二版)》,刘星译,北京大学出版社2013年版,第238页。
② 〔英〕H.L.A.哈特:《法律的概念(第二版)》,许家馨、李冠宜译,法律出版社2011年版,第1页。
③ 同上书,第16页。
④ 同上书,第45页。
⑤ 同上书,第16页。

则"(科以义务)和"次级规则"(授予权力)的组合。但是他又认为"以'规则'来阐释法律是不当的。(因为)把特定的具体情况涵摄于抽象的规则时,总是会出现具有确定性的核心以及值得怀疑的边缘。这使得所有的规则都有着模糊的边缘,或者说'开放性结构'"①。在承认规则存在模糊边缘的同时,他一方面极力反对奥斯丁和阿奎那的"不正义的法律不是法律"②的说辞,另一方面还批驳了"成文法是法律的来源,但不是法律本身的部分"③的规则怀疑论。在他看来,这些观念都"带有夸大和似是而非的味道"④。同时,哈特也坦承,"尽管现在人们很难再接受(自然法)的术语和它太过形而上学式的主张,但就道德和法律的理解而言,它还是包含着很重要的真理。"⑤可见,哈特在分析讨论法律规则体系的内部结构的同时,并未回避法律与道德的关系问题。总体观之,哈特的方法论似乎带有消弭自然法学、普通法学、实证法学有关法概念争议的学术抱负。但是,哈特的实证主义方法论意味比之奥斯丁更为彻底且精巧,他将所有世俗的法律渊源都嵌入了他的法律规则体系模型,采用他所谓的"内部陈述"视角,以整体视野探索所有规则的内在逻辑关系及功能定位。

二、法的渊源(laws)间冲突问题对于终极权威的诉求

以上的"法(ius)是什么"之争本质上是一个学理问题,不同学者因采用的方法论不同而认为真正的法是"神的理性"或"人的理性",或者由此坚持真正的法是"法官的理性"或是"立法机关的理性"。应该承认,存在诸如此类学术探讨观点的分歧极为正常,并且能够促进法学体系的成熟与发展。

与此同时,有一个现实问题无法回避,即作为法的渊源的法。古罗马时期的法律适用者面对众多的规则,发明了"法的渊源"这一概念工

---

① 〔英〕H. L. A 哈特:《哈特论边沁——法理学与政治理论研究》,谌洪果译,法律出版社 2015 年版,第 112 页。
② 同上书,第 8 页。
③ 同上书,第 2 页。
④ 同上书,第 8 页。
⑤ 同上书,第 167 页。

具,即能够被适用的有效的规则都可以纳入"法的渊源"这一蓄水池。哈特认为"形式上有效的规则都称为'法律'"①。可见,"法的渊源"中涵盖的是一个复数意义上的"法律"(laws)。但是,找到诸多有效的规则仅是法律适用的第一步,那些有效的规则还存在一个效力位阶的判断问题,尤其是对于形式多样的英国法而言。一般来说,法律实践者更加关注法的渊源这一实际的制度问题,因为"实践者虽然也承认法律是可变的,但他们更看重的是法律的确定性和恒常性"②。他们一定是从那些因有效而相对确定和恒常的法律体系中鉴别裁判的依据,发现执法的预期。在这一运用法律的实践过程中,可能会遇到同样有效的不同法律对于同一问题的规定存在冲突的现象。在当前的英国司法实践中,具体解决方案是:"若制定法与普通法竞争,则前者会胜利;实际上衡平法权利与普通法权利冲突时,普通法会因此失去效力。"③然而这个问题如何理解?既然普通法是英国民族记忆深处的"真正的法",为什么作为法律渊源之一的普通法在遭遇制定法和衡平法时又统统败下阵来?这个问题本质上是一个不同的法的渊源之间的冲突问题,而对该问题的理解无疑需要依赖宪法。

每个法的渊源或者说有效的法律形式都有各自的权威基础,而要解释普通法服从制定法与衡平法这一法源冲突处理原则,无疑需要寻求各法律渊源所公认的终极权威,即宪法。

第二节 识别英国宪法的渊源

英国宪法是典型的不成文宪法,其制定和修改程序与普通法律无异,因此英国宪法的渊源结构与普通法律并无两样。既然自中世纪以

---

① 〔英〕H. L. A 哈特:《哈特论边沁——法理学与政治理论研究》,谌洪果译,法律出版社2015年版,第183页。
② 〔英〕诺曼·多恩:《中世纪晚期英国法中的最高权威》,杨尚东译,中国政法大学出版社2018年版,第53页。
③ 〔英〕威廉·格尔达特:《英国法导论(第11版)》,张笑牧译,中国政法大学出版社2013年版,第3、18页。

来,英国普通法律渊源的基本架构维续至今,从未改变,那么英国宪法的渊源结构也必然是"制定法+判例法"。

一、制定法

(一)《大宪章》(Great Chart)

1.《大宪章》的文本概况

诞生于13世纪第一个25年的《大宪章》共有四个版本留存于世,分别是1215年版本(Ci本)、1216年版本(Cii本)、1217年版本(L本)、1225年版本(S本)。其中的Ci本和Cii本的原件存放于伦敦大英图书馆(British Library),L本存放于林肯大教堂档案馆(Lincoln Cathedral Archives),S本存放于索尔兹伯里大教堂档案馆(Salsibury Cathedral Archives)。

从文字看,四个版本的原初文字皆为拉丁文,"1300年,大宪章发布了英文版本"[①]。其拉丁文名称为 *Magna Carta*,英文名称为 Great Chart。从形式上看,四个版本的大宪章总条文数并不相同,1215年的版本有63条,1216年版本有42条,1217年版本有47条,1225年版本有37条。其中,1225年版《大宪章》是最终版,因为"在今天的法律全书中存在的那些条款并不是出自1215年约翰王颁布的《大宪章》,而是出自1225年亨利三世的颁布。事实上在13世纪,只有1225年亨利颁布的宪章才被称作'大宪章',而约翰于1215年颁布的往往被称为'兰尼米德宪章'。'大宪章'这个名字直到1218年才出现,主要是为了和亨利三世同时签署的有关皇家森林管理的宪章区分开来"[②]。此外,四个版本的大宪章最初均无"序言"和具体条款标识,这一状况直到18世纪才出现了改变。1759年,布莱克斯通以《大宪章》为研究对象的专著《大宪章和森林宪章》出版,该书是"历史上第一次对1215年原版《大宪章》和它之后的版本加以区分,是现代历史研究的先驱之作……布莱克斯

---

① 〔英〕戴维·卡宾特:《1215年〈大宪章〉:社会与政治背景》,张子悦译,载钱乘旦、高岱主编:《英国史新探:中古英国社会与法》,北京大学出版社2018年版,第36页。

② 同上书,第35页。

通明确无误地展示了《大宪章》在 1215—1300 年间作为一份法律文件所经历的演变"①。由此看,布莱克斯通对《大宪章》文本的梳理对于后世相关研究具有奠基性意义。

作为文本的《大宪章》大多成了无法律效力的历史文献,其 1215 年版本的第 1 条、第 13 条、第 39 条、第 40 条是目前仅存的仍具有法律效力的内容。②第 1 条主要涉及国王承诺尊重教会自主权,其第 1 款明确规定:"朕已向上帝承诺,并借此特许状代表朕及朕之千秋子嗣确认,保证英格兰教会永远自主,其权利将完整无缺、其自主权将不受侵犯。"③第 13 条规定:"伦敦市将享受一切古已有之自主权及陆路与水路之免费通关权。朕还同意并允许所有其他市、区、镇、港均享受其一切自主权与免费通关权。"④这一条是对自治市自主权与免费通关权的确立。第 39 条规定:"任何自由人将不受逮捕、监禁、没收财产、剥夺法律保护、流放或以其他方式受到伤害,朕亦不会对之施加暴力或派人对之施加暴力,除非通过其平等人士之合法裁决或通过英格兰法裁决。"⑤该条可谓是《大宪章》中最为著名的条款。第 40 条规定:"朕不会向任何人出卖权利或正义,朕也不会拒绝和拖延任何人之权利或正义。"⑥《大宪章》中仍然有效的条款虽然屈指可数,但依然被学界誉为几乎是英格兰历史上不可替代的"根本性制定法"⑦。

2.《大宪章》背后的政治权宜

1215 年 6 月 15 日,在伦敦以西约 20 英里的兰尼米德草地上,约翰王与其臣子签订了《大宪章》,这一宪章是当时政治冲突和宗教矛盾聚

---

① 〔英〕亚历山大·洛克:《〈大宪章〉在 18 世纪和 19 世纪》,李昕译,载钱乘旦、高岱主编:《英国史新探:中古英国社会与法》,北京大学出版社 2018 年版,第 226 页。
② 〔英〕尼古拉斯·文森特:《从约翰王到西方的自由》,胡莉译,载钱乘旦、高岱主编:《英国史新探:中古英国社会与法》,北京大学出版社 2018 年版,第 45 页。
③ 《大宪章》,陈国华译,商务印书馆 2016 年版,第 26—27 页。
④ 同上书,第 33 页。
⑤ 同上书,第 44—45 页。
⑥ 同上书,第 46 页。
⑦ 〔英〕A. W. 布拉德利、K. D. 尤因:《宪法与行政法(第十四版·上册)》,程洁译,商务印书馆 2008 年版,第 27 页。

合的产物。在 1215 年《大宪章》的序言中,约翰自称"朕,约翰,受命于上帝之英格兰暨爱尔兰领主、诺曼底公爵、阿基坦公爵和安茹伯爵"①。显然,约翰王不仅是英格兰国王,还是爱尔兰领主、诺曼底公爵、阿基坦公爵、安茹伯爵。这些封号并非徒有其名,而是与实实在在的广袤的领地相关联。年仅 10 岁时,受惠于父亲亨利二世侵占爱尔兰这一事实,约翰获得"爱尔兰领主"封号。"诺曼底公爵"封号源于诺曼底公爵威廉一世于 1066 年成为英王这一事实,自约翰继承王位始,即承袭了这一封号。约翰的"阿基坦公爵"和"安茹伯爵"这两个封号皆承袭自其兄长理查一世。需要注意的是,约翰治下的诺曼底、阿基坦和安茹这些领地均在法国,而《大宪章》的签订正和这些领地有关。1202 年,约翰年仅15 岁的外甥亚瑟起兵反叛,早已厌倦了英王与法王长期竞争的身在法国的贵族随后倒戈于法王,菲利普·奥古斯都顺势入侵诺曼底,"随后两年内,位于卢瓦河以北的所有金雀花帝国领土都被菲利普和法国人占领"②。沮丧而暴虐的约翰被迫逃至英格兰。"此前,约翰大部分时间都不在英格兰,现在则逗留在伦敦以及南部各郡,这对英格兰贵族来说无疑是一个长期的威胁。"③急于复仇的国王将筹集军费的希望寄托于无休止的征税和变相收费。"自从 1204 年约翰王将安茹和诺曼底割让给法王,他用了 10 年时间在英格兰敛集军费,发动收复失地之战,这期间的税率翻了 3 倍。"④同期,约翰与教会的关系也一度陷入僵局,起因是坎特伯雷大主教⑤的人选问题,约翰提名的人选教皇不同意,教皇选任的斯蒂芬·朗顿⑥,约翰也拒绝接受。为此,英格兰遭到了教皇极其

---

① 〔英〕A. W. 布拉德利、K. D. 尤因:《宪法与行政法(第十四版·上册)》,程洁译,商务印书馆 2008 年版,第 21—22 页。
② 〔英〕尼古拉斯·文森特:《从约翰王到西方的自由》,胡莉译,载钱乘旦、高岱主编:《英国史新探:中古英国社会与法》,北京大学出版社 2018 年版,第 40 页。
③ 同上。
④ 〔英〕戴维·卡宾特:《1215 年〈大宪章〉:社会与政治背景》,张子悦译,载钱乘旦、高岱主编:《英国史新探:中古英国社会与法》,北京大学出版社 2018 年版,第 31 页。
⑤ 在英国,坎特伯雷大主教既是全英格兰的首席主教,也是神圣罗马教会枢机主教。
⑥ 此人的名字和头衔出现在 1215 年《大宪章》之中。原文为"坎特伯雷大主教、全英格兰首席主教暨神圣罗马教会枢机主教斯蒂芬"。《大宪章》,陈国华译,商务印书馆 2016 年版,第 24 页。

严苛的惩罚。1208—1213年,"英格兰没有公开举行过弥撒和其他宗教圣礼,人们死后不得埋入教会墓地,国王的宫廷被整体革出教门,国王本人还面临被开除教籍的危险"①。除此之外,强势"邻居"菲利普·奥古斯都则受到教皇支持随时可能入侵英格兰。1213年,迫于种种威胁和压力,约翰最终选择臣服于教皇。然而,与教皇冰释前嫌的约翰立即将英格兰抛入了与法国的战火之中。1214年7月27日,布汶战役以英格兰的惨败收场,等待约翰的自然是汹涌的反叛和一触即发的内战。从中斡旋的主教受约翰祖父亨利一世《加冕宪章》②的启发,敦促国王和贵族互相妥协并签订了《大宪章》。但是,《大宪章》的意义似乎并未在当时显现出来,骄纵的国王不会臣服,赋予国王权力的教皇更不会接受由一个25人委员会③对国王施加监督。"就在《大宪章》签署后的12个星期内,贵族们拒绝交出伦敦城,国王拒绝驱逐他的外国郡长和官员。④(1215年)8月,教皇宣布该宪章无效。9月,国王和贵族们再次兵戎相见。"⑤诸贵族为了实现他们自己的诉求,不惜怂恿法兰西国王菲利普的长子路易入侵英格兰,焦灼局势的拐点于1216年10月凸显。彼时,约翰王因病暴毙,王位传至年仅九岁的亨利,在路易占据伦敦的情势下,亨利在格洛斯特加冕为王,即亨利三世,《大宪章》的后三个版本正是颁行于这位亨利三世时期。1216年版本颁布于布里斯托,为挽救危局而生,该版本中"许多激进的条款被删除了,征税须经一致同意的条款不见了,⑥关于外国人⑦和犹太人⑧的那些条款不见了。尤其重要的是,所

---

① 〔英〕尼古拉斯·文森特:《从约翰王到西方的自由》,胡莉译,载钱乘旦、高岱主编:《英国史新探:中古英国社会与法》,北京大学出版社2018年版,第41页。
② 亨利一世即位初期,为了换取更多贵族的支持,他通过了一份宪章,梅特兰曾评价亨利一世的宪章"为《大宪章》树立了一个榜样。"
③ 25人委员会类似一个监督王权行使的委员会,规定于1215年《大宪章》第61条,因此该条款也被称为"保障条款"。
④ 见《大宪章》第50—51条。《大宪章》,陈国华译,商务印书馆2016年版,第50页。
⑤ 〔英〕尼古拉斯·文森特:《从约翰王到西方的自由》,胡莉译,载钱乘旦、高岱主编:《英国史新探:中古英国社会与法》,北京大学出版社2018年版,第46页。
⑥ 见《大宪章》第12条。《大宪章》,陈国华译,商务印书馆2016年版,第33页。
⑦ 见《大宪章》第41—42条。《大宪章》,陈国华译,商务印书馆2016年版,第46—47页。
⑧ 见《大宪章》第10—11条。《大宪章》,陈国华译,商务印书馆2016年版,第32页。

谓的'保障'条款也被删除了。"①但是,剩余重要条款均给予重申,由此释放了施行善政的信号。1217年版本是为国王一方在内战中取得胜利并重新掌控形势而颁行。1225年版本是亨利三世成年后对《大宪章》的确认。尤其值得注意的是,当时的大主教斯蒂芬·朗顿和他的副主教们"宣布对违反《大宪章》和《森林宪章》的人予以开除教籍的处罚。他认为国王必须服从和遵守成文的法律,而教士有责任确保这一目标的实现。正因为开除教籍的威慑,1225年《大宪章》在亨利三世和他的儿子爱德华一世统治期间多次得到确认"②。换言之,教士的监督使得《大宪章》因1216年删除"保障条款"造成的强制力空隙得到弥补。

(二)《权利请愿书》(Petition of Right)

1.《权利请愿书》的文本概况

杨晓聪的《〈权利请愿书〉研究》是从历史学视野考证《权利请愿书》文本的专门文献。本书关于《权利请愿书》变迁史的梳理主要借鉴了该书。《权利请愿书》的颁行时间应为1628年,"但是,由于英国在公历1649年3月24日始行格里历(即今天通行的公历),这造成前后有关《权利请愿书》的文献档案存在着记载时间上的出入"③。比如,在由嵘、张雅利、毛国权、李红海编写的《外国法制史参考资料汇编》中,《权利请愿书》标注的时间就是1627年。④ 该书中《权利请愿书》中文译本的译者为端木正,其中文版"译自伽狄那选编的《1625—1660年清教革命宪政文献资料》。相较各个英文版本的行文风格,此中文译本将第一、二条合为一段,第三、四、五条合为一段,第七、八、九条合为一段……正文行文风格、内容遵循的是19世纪初出版的《王国法令集》中的版本"⑤。《王国法令集》中的《权利请愿书》,被公认为17、18世纪以来最权威的

---

① 〔英〕尼古拉斯·文森特:《从约翰王到西方的自由》,胡莉译,载钱乘旦、高岱主编:《英国史新探:中古英国社会与法》,北京大学出版社2018年版,第46页。
② 〔英〕S. T. 安布勒:《13世纪的教会和〈大宪章〉》,程子航译,载钱乘旦、高岱主编:《英国史新探:中古英国社会与法》,北京大学出版社2018年版,第59页。
③ 杨晓聪:《〈权利请愿书〉研究》,吉林大学2009年硕士学位论文。
④ 由嵘等编:《外国法制史参考资料汇编》,北京大学出版社2004年版,第290—291页。
⑤ 杨晓聪:《〈权利请愿书〉研究》,吉林大学2009年硕士学位论文。

版本,其中辑录有两份《权利请愿书》,"这两个版本全文内容完全一致,并且都分为 11 段共 11 条,没有罗马数字或阿拉伯数字标示"①。据此可以判断,英文版本的《权利请愿书》是有条款形式的。

分析《权利请愿书》的内容,其第 1 条重申,根据爱德华一世的《无同意课税法》(1297)和爱德华三世第 25 年制定法,非经议会同意,不得征税。第 2 条列举了非法征税事实。第 3—5 条重申了《大宪章》第 39 条的规定和爱德华三世第 28 年制定法之正当法律程序法。第 6—9 条历数诸多违反正当程序、无端惩罚之事实。第 10 条则从整体上再次请求国王遵循无同意不征税原则和正当程序原则。第 11 条总述《权利请愿书》的法律依据,并强调依律行事,不以害民措施为先例。②

2.《权利请愿书》背后的政治博弈

《权利请愿书》出现于斯图亚特王朝的第二位国王查理一世时期,该君也是在内战中不幸被送上断头台的唯一的国王。查理甫一掌握权柄,就着手召集新国会,因为"上届国会的所有拨款已经用于海军和军事装备。王室岁入同样严重超支。詹姆斯向臣民和领邦贷款,使得查理负债累累。公共岁入难以维持王室尊严,甚至不足以支付政府日常开支"③。议会方面,一方面许以国王微薄的补助金,另一方面提出"只批准一年的磅税和吨税,期满后,继续补助或是拒绝补助的权力保留在议会手中"④。但这一议案被上议院否决了。因为"亨利五世及其所有后嗣获准终身享有吨税和磅税,以便维持保卫王国的海军……亨利八世之后历尽四朝,时间过了一百多年,吨税和磅税仍然在国会投票前就开始征收"⑤,即使是在詹姆斯一世时期,不但照收不误,而且还对商品征收了新税。因此,查理一世决计不理睬议会的声音,仍然以自己的方式征收吨税和磅税,他"启用了所有危险和压迫性的特权主张。未经国

---

① 杨晓聪:《〈权利请愿书〉研究》,吉林大学 2009 年硕士学位论文。
② 由嵘等编:《外国法制史参考资料汇编》,北京大学出版社 2004 年版,第 478 页。
③ 〔英〕休谟:《英国史 V:斯图亚特王朝》,刘仲敬译,吉林出版集团有限责任公司 2013 年版,第 132 页。
④ 同上书,第 172 页。
⑤ 同上书,第 171—172 页。

会同意的贷款、捐献和征税,武断的挤压,军人借宿民居,军法审判"①。因此,下议院就此起草了《权利请愿书》,重申《大宪章》中的那些古老的权利和自由,上议院仅增加了一项条款②后旋即通过了请愿书,国王为了换取下议院的五份补助金,妥协性地表示,"如朕所愿,以此为法"③。下议院坚称《权利请愿书》既未侵犯王室特权,也未增加臣民新的自由,仅仅是对《大宪章》已有权利和自由的确认和解释。但是休谟却认为,"国王同意《权利请愿书》,就改变了政体,几乎相当于一场革命。《请愿书》的许多条款限制了王权的范围,为臣民的各项自由权利提供了额外的安全保障。"④保守主义的休谟的担忧后来变为了事实。虽然此后议会曾被解散,但是在恢复召开议会时,《权利请愿书》因再次被确认和解释而获得了新的内涵。

(三)《权利法案》(Bill of Rights)

1.《权利法案》的文本概况

从端木正的译本和布拉德利、尤因《宪法与行政法》一书中的《权利法案》译本看,《权利法案》的主要内容有十三条,第 1 条和第 2 条规定了未经议会同意,国王不得擅自废止法律。第 3 条规定不得非法设立宗教事务钦差法庭。第 4 条规定未经议会同意而借国王特权征税是非法的。第 5 条规定针对臣民请愿之判罪或控告属于非法。第 6 条规定未经议会同意的招募或维持常备军属于非法。第 7 条规定新教徒拥有因防卫需求而置备武器的权利。第 8 条和第 9 条规定了国会议员的被选举自由、表达自由以及被弹劾或询问的豁免权。第 10 条规定了禁止不合理的保释金、罚款以及残酷刑罚。第 11 条规定了审理叛国犯案件的陪审官应为自由世袭地产人。第 12 条规定罪前之一切承诺皆属非

---

① 〔英〕休谟:《英国史 V:斯图亚特王朝》,刘仲敬译,吉林出版集团有限责任公司 2013 年版,第 160 页。
② 上议院增加的条款为:"微臣恭请陛下不仅保存我们自己的自由,也要考虑保障王权的完整无损。王权负有保护国民安全与幸福的委托。"〔英〕休谟:《英国史 V:斯图亚特王朝》,刘仲敬译,吉林出版集团有限责任公司 2013 年版,第 164 页。
③ 同上书,第 166 页。
④ 同上。

法。第 13 条规定国会应该经常开会。①

2.《权利法案》的产生背景及时代意义

《权利法案》的创生背景即举世瞩目的 1688 年"光荣革命",以上列举的《权利法案》十三项内容无疑是恢复君主制传统的制约性条件。"在英格兰,上议院和查理二世最后一届议会的残余议员于 1689 年通过《权利法案》,其后又被革命后的议会确认。《权利法案》摒弃了斯图亚特王朝依特权而治的狂妄主张,奠定了现代宪法的基础。"②此后,英国的最高权威由原来的国王移转至议会。

(四)《王位继承法》(Act of Settlement)

1.《王位继承法》文本概况

威廉与玛丽共治期间,国会制定了《王位继承法》。该法全文除了一个较长的序言之外,共四条。其中,第 1 条列举了王位继承顺序。第 2 条强调王位继承人不得信奉罗马天主教或与信奉天主教之人交往、成婚。第 3 条列举了一些保障公民宗教及其他自由权的重要措施,包括王位继承人必须信奉英格兰国教;王位继承人如果不是英格兰国民,未经议会同意,英格兰无义务参与非保卫本国领土的战争;王位继承人无议会承诺,不能前往英格兰、苏格兰和爱尔兰领土之外;凡出生于英格兰、苏格兰、爱尔兰或所属领土之外者,不得担任枢密院参议、国会议员和文武官职,父母为英国人者除外。任何担任王室公职或领取王室俸禄者,不得担任下议院议员;称职的法官除非议会两院通过不得解除其职务。第 4 条再次强调保障国教及英国国民之权利和自由的法律是英国国民的既得权利,国王必须经过上院和下院同意才能行使权力。③

2.《王位继承法》的立法目的与意义

《王位继承法》的立法目的是"更加限制皇位之继承并确保臣民权

---

① 〔英〕A. W. 布拉德利、K. D. 尤因:《宪法与行政法(第十四版·上册)》,程洁译,商务印书馆 2008 年版,第 28—29 页。
② 同上书,第 28 页。
③ 由嵘等:《外国法制史参考资料汇编》,北京大学出版社 2004 年版,第 480 页。

利与自由"①。该法最大的特色是对国王的继承条件、公职人员的任职资格以及法官独立作出了明确规定。

(五) 其他具有宪法意义的议会立法

其他具有重大宪法意义的制定法还包括：关于议会改革事项的《1832年改革法》《1867年议会改革法案》《1911年议会法》《1949年议会法》《1999年上议院法》；关于领土主权事项的《1707年联合法案》；关于英联邦事项的《1931年威斯敏斯特法》；关于政府诉讼程序事项的《1947年政府诉讼程序法》；关于公民国籍事项的《1981年英国国籍法》；关于人权事项的《1998年人权法》；关于公共秩序事项的《1986年公共秩序法》；关于恐怖主义的《2000年恐怖主义法》；关于宪法改革事项的《2005年宪法改革法》等，此处不详述。

二、判例法

(一) 普通法

普通法在宪法本质上是以法官判决方式宣告重要的公法原则，"在缺乏成文宪法的情况下，这些判决提供了英国立宪主义的法律依据……也为议会的立法权至上原则以及对行政行为的司法审查原则提供了基础"②。本书对普通法的变迁在前述部分已经有大量着墨，此处不再详述。

(二) 成文法

在英国，法院一般无权裁断议会立法的有效性，但是可以解释议会立法。这种解释被一名法官描述为："法官的任务常常被认为是澄清议会经过斟酌所表述的文字的意图。不过要谨记'议会的意图'是一个客观概念而非主观概念。该术语是指称法庭对议会所采用的语言进行合理推断的简称。"③亦即，法官对于议会立法的解释必须符合立法原意。

---

① 由嵘等：《外国法制史参考资料汇编》，北京大学出版社2004年版，第479页。
② 〔英〕A. W. 布拉德利、K. D. 尤因：《宪法与行政法(第十四版·上册)》，程洁译，商务印书馆2008年版，第34—35页。
③ 同上书，第33页。

为此,1992年的一项立法专门规定:"如果立法模棱两可或内容含混,而所据以解释的资料当中又包含某大臣或其他法律草案拥护者明确的观点,法庭就可以利用议会报告协助进行解释。"①这相当于对议会报告作为解释立法宗旨之辅助地位的认可。

除此以外,英国学者认为英国宪法还有一种非正式的渊源,即宪法惯例。这些惯例虽然不能在法院被实施,但仰赖民意或政治意见的力量又实在规范着公职人员(君主、大臣、法官、公务员)的行为。任何扮演上述角色的人都必须遵从宪法惯例约定俗成的限制。"爱德华八世不愿接受这些限制,于是被要求退位。同样,若大臣不遵守或不愿接受这种职务上的限制,他必须辞职。"②宪法惯例之所以被遵守不是因为要承担某种法律责任,而是因为其他两方面可能存在的积极或消极的理由,"积极的理由在于它表达了主导性的宪法价值观,消极的理由则在于可以避开有可能是'违宪'行为所导致的政治麻烦。"③

综上,英国宪法渊源可以分为正式渊源和非正式渊源两种。正式渊源包括制定法和判例法两类,这种认知既符合前述英国法的渊源类型传统,也符合英国宪法的普通法属性。正式法律渊源本质上是一个法律家(法官、律师)考察有效的法律形式的范畴,它主要服务于司法实务工作需求。与此同时,大量的宪法惯例也实际约束着所有公职人员的行为,它们共同构成了广义的英国宪法。以上宪法渊源的梳理为理解英国宪法学中的宪法概念提供了直接的素材。

第三节　宪法概念:法律性宪法或政治性宪法

从以上宪法渊源的梳理看,英国没有宪法典,其宪法形式与一般的法律形式并无二致,那么为什么又说英国是有宪法的?这显然涉及学

---

① 〔英〕A. W. 布拉德利、K. D. 尤因:《宪法与行政法(第十四版·上册)》,程洁译,商务印书馆2008年版,第35—36页。
② 同上书,第47页。
③ 同上书,第48页。

理层面的理解与分析,有人认为英国宪法"是人世间形成的最完美事物"①;以柯克为代表者认为英国宪法"是古老的不可追忆的习惯"②,这两种说法以及白芝浩的实际运行中变动不居的宪法观③实质上都是浪漫的民族历史主义式英国宪法叙事,直到戴雪的英国宪法解释体系出现,实证主义宪法观才占据主流地位。

戴雪是19世纪对英国宪法展开体系性研究的重要学者,对英国宪法学影响至深。在其扛鼎之作《英国宪法研究导论》中,戴雪提出"宪法(constitutional law)包括两种不同的规则,"④即宪法性法律(the law of the Constitution)和宪法惯例(the convention of the Constitution)。其中,宪法性法律是宪法中的"法律"部分;宪法惯例是宪法中的"道德"部分,因为宪法之"法律"能够被法院实施,而宪法之"道德"不能被法院实施。到了20世纪初期,戴雪的宪法观遭到了詹宁斯的批判,詹宁斯一方面赞同戴雪的宪法惯例分析是"对英国公法的一个巨大贡献"⑤,另一方面又认为"戴雪论点的谬误主要在于认为法律是实施的……如果政府决议违反法律,法律救济办法是无法对它实施的,除非进行革命;成功的革命可以对任何人实施任何东西"⑥。詹宁斯的此种看法建立在他对宪法之"法律"与"惯例"性质的认识之上,在他看来,"法律与惯例没有实质的或性质的区别。惯例就像任何宪法的大多数基本规则那样,主要依赖于普遍的默认"⑦。亦即宪法无论是成文的还是不成文的都主要依赖于人们事前的主动遵守,而非事后的被动实施。无论在后世遭遇何种臧否,戴雪宪法规则之"法律+惯例"的结构都未完全失去说服

---

① 转引自〔英〕A. V. 戴雪:《英国宪法研究导论》,何永红译,商务印书馆2020年版,第90页。
② 转引自〔英〕J. G. A. 波考克:《古代宪法与封建法》,翟小波译,译林出版社2014年版,第20页。
③ 〔英〕沃尔特·白芝浩:《英国宪法》,夏彦才译,商务印书馆2005年版,第5页。
④ 〔英〕A. V. 戴雪:《英国宪法研究导论》,何永红译,商务印书馆2020年版,第105页。
⑤ 转引自〔英〕理查德·A. 科斯格罗夫:《法治:维多利亚时代的法学家戴雪》,何永红、丁于芳译,华东师范大学出版社2021年版,第92—93页。
⑥ 〔英〕艾弗·詹宁斯:《法与宪法》,龚祥瑞等译,生活·读书·新知三联书店1997年版,第88—89页。
⑦ 同上书,第80页。

力。"不管现代的宪法学者在戴雪的惯例解释问题上持何种保留态度，他们都同意戴雪在这一主题上给出了经典阐释……他的学说不应视为是错误的，只是不完备而已。"① 公允地评价，戴雪的确看到了宪法的两个面相，一个是其"法律"规则面相，一个是其"惯例"规则面相。

戴雪之所以强调宪法之"法律"规则与"惯例"规则的区分，当然是基于英国强大的法律渊源传统，英国传统的法渊源结构历来都是"制定法＋判例法"。但是，他又分明看到了支撑英国政体的一些坚固的政治传统，这些强大的惯例不能归入英国原有的"法律"类别，故而另外命名为"宪法惯例"。质言之，"宪法惯例"仅是戴雪分析英国宪法独特性时提出的一个概念工具，不能倒果为因，认为它是英国宪法的正式渊源之一。但是，戴雪的确是为英国宪法学界提供了一个宽视域的宪法分析框架。追寻其理念源流，戴雪的"宪法两规则说"的认识并非空穴来风，往前可以追溯至奥斯丁，往后可以在哈特《法律的概念》中清晰觅得其踪迹。奥斯丁说："我使用'宪法'一词，意思是指实际存在的社会道德，或这种社会道德和实际存在的由人制定的法这两者相互结合的产物。"② 其中的"社会道德"类似戴雪的"宪法惯例"；"由人制定的法"则包括议会立法和法官的判例法。无独有偶，哈特在论证他的法概念体系时，也会不可避免论及宪法，他提及了戴雪的宪法分类并说有人将宪法称为"法律"，有人又将宪法称为"事实"。哈特认为："这两个面相都值得关注，如果只选择'法律'或'事实'其中之一作为标签，则无法窥得全貌。"③ 哈特之宪法"事实"即宪法之政治事实面相，"法律"即宪法之宣告或解释公民权利的法律面相。如此，英国学者对于宪法的理解到了 20 世纪的哈特这里基本明晰。宪法不同于一般法律，作为终极权威规则，它具有法律性和政治事实性的双重属性。既如此，英国宪法学演绎出

---

① 〔英〕理查德·A.科斯格罗夫：《法治：维多利亚时代的法学家戴雪》，何永红、丁于芳译，华东师范大学出版社 2021 年版，第 94 页。
② 〔英〕约翰·奥斯丁：《法理学的范围（中译本第二版）》，刘星译，北京大学出版社 2013 年版，第 310 页。
③ 〔英〕H. L. A 哈特：《哈特论边沁——法理学与政治理论研究》，谌洪果译，法律出版社 2015 年版，第 101 页。

了"法律性宪法"和"政治性宪法"两支宪法概念。

一、法律性宪法

持法律性宪法观者认为"宪法是英格兰普通法律运行的结果"[①],亦即宪法是法院所宣告或解释的个人权利斗争的结果。戴雪将这一特征归纳为英国宪法的第二大原则,即法治原则,也被人们称为法律的统治或法律至上。这一宪法观念是典型的英国普通法特色的彰显。普通法传统中的"法律"就是"法官在审案中解释或宣告的法律"[②]。前述已有回溯式分析,自中世纪以来,英国法官的职业化、精英化已经非同时代的其他国家能媲美。到了17世纪,普通法法院又逐渐走上与王权分离的道路,《王位继承法》颁布后,法官职务终身制的确立再次为所谓的"法律统治"奠定了根基。前述几个重要的宪法性文件的共同特征是几乎每一份文件都在强调国王应确认和保护英国国民的各种自由和权利。这意味着任何政府部门如果干预国民的各项自由和权利必须有法律根据。"这根据之能否成立,最后取决于法庭。干预有法律根据的,法庭将有条件或无条件地支持;没有根据的就加以禁止,还会判令赔偿所造成的损失。"[③]法官的社会地位也是有保证的,英国的"法官不是公务员,女王、首相、任何大臣或政府部门,甚至国会,都不能指挥他、控制他、影响他……就算法官的解释或宣告有错,除非被上级法院在上诉中否定,否则都应该遵守奉行。"[④]概言之,法律宪法中的"法律"仅指经法官宣告或解释的规则,包括普通法判例和制定法两种,前者是被法官宣告的,后者是被法官解释的。

英国法官宣告法律遵循的是"先例规则"(rules of precedent),虽然这一规则在历史长河中有所变化,但是它具备三个稳定的特征,即"尊重上级法院的判决;下级法院的判决对上级法院来说是一种说服性先

---

① 〔英〕A. V. 戴雪:《英国宪法研究导论》,何永红译,商务印书馆2020年版,第233页。
② 黄金鸿:《英国人权60案》,中国政法大学出版社2011年版,第3页。
③ 同上书,第1页。
④ 同上书,第3页。

例;以及上级法院的判决对于下级法院总是约束性先例"①。这些规则被抽象为遵循先例的司法原则,正是这一重要原则保证了英国法院审判行为的类案同判(like cases should be decided alike)。在英国现有法院等级体系中具体体现为"上诉法院的判决对本身及下级法院都有拘束力。高等法院由两位或两位以上法官组成的法庭所作的判决对同级法庭与下级法庭也有拘束力。法官可以斟酌案情,因应当前的实际需要,适当地修正或引申普通法的原则,但法官在应用普通法的时候,一定不可以推翻有拘束力的判决所确认的原则,自创新法"②。整体而言,法官宣告法律的立场是保守的,注重守护作为法官集体智慧的普通法。

英国法官解释制定法的立场同样谦抑。这一点可以从 1974 年"英国铁路局诉皮金(British Railway Board v. Pickin)案"中两位法官的陈述里得到印证。其中一位是雷德勋爵,他明确提出,"我必须清楚地说明,我从未对国会的至高无上性提出过疑问。过去有不少饱学的法律界人士似乎相信,国会的立法假如违反上帝的律法或自然法或自然公义的原则,我们就可不予理会。不过自 1688 年的革命确认国会的最高权力后,这种想法已经过时。"③同一案件中另一位法官莫里斯勋爵亦有相似的陈述,他提出,"居然有人主张,在法庭上可以攻击国会制定的法律,好使法庭当它全部或部分不存在。法庭应否考虑这种说法,的确是一个基本而重要的问题。我认为这种说法是危险的,是不可接受的。"④质言之,英国法官无权否定国会制定的立法,主流法官也不期待这种权力。声誉卓著的丹宁勋爵也曾言及法官尊重国会立法的重要性,他说,"假如法官们获得授权推翻国会立法,他们就会变得政治化,他们的任命就要取决于政治上的考虑,而司法当局的声望亦将随之受损。我国法官们的独立地位和公正不倚的声誉,全靠他们服从国会的意愿而不

---

① 〔英〕鲁伯特·克罗斯 J. W. 哈里斯:《英国法中的先例(第四版)》,苗文龙译,北京大学出版社 2011 年版,第 6 页。
② 黄金鸿:《英国人权 60 案》,中国政法大学出版社 2011 年版,第 5 页。需要说明的是,此处提及的案例虽然年代较早,但所反映的法理仍未改变。
③ 同上。
④ 同上书,第 6 页。

受他人左右来维持。他们的独立地位,正是我国宪法的支柱之一。"①以上法官的论述无不彰显出英国宪法"法的统治"之"法治"原则。这一原则具体包括三层含义,即"首先,'法治'指普通法律的绝对至上,排除特权;其次,'法治'意味着法律面前的平等,各个阶层都平等地服从于普通法院所实施的普通法律;再次,'法治'是一项准则,即我们的宪法不是个人权利的来源,而是由法院所界定和实施的个人权利的结果"②。正是基于这一分析路径,戴雪才认为,"宪法性法律这部分才是英国政体赖以存在的真正基础。"③故而,戴雪的宪法观是典型的"法律宪法观"。

二、政治性宪法

持政治性宪法观的宪法学者则认为宪法本质上是政治斗争的结果。用白芝浩的语言描述即"一部古老而处于不断变化中的宪法就像一位出于执着的钟情而仍然穿着他青年时代流行的衣服的老者:你在他身上看到的没有什么不同,而你所没能看到的东西已经完全变了"④。用詹宁斯的语言描述即"对权力进行不断创造、变革和改变分配的过程一直在延续。犹如一幢房屋,不断地增扩、修缮和部分地重建,使它在世代相传中不断更新,却从未被夷为平地,在新的地基上重建。如果宪法是由机构而不是由描述这些机构的文件构成的话,那么英国宪法虽然从未被制定过,却一直在生长着——只是没有书面文件而已"⑤。概言之,此类政治宪法观中的宪法是变动不居的流动的活的宪法。也许正是基于这一原因,戴雪才将那些法律之外的实际影响权力的规则称为宪法惯例。

前述的法律宪法观是一种类似于哈特所谓的内部视角分析宪法的

---

① 黄金鸿:《英国人权60案》,中国政法大学出版社2011年版,第6—7页。
② 〔英〕A. V. 戴雪:《英国宪法研究导论》,何永红译,商务印书馆2020年版,第233页。
③ 同上书,第417页。
④ 〔英〕沃尔特·白芝浩:《英国宪法》,夏彦才译,商务印书馆2005年版,第54—55页。
⑤ 〔英〕詹宁斯:《法与宪法》,龚祥瑞等译,生活·读书·新知三联书店1997年版,第6页。

视野。当普通法遭遇制定法时,制定法优先,这是法官的集体自觉,至于制定法为什么优先适用则未必去追寻缘由,这个问题恰恰为政治宪法观留下了存在空间。由形式看,普通法和制定法同为法的渊源;由本质看,两类规则都是人的意志的体现,区别在于普通法是法官的理性,制定法是人民选举产生的议会的理性。十分重要的是,两类规则所源出的机构在地位上存在明显差异,即议会地位高于法院,即所谓"议会至上"。关于议会及其地位,早在18世纪,布莱克斯通的《英国法释义》中就有较为明确的叙述。首先,"议会在律师和法官的口中,是指君主、上议院和下议院的集合;合在一起的这三个机构,可恰当地称之为'王在议会'(King in Parliament),它们共同构成议会。"①其次,议会的至上地位在布莱克斯通的笔下是指"对于一切种类的事务,不论宗教的或世俗的、民事的或军事的、海事的或刑事的,议会都拥有最高和不受控制的权力,来制定、批准、废止、撤销和解释法律,或使法律恢复生效,或扩大或限制它的适用范围……简言之,只要没有违背自然,议会能够做一切事情"②。甚至有人将英国的议会至上原则戏谑地描述为"对英国法官和律师而言,这是一个基本原则,即议会除了不能把女人变成男人,把男人变成女人之外,什么事情都可以做"③。既然议会无所不能,法律就不能约束和限制议会,但是议会也不是绝对意义上的主权者,它也有一个权威来源问题需要解释。"即使在英国,奥斯丁本人也未将主权者等同于立法机构……奥斯丁的看法是这样的,在任何民主体制中,构成或形成拥有主权之主体的,并不是被选出来的代表,而是选民。"④故而,立法机构即使不受法律限制,但也在事实上受制于民意。由于事实上受制于民意,国家的政治权力架构不断演变,"最早的机构是法院,他们之所以独立于枢密院,仅仅因为它们工作的相对不重要以及技术性质。

---

① 〔英〕A. V. 戴雪:《英国宪法研究导论》,何永红译,商务印书馆2020年版,第117—118页。
② 同上书,第120页。
③ 同上。
④ 〔英〕H. L. A 哈特:《哈特论边沁——法理学与政治理论研究》,谌洪果译,法律出版社2015年版,第67页。

议会首先是作为特别措施召集的,然后发展为一般惯例,最后变成了一种义务。它起初是辅助性的,后来僵持不下经过两次革命之后,最终赢得了最高地位。大臣开始是作为书记官或秘书辅佐国王的,然后是以国王的名义作为国王的代表行事,最后则是代表自己行事,在必要时才向国王请示"①。其中,法院变迁历史在前文已有较多说明,此处不再赘述,以下仅对英国权力机构之议会和政府的发展历史作简单追溯。

英国议会属于非对称两院制。原本上议院早于下议院产生,1832年之后非经选举的上议院在位阶上低于下议院。上议院起源于盎格鲁-撒克逊时期的贤人会议,诺曼时期被称为御前会议,有资格参与御前会议的只能是大贵族和高级教士。1275年,国王爱德华一世召集了英国历史上第一次一般意义上的议会,参加者除了贵族和教士之外,还包括骑士和市民代表。14世纪,原参会者贵族和神职人员与新进参会者骑士和市民代表分别在不同会场开会,分开讨论议题,从而出现了上议院和下议院的雏形。其中,上议院的后续发展情况大概如下:1660年斯图亚特王朝复辟之后,下议院剥夺了上议院对涉税法案的修改权。19世纪民主主义浪潮之下,下议院逐渐要求在政治上获得优势。"20世纪初的上议院还是一个由世袭议员所组成的下议院的平行议院,而到了20世纪末,它已经变为一个由凭借自身能力获选的议员组成的辅助性议院。"②下议院的主导性地位也是逐渐争取到的。15世纪,下议院从国王手中获得了法规起草权。从都铎王朝时期开始,下议院的专业性逐渐加强。斯图亚特王朝期间爆发的国王与议会之间的冲突导致短暂的君主制被颠覆。1688年"光荣革命"使国王对议会开始处于依附地位。下议院在19世纪同样经历了大刀阔斧的改革,为了减弱上议院对下议院的控制,1832年《改革法》将选民总人数提高了49%。为预防腐败,1867年《议会改革法案》引入了秘密投票制度。1884年《人民代表法》使绝大多数工人获得了投票权,而由于选民人数增加,导致组织动

---

① 〔英〕詹宁斯:《法与宪法》,龚祥瑞等译,生活·读书·新知三联书店1997年版,第28页。
② 〔英〕菲利普·诺顿:《英国议会政治》,严行健译,法律出版社2016年版,第30—31页。

员选民的政党组织产生。从此,内阁借助政党力量实现了对议程的控制。

英国内阁这一机构的产生最晚,1701年《王位继承法》曾明确禁止接受王室俸禄的官员进入下议院。但是1706年的新法又调整为,国王的大臣可以通过赢得下议院选举方式留在议会。"汉诺威王朝的乔治一世不通英语,因此极大地依赖大臣处理议会事务。在这一运作模式下人们渐渐发现,由获得议会下院和君主共同信任的大臣来领导政府是最为稳定的行政模式。"①从此,英国内阁诞生。但是,内阁与议会之间的关系十分特殊,政府大臣来自议会但并不脱离议会,作为宪法惯例延续至今。"这一制度设计的重要性在于,议会不仅培养了未来的政府大臣,而且是在任大臣执政能力的训练场和考场。"②可见,英国议会和内阁的关系自始十分密切,法院对于议会也是十分尊崇,三大权力的架构似乎并不符合通常所谓的"分权"理论。人们往往对孟德斯鸠的分权理论津津乐道,殊不知孟德斯鸠1732年曾在英国居住过,且其分权理论正是在一篇名为《论英格兰宪制》的文章中展开论证的。詹宁斯认为,"分权现象并不是18世纪英国宪法所具有的显著特征。(孟德斯鸠)并不热衷于对英国政府职能作精细的分析。实际上,他是在努力寻找一种避免专制统治的方法。"③如果不追溯英国三大权力架构的变迁历史及现实,就很难理解詹宁斯对孟德斯鸠的评价。

英国权力架构的变迁中还有一个重要的角色,即国王。国王的最高统治权是一步步地被以上的三大权力机构分割性削弱的。"司法上,承认国王是最高法官,但早就规定:国王的司法活动由他的法院来进行;立法上,承认国王是唯一的立法者,但除非作为'议会中的国王'立法,否则无效;行政上,尽管国王握有一切特权,但经过长期斗争后规定:这些权力只能通过御前会议中的大臣才能合法行使,而且这些大臣要为国王的行为承担责任。于是,国王的个人意志,其含义逐渐发生改

---

① 〔英〕菲利普·诺顿:《英国议会政治》,严行健译,法律出版社2016年版,第44页。
② 同上书,第49页。
③ 〔英〕詹宁斯:《法与宪法》,龚祥瑞等译,生活·读书·新知三联书店1997年版,第17页。

变,最后等同于国王依法表达的意志。"①国王虽然被逐渐剥夺了实权,但是英国人基本采取了守护国王权威的宪法惯例,也许正是这一保守立场能够帮助我们理解为什么英国可以没有成文宪法。宪法学家惠尔认为:英国从未出现过新开端,所以不会有成文宪法,即使是遭遇了1649—1660年的大叛乱,甚至1653年共和国政府还制定过类似成文宪法的《政府组织法》,但1660年复辟之后一切又复归旧体制,昙花一现的共和国成文宪法随之夭折,所以复辟并不是英国的新开端,而是重回既有轨道。同样,1688年革命也并未开启一个新开端,虽然王权衰微了,但是作为宪法权威一分子的国王始终受到维护和尊崇。迄今为止,英国的王统从未被摧毁,只是其权力发生了移转。从这个意义而言,这个国家似乎没有必要产生一部标示历史新开端的成文宪法。当然,英国宪法学界也不乏倡导英国应该制定成文宪法的论调。

第四节　由阐释宪法概念形成的英国宪法学及其方法论

布莱克斯通的《英国法释义》是18世纪英国最为体系性的论著,但是"'宪法'一类的词,在他的《英国法释义》中一个也找不到。似乎属于宪法的那些问题,他基本上是在'人的权利'标题下进行讨论的"②。但是到了19世纪,名为宪法的论著不断涌现,影响较大的主要有白芝浩的《英国宪法》、弗里曼的《英国宪法的生长》、戴雪的《英国宪法研究导论》、詹宁斯的《法与宪法》、惠尔的《现代宪法》、马歇尔的《宪法理论》、汤姆金斯的《我们的共和宪法》、布拉德利和尤因的《宪法与行政法》。可以说,显性的英国宪法学于19世纪初步形成且因所持守的宪法观念

---

① 转引自〔英〕A. V. 戴雪:《英国宪法研究导论》,何永红译,商务印书馆2020年版,第418页。
② 同上书,第93页。

的分歧出现了学派分化。以上述两大宪法观为轴线,英国宪法学大体型构了规范宪法学和政治宪法学两大流派,且自19世纪以来,规范宪法学和政治宪法学都因应时局的变化交替地引领着思想和实务的潮流。两大宪法学流派所采用的方法论分别为规范主义和功能主义。

一、规范宪法学之规范主义

(一)戴雪:将法学方法适用于英国公法的第一人①

规范宪法学的鼻祖是戴雪,戴雪曾经尝试由律师路径成为一名出色的政治家,他对于政治观察的热情终生不减,他一生最有成就的身份是牛津大学瓦伊纳讲席教授(1882—1909)。为他带来巨大声誉的四部作品都是在这个时期完成的,依次为《英国宪法研究导论》(1885)、《英格兰反对爱尔兰自治的理由》(1886)、《论冲突法》(1896)、《19世纪英格兰法律与舆论》(1905),特别是《英国宪法研究导论》为他赢得了规范宪法学创始人的地位。戴雪明确提出,"作为法律研究对象的宪法仅仅指宪法性法律(constitutional law),唯有这个真正的宪法才是法学家实际关注的对象。"②基于英国宪法的普通法底色,戴雪眼中真正的宪法实际上是"普通法宪法"。

戴雪整体考察他之前的宪法成果,决定另辟蹊径。他认为,"一个职责在于讲授宪法的教授,一定会意识到自己所扮演的角色,既不是一个批判家或者辩护士,也不是一个赞颂者,而只是一位解释者。"③已有的对于英国宪法的研究立场均不可取,白芝浩的研究路径属于"政治理论家的宪法观"④,与弗里曼的历史宪法观存在同样的瑕疵,即"在白芝浩所著书中,一如在弗里曼所著书中,我们尽可闻所未闻,见所未见,并且所闻所见尽是珍奇可喜。不过若以法律学生的眼光绳之,所闻所见

---

① 这是詹宁斯对戴雪的评价。〔英〕詹宁斯:《法与宪法》,龚祥瑞等译,生活·读书·新知三联书店1997年版,第12页。
② 〔英〕A.V.戴雪:《英国宪法研究导论》,何永红译,商务印书馆2020年版,第110页。
③ 〔英〕戴雪:《英宪精义》,雷宾南译,中国法制出版社2017年版,第91页。
④ 〔英〕A.V.戴雪:《英国宪法研究导论》,何永红译,商务印书馆2020年版,第102页。

却不免离英宪的研究对象尚远"①。而布莱克斯通"皆被一种浮词所掩匿,遂使读者虽终日展卷玩索,亦无从提要玄钩,而明见宪法的真性质。其所有流弊为囿于法律形式,而缺乏正确内容"②。正是基于此学术现状,为了解答英国宪法是什么这一大问题,戴雪重新阐发了19世纪后期已不再流行的奥斯丁的实证主义。戴雪深受奥斯丁影响的证据很多,一些来自戴雪自己的著作,另一些来自其他学者。戴雪曾言:"奥斯丁在一个'执业律师对法理学一词嗤之以鼻'的时代复兴了法律的纯理论研究……奥斯丁在19世纪90年代受到了'过度的轻视'。"③法律史学家波洛克在谈及戴雪的《论冲突法》时说:"戴雪没有摆脱掉奥斯丁糟糕的异端邪说。"④正是基于坚定的分析实证方法论信念,戴雪放弃了弗里曼的历史法学方法论和白芝浩的政治宪法学方法论,而是借助奥斯丁的实证主义方法论,在布莱克斯通普通法学的基础上演绎出了英国的规范宪法学。

(二)后戴雪时代的规范宪法学及其规范主义

戴雪长期占据规范宪法学的主流地位,其后较为有影响的学者有惠尔、布拉德利、尤因、波格丹诺等,他们的宪法研究路数基本和戴雪类似,都是看到了英国宪法中除了普通法律规则之外,还有一部分实际发挥规制权力的规则。在惠尔看来,"英格兰宪法是治理着英格兰政府的法律与非法律规则的集合体。"⑤在布拉德利和尤因看来,"广义的宪法意指'整个国家的管理体系,创建、规范或治理政府的规则集合'。在这一层意义上,英国有宪法。"⑥在波格丹诺看来,"宪法就是规定政府机构之间——立法机关、行政机关和司法机关——以及个人与政府之间

---

① 〔英〕A. V. 戴雪:《英国宪法研究导论》,何永红译,商务印书馆2020年版,第109页。
② 同上书,第101页。
③ 〔美〕理查德·A. 科斯格罗夫:《法治:维多利亚时代的法学家戴雪》,何永红、丁于芳译,华东师范大学出版社2021年版,第26;28页。
④ 同上书,第27页。
⑤ 〔英〕K. C. 惠尔:《现代宪法》,翟小波译,法律出版社2006年版,第1页。
⑥ 〔英〕A. W. 布拉德利、K. D. 尤因:《宪法与行政法(第十四版·上册)》,程洁译,商务印书馆2008年版,第10页。

第五章　以一般法学为根柢的英国宪法学方法论的生成(19世纪以来)　　243

权力分配最重要的规则。"①总之,在广义上,英国是有宪法的。但是,在具体研究对象上,他们都不约而同关注的是宪法中的"法律规则"。

1951年,在戴雪之后的另一本规范宪法学著作诞生,即惠尔的《现代宪法》。惠尔基本上是一位政治家型学者,他曾担任过牛津大学的教授,也担任过牛津大学的副校长。惠尔的论著篇幅不长,全书主要比较分析了其他国家的成文宪法,所以他在著作开篇申明,"狭义的宪法是较普遍的用法,本书即采此义"②。他之所以在20世纪中期重提规范宪法之注重公民自由和权利的面相,是由于20世纪中期,世界上很多国家或被裹挟于战争或受制于专制统治。惠尔为此倡导建立"宪法政府","宪法政府不仅指符合宪法条文的政府。它指的是以规则为根据的政府,它是与专制政府相对的政府"③。惠尔不是一个世界主义者,或许,他只是在为已经衰落了的庞大的英帝国寻求一部成文宪法,这一倾向在曾为牛津大学学生的波格丹诺那里得到了印证,"起草一部英国宪法,把分散的文件汇集成一部法律,已经成了大学宪法研讨课上的主要内容……许多年前,当我还是大学生时,参加了牛津大学由宪法学老前辈惠尔教授组织的研讨课,其目的主要就是起草英国宪法"④。无疑,惠尔的论著隐匿着他那个时代浓浓的帝国衰微的怅惘情绪,其"现代宪法"实质上隐射的是成文宪法。

21世纪初期,另外两部影响力较大的规范宪法学论著分别为波格丹诺的《新英国宪法》与布拉德利和尤因合著的《宪法与行政法》。从两本专著的作者身份看,波格丹诺曾担任过牛津大学和伦敦国王学院的教授,同时也担任过牛津大学的副校长;布拉德利为牛津大学教授,尤因是伦敦国王学院教授。从关注期间看,两本著作都是对截至2005年《宪法改革法》通过之前的英国宪法变迁的反思。相比较而言,《宪法与

---

① 〔英〕韦农·波格丹诺:《新英国宪法》,李松锋译,法律出版社2013年版,第11—12页。
② 〔英〕K. C. 惠尔:《现代宪法》,翟小波译,法律出版社2006年版,第2页。
③ 同上书,第136页。
④ 〔英〕韦农·波格丹诺:《新英国宪法》,李松锋译,法律出版社2013年版,第13页。

行政法》对宪法制度的变迁有详细而权威的考证,体例上类似教科书,目前的中文版是由其第十四版英文版本翻译而来。而《新英国宪法》属于反思性论著,作者将白芝浩和戴雪的宪法观念统统划归旧宪法,而将以 1998 年《人权法案》为基石的宪法称为新宪法,并且认为"旧宪法是政治宪法,其内容由一系列政治事件决定,而非由现在的宪法规范决定"①。波格丹诺之所以将戴雪和白芝浩的宪法观都归结为旧宪法,其理由一方面大概是说白芝浩和戴雪的理论已经不适应时代变化了,"白芝浩的方法是以盎格鲁为中心,其著作几乎没有提及爱尔兰、苏格兰或威尔士;自 1997 年以来的宪制改革以及英国在 1973 年加入欧共体,让戴雪的分析缺乏时代性。"②另外一个更根本的理由是说 1998 年《人权法案》颁布之前,英国尽管经历了诸多重大事件,"但从来没有出现一个真正的'宪法时刻';而《人权法案》送交上议院时,用御前大臣金斯兰勋爵的话说,'出现了我们宪法中的立宪时刻'。事实上,这让我们对权利的理解发生了革命性变化"③。无疑,波格丹诺乐观地认为英国诞生了一件类似成文宪法国家权利法案的标杆式文件,这一看法也许是其成文宪法情愫的大爆发。④ 然而,这能不能算是对英国普通法传统之"有救济才有权利"观念的颠覆？或者说英国是不是真的出现了一个"宪法时刻"？又或者说戴雪和白芝浩宪法观能不能被笼统地作为"旧宪法"处理？这都是存疑的。笔者以为,波格丹诺的理论显然过激了,几乎偏离了英国宪法学的知识史框架,如果因为戴雪没有看到英国 1973 年加入欧洲共同体这一事实就讥讽他的宪法属于"旧宪法",那么英国 2020 年退出欧盟又该如何解释？

---

① 〔英〕韦农·波格丹诺:《新英国宪法》,李松锋译,法律出版社 2013 年版,第 25 页。
② 同上书,第 2、4 页。
③ 同上书,第 15、80 页。
④ 2006 年秋季学期开始,仿效惠尔,波格丹诺曾与其同事在牛津大学开设过英国宪法成文法案的研讨课,取得共识的法案还被汇编为《迈向新宪法》一书。〔英〕韦农·波格丹诺:《新英国宪法》,李松锋译,法律出版社 2013 年版,第 14 页。

二、政治宪法学之功能主义

(一)白芝浩:19世纪最敏锐的分析者①

白芝浩并不是一个学院派的宪法学者,其毕生的主要身份是英国著名新闻和商业周刊《经济学人》(*The Economist*)杂志的主编。1867年,白芝浩将其于1865—1867年连载于《双周论坛》(*Fortnightly Review*)期刊上的文章结集出版,命名为《英国宪法》(*The English Constitution*)。其无心插柳之举却传播了"19世纪后半叶盛行一时的公法语言"②。这一公法语言即英国议会政府存在"威严部分"和"效率部分"两个剖面。在白芝浩看来,"英国宪法的主要特征并不适合于那些君主制和贵族制的质料并不具备的国家。英国宪法被认为是建立在对诸多政治因素所可能想象的最佳利用基础之上的。这些政治因素是绝大多数现代欧洲国家从中世纪继承下来的。"③无疑,白芝浩的宪法观是典型的政治宪法观。

理查德·克罗斯曼认为,"通过区分政制的尊严部分和效率部分,并假定前者是为了隐蔽后者并且赢得人们对后者的效忠而存在的,白芝浩为自己设计了一种边沁和密尔所缺乏的进行政治分析的精密仪器。"④的确,基于英国的政治事实,白芝浩明确提出"政制包括两个部分:一部分具有激发和保留人们的崇敬之心的功能,即富于尊严的部分(the dignified part);另一部分则是富于效率的部分(the efficient part)……政制中富于尊严的部分给予政府力量——使它获得了动力。政府中体面的部分是必需的,因为其主要力量就建立在这部分的基础之上"⑤。白芝浩一方面旗帜鲜明地批判无视政制中尊严部分的人过于注重政治结果,另一方面直陈内阁是英国政制中的效率担当,君主是英国政制中尊

---

① 这是马丁·洛克林对白芝浩的评价。〔英〕马丁·洛克林:《公法与政治理论》,郑戈译,商务印书馆2002年版,第18页。
② 〔英〕马丁·洛克林:《公法与政治理论》,郑戈译,商务印书馆2002年版,第18页。
③ 〔英〕沃尔特·白芝浩:《英国宪法》,夏彦才译,商务印书馆2005年版,第56页。
④ 转引自〔英〕马丁·洛克林:《公法与政治理论》,郑戈译,商务印书馆2002年版,第19页。
⑤ 〔英〕沃尔特·白芝浩:《英国宪法》,夏彦才译,商务印书馆2005年版,第56—57页。

严部分的必要存在。诞生于18世纪前期的内阁到了19世纪逐渐成熟,不再是沃波尔担任首任首相时的那种"国民选择英国的政策,王室选择英国的大臣"①的境况,相反,英国的大臣由国民借助议会选择,英国的政策是在内阁与议会的权力博弈中予以确定的。总之,无论人事选择还是政策选择,"英国宪法的有效秘密在于行政权和立法权之间的紧密结合,一种几乎完全的融合……其连接点就是'内阁'"②。而隐藏在内阁背后的是君主,"从富于尊严的层面上说,女王的作用是不可限量的。在英国,如果没有女王,现行英国政制就有缺失并难以存在"③。总体而言,白芝浩对于英国立法权和行政权的密切关系以及君主不可缺失的判断迄今都是符合英国政治事实的,尤其是对于内阁的分析。应该是19世纪行政权的不断扩张,让敏锐的白芝浩初步窥见了英国政治制度中的效率剖面。但是,他考察的仅是1865—1866年的英国权力格局,其流动的活的政治宪法观自身的局限性无法抵御尚在巨变之中的议会改革之势。白芝浩《英国宪法》初版的1867年,议会改革的大幕尚在徐徐拉开之际,政党对于英国政府的主宰才刚刚开始。

(二)后白芝浩时代的政治宪法学及其功能主义

白芝浩之后,有影响力的政治宪法学者包括詹宁斯、马歇尔、艾伦、贝拉米、汤姆金斯等。

1933年,詹宁斯的《法与宪法》出版,其基本观点是"大不列颠的法律之间没有明显区别。事实上,权力是由女王、议会、行政机构和法院行使的。这些权力并非源于任何根本法。唯一的根本法是议会至上。严格而论,大不列颠根本不存在任何宪法性法律,有的只是议会的专断权力"④。这一观点相当于要从政治事实视角颠覆戴雪的宪法性法律观点。关于如此激进地指摘戴雪的原因,詹宁斯在其著作的出版序言中有所交代。他认为,"(1884年)以后,情况发生了根本的变化,在我看

---

① 〔英〕沃尔特·白芝浩:《英国宪法》,夏彦才译,商务印书馆2005年版,第62页。
② 同上书,第62页。
③ 同上书,第81页。
④ 〔英〕詹宁斯:《法与宪法》,龚祥瑞等译,生活·读书·新知三联书店1997年版,第45页。

来,(戴雪)所阐述的原则很少能适用于现代宪法。"①尤其是英国出现了大量行政法。

1971年,牛津大学教授马歇尔的《宪法理论》出版,比之詹宁斯,马歇尔对于戴雪的批判较为温和。他认为,"人们已经发觉,在戴雪的区分中存在错误之处,只是这种错误与戴雪的正确主张相比,不是那么明显……无论怎么说,一国的宪制或政府体制是比宪制律范围更广的概念。这才是戴雪的出发点。"②这意味着马歇尔并未否定戴雪的宪法范围的观点。但是,他也在自己论著的序言中申明,"这是一本为政治学家而不是法律学人撰写的书"③,这表明了他的政治宪法学立场。他明确提出:"宪法学者应该与历史及政治理论家一样,对法律和政治都有所涉猎,同时却不混淆二者。"④实际上,戴雪就是这一观点的身体力行者。综合判断,马歇尔相当于一个戴雪和詹宁斯的折中。

1993年,剑桥大学教授艾伦的《法律、自由与正义——英国宪政的法律基础》出版。艾伦在序言中亮明了自己的研究立场:"本书试图减轻法律实证主义对现代宪法的束缚……我也不试图掩盖我的批判性立场,我坚持认为法律解释必须包括对法律的评价,正如必须包括对法律的描述一样。"⑤由这些说法首先可以判断出艾伦的政治宪法学立场。詹宁斯将自己对戴雪的批判焦点主要放于其宪法惯例原则,而艾伦则主要锁定戴雪的议会至上原则和法治原则这两大宪法原则关系的分析。他认为,当代的公法充斥着奇谈怪论,且诸多是源于对布莱克斯通和戴雪著作过于字面化的理解,忽视了他们著作中隐藏在诸多更为可疑的教条之下的那些洞见。很可能这些教条中最严重的——而且是最

---

① 〔英〕詹宁斯:《法与宪法》,龚祥瑞等译,生活·读书·新知三联书店1997年版,第89页。
② 〔英〕杰弗里·马歇尔:《宪法理论》,刘刚译,法律出版社2006年版,第10、14页。
③ 同上书,序言。
④ 同上书,第10、14页。
⑤ 〔英〕T. R. S. 艾伦:《法律、自由与正义——英国宪政的法律基础》,成协中、江菁译,法律出版社2006年版,序言。

可怕的——教条便是议会主权论。① 亦即,艾伦认为很多人对戴雪宪法思想的理解存在偏差,在"缺乏一部以成文宪法宣布并作为法律权威的唯一源泉的更高级的'宪法'情形下,法治在英国发挥着宪法的作用。正是在这一基本意义上英国拥有普通法宪法……戴雪的《英宪精义》之所以产生重要影响,主要是因为他紧紧地把握了这一思想"②。故而,戴雪宪法思想的精华是"法治原则"。虽然从这一判断出发,但艾伦提供的是一种对于"法治原则"的政治自由主义视角的分析框架,20世纪流行的自由主义政治家哈耶克、罗尔斯、德沃金的理论都成了他的论证素材。

2005年,苏格兰格拉斯哥大学教授汤姆金斯的《我们的共和宪法》出版,这一著作是对1998年《人权法案》于2000年生效以来英国宪法的反思。"在《人权法案》实施之前,自由主义的公法法律家们曾经夸口说:只要法院能够实施权利法案,英国的政治自由将会得到牢靠的保障。然而在人权法案生效之后判决的案子传递出的信息是,司法宪政主义模式承诺了很多它所不能给予的东西,它既不能保障自由,也不能有效地制约政府。"③因此,汤姆金斯提出要为司法宪政主义寻找替代模式。他也并非在否定宪法改革,而是意在重申"离开政治的宪法而转向司法的宪法是错误的。政治能够民主地且有效地阻止政府滥权,制约行政权的行使,并使之负责。法院,不管其权力和构造如何,总将很难做到这一点"④。为此,汤姆金斯提出一种不同于艾伦之"普通法宪法"的改革方向,即以共和主义为底色的新宪法秩序,"在这种新宪法秩序中,国王及其政府首先要服从于议会的意志"⑤。实际上,汤姆金斯的替代模式就是"政治宪政主义"。

---

① 〔英〕T. R. S. 艾伦:《法律、自由与正义——英国宪政的法律基础》,成协中、江菁译,法律出版社2006年版,第2页。
② 同上书,第5页。
③ 〔英〕亚当·汤姆金斯:《我们的共和宪法》,翟小波、翟涛译,法律出版社2016年版,第43页。
④ 同上书,第17页。
⑤ 同上书,第150页。

第五章　以一般法学为根柢的英国宪法学方法论的生成(19世纪以来)

2007年,伦敦大学学院教授贝拉米的《政治宪政主义——民主合法性的一种共和主义辩护》一书出版,在这本论著的前言部分,贝拉米申明了自己的写作目的,即"一部兼容权利法案的成文、可司法化的宪法、被广泛接受为对抗民主政府权力滥用的一种必要的防卫措施。本书将挑战这种普遍观点"①。从这一挑战宣言看,贝拉米持守的是一种尤为鲜明的政治宪法学学术立场。贝拉米将自己要批驳的思潮称为"法律宪政主义"(legal constitutionalism),而将自己倡导的思想称为"政治宪政主义"(political constitutionalism)。尽管"在大部分的宪法中并存着法律宪政主义和政治宪政主义的因素"②,但是前者是将政治道德托付由司法审查决定的关于权利的"薄(thin)宪法"之上;后者则将政治道德缝合于生成民主决策的"厚(thick)宪法"之上。③ 之所以有以上判断,是因为"法律宪政主义能够产生而非限制专断的统治,偏离微弱群体的权利保护并在平等对待所有人的形式或实质意义上伤害法治。相比之下,实存的民主运行促进了权利的宪法善益与法治"④。基于这种分析,贝拉米最后得出的结论是,"本书最严厉批评的是美国式法制主义和司法审查。无论如何,依赖于这样一种基础不良、可靠性不佳的方法来维护宪法价值很难被视为一种诱人的前景。"⑤这也算是贝拉米为当时已经展开的英国宪法改革提供的一种反思性方案。

综上,19世纪以来,面临巨大社会变革的英国宪法学不断地在规范宪法学方法论和政治宪法学方法论之间切换。白芝浩的《英国宪法》初版之时恰逢1867年议会改革之年,受实用主义浸染,白芝浩指出了"内阁是英国政制中有效的秘密"⑥。18年之后的1885年,戴雪的《英国宪法研究导论》出版,他对此前出现的所有宪法研究成果进行了总体性的

---

① 〔英〕理查德·贝拉米:《政治宪政主义:民主合宪性的一种共和主义辩护》,田飞龙译,法律出版社2014年版,前言、致谢。
② 同上书,第7页。
③ 同上书,第8页。
④ 同上书,前文、致谢。
⑤ 同上书,第334页。
⑥ 〔英〕马丁·洛克林:《公法与政治理论》,郑戈译,商务印书馆2002年版,第19页。

批判:哈勒姆式的宪法立场是盲目赞美,布莱克斯通式的宪法论证是用旧术语指称新制度,类似"旧瓶装新酒",弗里曼式的历史学者的宪法研究类似于复古式的知识考古,白芝浩式的政治理论家的宪法观是将宪法等同于政治事实。在此基础之上,戴雪完成了自己的宪法三原则论证框架。2009 年,波格丹诺评价说:"在首次出版 120 年后,《英国宪法研究导论》仍然是一本鲜活的著作。经常被批评,却从未被超越。"①130多年过去了,戴雪理论的影响力仍然很坚韧。所有他身后的理论似乎都和他有关,民主主义浪潮过高时,规范宪法学高扬戴雪的"法治原则";1998 年司法改革之后,司法宪政主义甚嚣尘上时,政治宪法学又高扬戴雪的"议会至上原则"或者"宪法惯例原则"。总之,从一个长时段看,英国的规范宪法学及其规范主义和政治宪法学及其功能主义始终是并存的。但是,比较而言,规范宪法学始终处于正统地位,同时,作为辅助者的政治宪法学也从未缺位,它的刺激有利于规范宪法学摆脱极端倾向。理论映照现实,2005 年,英国最高法院的设立似乎可以算作司法宪政主义的胜利。2020 年 1 月 30 日,英国脱离欧盟似乎又是政治宪政主义的胜利。

三、英国宪法学方法论三重学术根脉的归纳

(一) 一重学术根脉:科学哲学

方法论本质上不是工具性的方法问题,而是一个深刻的哲学命题。既如此,探秘科学体系化的方法论之来时路就需要将学术视野从近代前移至科学即哲学的古希腊时代。古希腊哲人苏格拉底率先厘清了科学的本质,所谓"探索概念"。相比苏格拉底,柏拉图和亚里士多德的理论呈现出明显的体系化特质,由于探索概念的方法论差异,柏拉图与亚里士多德的理论体系又有分野,柏拉图体系实为理念体系,关注人的"纯粹理性";亚里士多德体系则因吸收了唯物主义的优长而显现出"实践理性"的偏向。柏拉图的思辨科学方法论衍生出了后来的斯多葛自

---

① 〔英〕韦农·波格丹诺:《新英国宪法》,李松锋译,法律出版社 2013 年版,引言。

然法流派和近代实证主义法学。亚里士多德的实践科学方法论则衍生出了古典罗马法学以及英国普通法学。英国宪法学之规范宪法学从柯克的普通法学和霍布斯以来的实证法学中汲取了养分;英国宪法学之政治宪法学则从衡平法学、历史法学中获得了方法论指引。故而,源自古希腊的科学哲学构成英国宪法学方法论的第一重学术根脉。

(二)二重学术根脉:古典罗马法学

英国虽与欧洲大陆隔海相望,法律类型却殊为不同。然而,英国与欧陆在人种(日耳曼人)和智识(罗马法、基督教)两方面事实上存在无法割裂的关联。因此,处理英国宪法学与罗马法学尤其是古典罗马法学之间的隐秘关系十分必要。鼎盛于2世纪的古典罗马法学不同于后古典罗马法学的抽象思辨风格,古典罗马法学家相对搁置了柏拉图的纯粹思辨方法论,创生了"法律渊源"概念,聚焦于具体的法律形式,开风气之先创造了一种显性的与讼争息息相关的世俗法学,古典罗马法学无疑是对亚里士多德实践科学方法论的演绎。中世纪形成的英国普通法学方法论更像是古典罗马法学的翻版。普通法学又为戴雪的规范宪法学提供了英国宪法之法治原则,亦为英国宪法的"普通法宪法"特质铺陈了经验底色。基于此,古典罗马法学构成了英国宪法学方法论的第二重学术根脉。

(三)三重学术根脉:英国一般法学

近代以来的英国法学在中世纪普通法学的基础之上,接续发展出了衡平法学、实证法学、历史法学。衡平法学是作为普通法学严苛弊病纠偏者出现的;历史法学是作为实证法学抽象缺陷的纠偏者出现的,二者地位尽管是辅助性的,但在英国法学历史上,依然不可忽视。普通法学与实证法学的根本分歧在于法概念认知的方法论差异。普通法学预设法是法官的理性,实证法学则预设法是主权者的命令。戴雪规范宪法学的议会主权原则显然吸纳了实证法学的国家主权合理内核。与此同时,持守法的道德价值的衡平法学与强调法的经验性、地方性的历史法学又为英国政治宪法学提供了方法论基础。如此,以法学一般理论为先导的法概念探索之路基本织就了英国宪法学体系化的方法论图谱。分析英国一般法学方法论与宪法学方法论的内在逻辑,可以认为其一般法学的方法论构成了宪法学方法论的第三重学术根脉。

　　宪法学的研究对象是宪法,其方法论的独特性源于宪法的特殊性。宪法既具有法律性,又具有政治事实性,故源于三大深厚学术根脉的英国宪法学方法论主要形成了两大方法论谱系,即规范宪法学之规范主义和政治宪法学之功能主义。两者学术立场相异,各有其独特功能。规范宪法学主张英国宪法是一种能够解决普通法与制定法冲突的终极权威规则,政治宪法学则认为英国宪法是为主权者赋权的特殊政治事实;前者具有追求权利的个人主义、规范主义倾向,后者带有维护国家权力的集体主义、功能主义偏向。迄今,从对漫长的英国宪法历史的总体影响力判断,规范宪法学始终处于主流地位,政治宪法学始终处于辅助地位。同时,可以肯定的是,规范宪法学和政治宪法学从来都是作为对方的异见力量和纠偏角色而存在的,虽互有批判,此消彼长,但从未相互抵消,且以不同的方式守护着英国不成文宪法的最高权威和根本法地位。

代结语

英国宪法学方法论学术根脉之启示

本书起初的追问是何为英国宪法学方法论，或者说英国学者是如何思考宪法的。随着研究的深入，竟然发现这是一团无比巨大的迷雾。20世纪的英国公法学者马丁·洛克林已经揭示了英国宪法学方法论存在两个支系即规范主义和功能主义。此种状况下，如果仅作19世纪以来的规范主义和功能主义谱系梳理研究显然意义不大，无非是对以戴雪为代表的规范主义的归纳和以白芝浩为代表的功能主义的统计而已，依循此一研究进路分析完毕，可能依然无法觅得英国学者思考宪法的方法论隐秘，且对方法论之原初含义的认知可能依然一知半解。

故而，本书意图在两个方面寻求突破：一是，何谓科学及其方法论？二是，戴雪之前的英国法学之方法论轨迹何如？在研读大量文献尤其是中世纪英国法学文献的过程中笔者又发现英国法学从罗马古典法学中汲取了重要养分。基于以上几个线索，本书研究的论题和框架最终确定为英国宪法学方法论之三重学术根脉及其演进方式，并得出结论：英国宪法学方法论的三重学术根脉分别为古希腊的科学哲学、罗马古典法学、英国一般法学。古希腊的科学哲学为英国宪法提供了科学与方法论的内在逻辑思考框架；罗马古典法学为英国宪法独具特色的普通法学提供了解决现实问题的某些知识和体系观念；英国一般法学为英国宪法提供了方法论经验性指引。

在厘清英国宪法学及其方法论发展脉络之后，再将之作为比较镜面，从中过滤出适合中国宪法学良性发展的某些启示也许是最为现实的考量，以下将从三个方面予以分析归纳。

一、尊重宪法学的科学本质以解释宪法

宪法学的终极问题是"宪法是什么？"我国宪法学界至今仍未清晰阐释出中国宪法是什么。我国现行宪法中有"根本法""最高法"两个术语，学界同时存在"母法"的表述。笔者认为，从规范性和科学性而言，

"根本法"和"最高法"这两个宪法解释语词应广泛使用,"母法"的宪法解释语词应彻底去除。理由有二,"母法"概念并未规定于宪法文本之中,其不具规范性无须多言,更重要的是,它从宪法学的科学本质中根本无从析出。

宪法学是一门科学,必须传播正确的宪法认知,尤其是宪法学者,不能混淆概念。英国是世人公认的最早的宪法诞生之地,在其规范宪法学的视野里,宪法从来不是什么母法。也许有人反驳说英国是不成文宪法,不能拿来映照中国宪法学,但这样的认知可能过于浅薄了,成文或者不成文仅针对的是宪法渊源而已,不是在谈论宪法概念。如前所述,英国宪法学界给出的宪法内涵解释基本是从宪法学的科学本质出发,遵从方法论指引得出的结论,而非迎合大众接受趣味。以戴雪研究为例,本书认为,戴雪所谓英国宪法包括的宪法性法律和宪法惯例应该是从宪法内容视角作出的判断,因为英国宪法的渊源或者说宪法形式是确定的,即不成文宪法。而他所批判的政治宪法观所研究的"宪法惯例"显然并非英国宪法的正式渊源,对此戴雪表达得十分清楚,宪法惯例"不是由法院实施的规则,所以其实根本不是法律。宪法的这部分内容,以示区别,可以被称为'宪法惯例',或者宪法道德"①。因此,戴雪声称:"唯有真正的宪法,才是法学家实际关注的对象……政治理论家的宪法观,它的缺陷是只讨论宪法惯例。"②其本意是在阐述他的宪法概念,即"宪法是普通法的结果"③。这种判断源于英国宪法学的普通法根基,正是基于此,作为规范宪法学代表的戴雪,其眼中真正的宪法是一种"实然的宪法",相反,被戴雪同时批判的以白芝浩为代表的政治宪法学家、以弗里曼为代表的历史法学家眼中真正的宪法其实是"应然的宪法"。需要注意的是,虽然戴雪同时批判了以布莱克斯通为代表的普通法学家的宪法认知,但是普通法学家的宪法观本质上仍然是围绕普通法的"实然的宪法"观,只不过缺乏准确的概念描述。在批判普通法学

---

① 〔英〕A. V. 戴雪:《英国宪法研究导论》,何永红译,商务印书馆2020年版,第106页。
② 同上书,第102、111页。
③ 同上书,第233页。

家宪法观的同时,戴雪十分明确地批驳了自柯克以来十分流行的动辄诉诸先在权利的英国"古代宪法观",认为"法学家以其精明利用了史学家的简明。可以说,形式主义与好古癖最终联合起来,共同对探求宪法的学者形成误导"①。质言之,古代宪法观并不是一种从科学本质意义上得出的宪法概念。相反,"实然的宪法"与"应然的宪法"才是科学本质意义上的宪法概念。

回到我国宪法,我国的现行宪法是 1982 年宪法,宪法学界基于规范性和科学性,可以提供的宪法概念同样是二维的,要么是规范意义上的"最高法",要么是政治意义上的"根本法"。此外,还应该抛弃那种"古代宪法和现代宪法"之类的说辞,不只是因为我们的"古代宪法"含义与柯克式的理解大相径庭,更因为它根本不是基于宪法学本质而对宪法进行的阐释。

二、持守规范主义为主,功能主义为辅的方法论指引

诠释学大家伽达默尔说:"方法仿佛'跟踪之路',总是像人们走过的路一样让人跟随着走,它标志出科学的进程。"②这可谓一语道破了方法论于科学的意义。结合以上科学之"探索概念"本质,学科分殊的表象似乎是由于对同一对象作出不同的阐释,从而走向流派分化,但是实际上决定学科分野的隐秘是方法论。

自戴雪以来,英国宪法学成为法学意义上的显学,"以至于我们如今很难注意到戴雪之前的任何公法作品;似乎公法这一学科就是由戴雪发明的"③。迄今,戴雪于英国宪法学的主流影响力仍未被撼动。虽然在他之前已经有不少名宿对英国宪法有所研究,比如柯克、布莱克斯通、弗里曼、白芝浩等,但是如上分析,他们都未给宪法提供一个准确的概念。从渊源看,由于采用了奥斯丁的实证分析主义方法论,戴雪的英

---

① 〔英〕A. V. 戴雪:《英国宪法研究导论》,何永红译,商务印书馆 2020 年版,第 102 页。
② 《诠释学 II:真理与方法》书中虽采用了"方法"一词,但其主旨更像是在科学哲学意义上探讨方法论问题。
③ 〔英〕马丁·洛克林:《公法与政治理论》,郑戈译,商务印书馆 2002 年版,第 197 页。

宪研究显得与众不同,因而被世人公认为英国规范宪法学流派和规范主义方法论的开创者。其他不同于规范宪法学观念的宪法流派及其方法论则被学界称为政治宪法学及其功能主义方法论。

值得玩味的问题是,为什么英国的宪法学自戴雪开始成为独立的显学? 本书认为,较之功能主义,戴雪所采用的规范主义方法论在本质上是奥斯丁实证主义方法论在宪法领域的演绎,较之普通法学家"古代宪法"的宪法认知,戴雪的实证分析方法论给英国宪法渊源提供了更为科学的抽象概念,对英国宪法的分析相对更具解释力,尽管不算尽善尽美,却使得英国宪法学开始以科学的体系化面目示人。质言之,正是戴雪的《英国宪法研究导论》首先使得英国宪法学初步具备了法学意义上的学科体系、学术体系和话语体系,亦即英国宪法学初步具备了成熟科学的体系化外在特质。当然,在承认规范主义宪法学方法论的贡献及其主流地位的同时,英国宪法人从未丢失功能主义宪法学方法论,因为两种方法论都有内在缺陷,二者作为彼此的纠偏力量同时存在,于英国宪法和国家秩序的良性发展无疑是有益的。

相对英国宪法学,我国宪法学的体系化程度仍显不足,对我国宪法最具解释力的宪法成果仍然缺乏。故而,应将英国宪法学作为他山之石,主要汲取两点经验:一是要在宪法学的科学本质层面看到方法论于宪法学的原初意义;二是在宪法学方法论选择上,应当始终坚持规范主义为主,功能主义为辅的理念指引。规范主义有利于宪法学体系化的形成,同时,功能主义会补足宪法学对政治特殊性的考量。

三、建构以本国宪法传统为根柢的宪法学体系

戴雪相信,"宪法学家的任务必定是以一种系统的方式去分析英国宪法的法律基础。"[1]其中有两层考量,一则直指他研究的是英国宪法的法律基础而非政治或历史文化基础。其分析视角无疑是一种对宪法性法律的内部观察路径,其视野中的宪法只是那些能够在法院实施的严

---

[1] 〔英〕马丁·洛克林:《公法与政治理论》,郑戈译,商务印书馆2002年版,第197页。

格意义上的实然的宪法。二则申言英国宪法的法律基础是英国普通法。

英国自12世纪以来,注重经验的普通法风格已经形成。虽然有教会法、罗马法、海事法等外来法的进入,但是它们长期以来分别在不同法院适用,并未对普通法的主流地位造成影响。当然,19世纪的法院合并也并未影响英国的普通法风格。从法学研究看,英国普通法学界也是群星灿烂,有18世纪的布莱克斯通、17世纪的柯克和黑尔、15世纪的福蒂斯丘和利特尔顿、13世纪的布拉克顿、12世纪的格兰维尔等。这些人物均是各自时代的标杆式法律人,正是他们的不竭传承和更新,推动着英国普通法学乃至宪法学的不断发展。从宪法渊源看,英国宪法的形式与普通法相似。从宪法原则和精神看,英国宪法的"法治原则"和"议会主权原则"均源自其深厚的普通法遗产。故而,以普通法为基础的英国宪法学体系基本是一种普通法宪法学体系。如今,英国宪法的形式与普通法仍无两样,并未走向法典化道路,即使长期处于被成文宪法包围的弱势处境,英国的宪法学者也大多选择坚守英国宪法的柔性特质和普通法底色。

英国宪法之"法治原则"的宗旨是国家应当践行法律之治,通过宪法实施充分保障个人权利。"议会主权原则"是指议会依照英国宪法有权制定或废除任何法律。两相比较,前者更能体现纯粹的规范主义"实然宪法观";后者则带有政治宪法学之"应然宪法观"意味。尽管戴雪为了撇清奥斯丁政治主权的影响,将议会主权解释为一种事实性的法律主权,但主权总是要涉及对国家权力来源、组织架构的宪法安排,涉及集体利益的宪法衡量,其中的民主政治色彩是无法抹除的,或许这正是政治宪法学存在的理由。从形式看,宪法是广义法律规范的一种,且是最高法规范;但是从内容看,既有个体权利保护的法律内容,亦有集体秩序的民主政治内容,且宪法之民主政治内容更能彰显宪法于国家的根本法意义。

再回到我国宪法,我国宪法的形式不同于英国宪法,采成文宪法形式,这种选择来自我们本国的成文法传统,在文本形式上更能彰显宪法之最高法特质。但是,如何在实质意义上发挥宪法之保障个体权利的功能,尚需借鉴英国经验进一步进行制度完善。但需要注意的是,我国宪法与英宪存在内容上的差异,尤其是国家权力框架部分,十分迥异,具有极强的中国特色,因此我国宪法学研究必须以我国宪法传统为根基,寻求更高程度的体系化发展。

参考文献

一、中文文献

(一)译著类

[1]〔德〕H.李凯尔特:《文化科学和自然科学》,涂纪亮译,北京:商务印书馆1986年版。

[2]〔比〕R.C.范·卡内冈:《英国普通法的诞生》,李红海译,北京:商务印书馆2017年版。

[3]〔英〕W.C.丹皮尔:《科学史》,李珩译,北京:中国人民大学出版社2010年版。

[4]〔英〕阿尔弗雷德·诺斯·怀特海:《过程与实在——宇宙论研究》,杨富斌译,北京:中国城市出版社2003年版。

[5]〔意〕阿奎那:《论法律》,杨天江译,北京:商务印书馆2016年版。

[6]〔英〕阿萨·布里格斯:《英国社会史》,陈叔平、陈小惠、刘幼勤、周俊文译,北京:商务印书馆2015年版。

[7]〔英〕艾伦:《法律、自由与正义——英国宪政的法律基础》,成协中、江菁译,北京:法律出版社2006年版。

[8]〔英〕爱德华·吉本:《罗马帝国衰亡史》,黄宜思、黄雨石译,北京:商务印书馆1996年版。

[9]〔英〕爱德华·甄克斯:《中世纪的法律与政治》,屈文生、任海涛译,北京:中国政法大学出版社2010年版。

[10]〔古希腊〕柏拉图:《法律篇(第二版)》,张智仁等译,北京:商务印书馆2016年版。

[11]〔英〕保罗·布兰德:《英格兰律师职业的起源》,北京:北京大学出版社

2009年版。

[12]〔英〕比德:《英吉利教会史》,陈维振、周清民译,北京:商务印书馆1991年版。

[13]〔意〕彼德罗·彭梵得:《罗马法教科书(2017年校订版)》,黄风译,北京:中国政法大学出版社2017年版。

[14]〔英〕边沁:《道德与立法原理导论》,时殷弘译,北京:商务印书馆2000年版。

[15]〔英〕边沁:《政府片论》,沈书平等译,北京:商务印书馆1995年版。

[16]〔英〕波考克:《古代宪法与封建法》,翟小波译,南京:译林出版社2014年版。

[17]〔英〕波洛克:《普通法的精神》,杜苏译,北京:商务印书馆2016年版。

[18]〔美〕伯尔曼:《信仰与秩序:法律与宗教的复合》,姚剑波译,北京:中央编译出版社2010年版。

[19]〔美〕伯纳德·科恩:《自然科学与社会科学的互动》,张卜天译,北京:商务印书馆2016年版。

[20]〔英〕戴维·M.格温:《罗马共和国》,王忠孝译,北京:译林出版社2018年版。

[21]〔英〕戴雪:《公共舆论的力量:19世纪英国的法律与公共舆论》,戴鹏飞译,上海:上海人民出版社2014年版。

[22]〔英〕戴雪:《英国宪法研究导论》,何永红译,北京:商务印书馆2020年版。

[23]〔英〕戴雪:《英宪精义》,雷宾南译,北京:中国法制出版社2017年版。

[24]〔英〕丹宁勋爵:《法律的未来》,刘庸安、张文镇译,北京:法律出版社1999年版。

[25]〔法〕笛卡尔:《谈谈方法》,王太庆译,北京:商务印书馆2000年版。

[26]〔英〕菲利普·诺顿:《英国议会政治》,严行健译,北京:法律出版社2016年版。

[27]〔英〕弗朗西斯·培根:《新工具》,许宝骙译,北京:商务印书馆1984年版。

[28]〔德〕弗里德里希·卡尔·冯·萨维尼:《论立法与法学的当代使命》,许章润译,北京:中国法制出版社2001年版。

[29]〔德〕伽达默尔:《诠释学Ⅰ:真理与方法(修订译本)》,洪汉鼎译,北京:商务印书馆2007年版。

[30]〔英〕哈蒙德:《希腊史:迄至公元前 322 年》,朱龙华译,北京:商务印书馆 2016 年版。

[31]〔英〕哈特:《法律的概念》(第二版),许家馨、李冠宜译,北京:法律出版社 2011 年版。

[32]〔英〕哈特:《哈特论边沁——法理学与政治理论研究》,谌洪果译,北京:法律出版社 2015 年版。

[33]〔英〕赫伯特·巴特菲尔德:《历史的辉格解释》,张岳明、刘北成译,北京:商务印书馆 2012 年版。

[34]〔英〕赫伯特·巴特菲尔德:《现代科学的起源》,张卜天译,上海:上海交通大学出版社 2017 年版。

[35]〔英〕怀特海:《科学与近代世界》,何钦译,北京:商务印书馆 1959 年版。

[36]〔英〕惠尔:《现代宪法》,翟小波译,北京:法律出版社 2006 年版。

[37]〔英〕霍布斯:《利维坦》,黎思复、黎廷弼译,北京:商务印书馆 1985 年版。

[38]〔英〕霍布斯:《哲学家与英格兰法律家的对话》,姚中秋译,上海:上海三联书店 2006 年版。

[39]〔英〕霍尔斯沃思:《英国法的塑造者》,陈锐等译,北京:法律出版社 2018 年版。

[40]〔英〕杰弗里·马歇尔:《宪法理论》,刘刚译,北京:法律出版社 2006 年版。

[41]〔美〕杰拉德·波斯特玛:《边沁与普通法传统》,徐同远译,北京:法律出版社 2014 年版。

[42]〔德〕卡尔·拉伦茨:《法学方法论》,陈爱娥译,北京:商务印书馆 2003 年版。

[43]〔英〕肯尼思·O.摩根:《牛津英国史》,方光荣译,北京:人民日报出版社 2021 年版。

[44]〔法〕孔德:《论实证精神》,黄建华译,北京:商务印书馆 1996 年版。

[45]〔法〕孔多塞:《人类精神进步史表纲要》,何兆武等译,北京:生活·读书·新知三联书店 1998 年版。

[46]〔英〕拉努尔夫·德·格兰维尔:《论英格兰王国的法律和习惯》,吴训详译,北京:中国政法大学出版社 2015 年版。

[47]〔法〕勒内·达维德:《当代主要法律体系》,漆竹生译,上海:上海译文出版社 1984 年版。

[48]〔英〕理查德·A.科斯格罗夫:《法治:维多利亚时代的法学家戴雪》,何永红、丁于芳译,上海:华东师范大学出版社2021年版。

[49]〔英〕理查德·贝拉米:《政治宪政主义:民主合宪性的一种共和主义辩护》,田飞龙译,北京:法律出版社2014年版。

[50]〔英〕鲁伯特·克罗斯、J. W.哈里斯:《英国法中的先例(第四版)》,苗文龙译,北京:北京大学出版社2011年版。

[51]〔德〕鲁道夫·冯·耶林:《法学是一门科学吗?》,李君韬译,北京:法律出版社2010年版。

[52]〔德〕鲁道夫·耶林:《法学的概念天国》,柯伟才、于庆生译,北京:中国法制出版社2009年版。

[53]〔美〕罗斯科·庞德:《法哲学导论》,于柏华译,北京:商务印书馆2019年版。

[54]〔英〕洛克:《政府论》,叶启芳、瞿菊农译,北京:商务印书馆1964年版。

[55]〔美〕马丁·洛克林:《公法的基础》,张晓燕译,上海:复旦大学出版社2022年版。

[56]〔英〕马丁·洛克林:《公法与政治理论》,郑戈译,北京:商务印书馆2002年版。

[57]〔英〕马丁·洛克林:《剑与天平:法律与政治关系的省察》,高秦伟译,北京:北京大学出版社2011年版。

[58]〔德〕马克斯·韦伯:《社会科学方法论》,韩水法译,北京:商务印书馆2013年版。

[59]〔英〕马修·黑尔:《英格兰普通法史》,史大晓译,北京:北京大学出版社2016年版。

[60]〔美〕迈克尔·沃尔泽:《清教徒的革命:关于激进政治起源的一项研究》,王东兴、张蓉译,北京:商务印书馆2016年版。

[61]〔英〕梅特兰等:《欧陆法律史概览:事件、渊源、人物及运动》(修订本),屈文生等译,北京:上海人民出版社2015年版。

[62]〔英〕梅特兰:《普通法的诉讼形式》,王云霞等译,北京:商务印书馆2010年版。

[63]〔英〕梅特兰:《英格兰宪政史》,李红海译,北京:中国政法大学出版社2010年版。

[64]〔英〕梅因:《古代法》,沈景一译,北京:商务印书馆1959年版。

[65]〔德〕孟文理:《罗马法史》,迟颖、周梅译,北京:商务印书馆2016年版。

[66]〔英〕诺曼·多恩:《中世纪晚期英国法中的最高权威》,杨尚东译,北京:中国政法大学出版社2018年版。

[67]〔英〕屈威廉:《英国革命:1688—1689》,宋晓东译,北京:商务印书馆2017年版。

[68]〔德〕施塔姆勒:《现代法学之根本趋势》,姚远译,北京:商务印书馆2016年版。

[69]〔美〕塔玛尔·赫尔佐格:《欧洲法律简史:两千五百年来的变迁》,高仰光译,北京:中国政法大学出版社2019年版。

[70]〔英〕汤姆金斯:《我们的共和宪法》,翟小波、翟涛译,北京:法律出版社2016年版。

[71]〔德〕特奥多尔·菲韦格:《论题学与法学——论法学的基础研究》,舒国滢译,北京:法律出版社2012年版。

[72]〔美〕托马斯·库恩:《科学革命的结构》,金吾伦、胡新和译,北京:北京大学出版社2012年版。

[73]〔英〕托马斯·麦考莱:《麦考莱英国史》,刘仲敬译,长春:吉林出版集团股份有限公司2014年版。

[74]〔英〕威廉·布莱克斯通:《英国法释义(第一卷)》,游云庭、缪苗译,上海:上海人民出版社2006年版。

[75]〔德〕威廉·狄尔泰:《精神科学引论(第一卷)》,艾彦译,北京:北京联合出版公司2014年版。

[76]〔英〕威廉·格尔达特:《英国法导论(第11版)》,张笑牧译,北京:中国政法大学出版社2013年版。

[77]〔英〕韦农·波格丹诺:《新英国宪法》,李松锋译,北京:法律出版社2013年版。

[78]〔意〕维柯:《新科学(全两册)》,朱光潜译,北京:商务印书馆1989年版。

[79]〔德〕文德尔班:《哲学史教程(上卷)》,罗达仁译,北京:商务印书馆1987年版。

[80]〔英〕沃尔特·白芝浩:《英国宪法》,夏彦才译,北京:商务印书馆2005年版。

[81]〔古罗马〕西塞罗:《国家篇 法律篇》,沈叔平、苏力译,北京:商务印书馆1999年版。

[82]〔古希腊〕亚里士多德:《工具论》,刘叶涛等译,上海:上海人民出版社2018年版。

[83]〔古希腊〕亚里士多德:《尼各马可伦理学》,廖申白译,北京:商务印书馆2003年版。

[84]〔荷〕杨·斯密茨:《法学的观念与方法》,魏磊杰、吴雅婷译,北京:法律出版社2017年版。

[85]〔英〕约翰·奥斯丁:《法理学的范围(中译本第二版)》,刘星译,北京:北京大学出版社2013年版。

[86]〔英〕约翰·福蒂斯丘:《论英格兰的法律与政制》,袁瑜峥译,北京:北京大学出版社2008年版。

[87]〔英〕约翰·密尔:《代议制政府》,汪瑄译,北京:商务印书馆1982年版。

[88]〔英〕约翰·密尔:《论自由》,许宝骙译,北京:商务印书馆1959年版。

[89]〔英〕詹宁斯:《法与宪法》,龚祥瑞等译,北京:生活·读书·新知三联书店1997年版。

[90]〔美〕朱迪斯·M.本内特、C.沃伦·霍利斯特:《欧洲中世纪史》,杨宁、李韵译,上海:上海社会科学院出版社2007年版。

[91]〔意〕朱塞佩·格罗索:《罗马法史》,黄风译,北京:中国政法大学出版社2018年版。

(二)著作类

[1]白斌:《宪法教义学》,北京:北京大学出版社2014年版。

[2]陈端洪:《制宪权与根本法》,北京:中国法制出版社2010年版。

[3]陈瑞华:《论法学研究方法:法学研究的第三条道路》,北京:北京大学出版社2009年版。

[4]《大宪章》,陈国华译,北京:商务印书馆2016年版。

[5]韩大元、张翔:《宪法解释程序研究》,北京:中国人民大学出版社2016年版。

[6]何勤华:《西方法学史纲(第三版)》,北京:商务印书馆2016年版。

[7]何永红:《戴雪宪法理论研究》,北京:知识产权出版社2014年版。

[8]黄金鸿:《英国人权60案》,北京:中国政法大学出版社2011年版。

[9] 金观涛、刘青峰:《观念史研究:中国现代重要政治术语的形成》,北京:法律出版社 2010 年版。

[10] 冷霞:《英国早期衡平法概论——以大法官法院为中心》,北京:商务印书馆 2010 年版。

[11] 李红海:《普通法的司法解读:以法官造法为中心》,北京:北京大学出版社 2018 年版。

[12] 李红海:《英国普通法导论》,北京:北京大学出版社 2018 年版。

[13] 李忠夏:《宪法变迁与宪法教义学:迈向功能分化社会的宪法观》,北京:法律出版社 2018 年版。

[14] 林来梵:《从宪法规范到规范宪法:规范宪法学的一种前言》,北京:法律出版社 2001 年版。

[15] 泮伟江:《一个普通法的故事:英格兰政体的奥秘》,桂林:广西师范大学出版社 2015 年版。

[16] 屈文生:《普通法令状制度研究》,北京:商务印书馆 2011 年版。

[17] 舒国滢:《法学的知识谱系(上)》,北京:商务印书馆 2021 年版。

[18] 于明:《司法治国:英国法庭的政治史(1154—1701)》,北京:法律出版社 2015 年版。

[19] 张岱年:《中国哲学大纲》,南京:江苏教育出版社 2006 年版。

[20] 张翔:《宪法释义学:原理·技术·实践》,北京:法律出版社 2013 年版。

[21] 周枏:《罗马法原论(上册)》,北京:商务印书馆 2013 年版。

(三)期刊类

[1] 陈景辉:《部门法学的教义化及其限度——法理学在何种意义上有助于部门法学》,《中国法律评论》2018 年第 3 期。

[2] 陈瑞华:《法学研究方法的若干反思》,《中外法学》2015 年第 1 期。

[3] 程汉大:《英国宪政传统的历史成因》,《法制与社会发展》2005 年第 1 期。

[4] 高全喜:《政治宪法学的兴起与嬗变》,《交大法学》2012 年第 1 期。

[5] 高全喜:《政治宪法学的政治观》,《中国法律评论》2014 年第 4 期。

[6] 龚祥瑞:《法与宪法——读詹宁斯〈法与宪法〉》,《比较法研究》1995 年第 4 期。

[7] 龚祥瑞:《法与政治——读戴雪〈英宪之法的研究导论〉》,《比较法研究》1995 年第 3 期。

[8] 韩大元:《近 30 年我国宪法学方法论的演变》,《法学论坛》2013 年第 1 期。

[9] 何勤华、王帅:《中世纪英格兰的巡回审判:背景、制度以及变迁》,《法律科学》(西北财法大学学报)2015 年第 2 期。

[10] 何卫平:《维柯〈论我们时代的研究方法〉的解释学意义——以笛卡尔的〈方法谈〉作对比》,《四川师范大学学报》(社会科学版)2017 年第 3 期。

[11] 何永红:《法律、主权与民主——戴雪宪法学说的政治之维》,《临沂师范学院学报》2010 年第 1 期。

[12] 何永红:《政治宪法论的英国渊源及其误读》,《清华法学》2014 年第 3 期。

[13] 雷磊:《法教义学的基本立场》,《中外法学》2015 年第 1 期。

[14] 雷磊:《法教义学与法治:法教义学的治理意义》,《法学研究》2018 年第 5 期。

[15] 雷磊:《域外法学方法论论著我国大陆传播考略:以欧陆译作与我国台湾地区作品为主线》,《东方法学》2015 年第 4 期。

[16] 李忠夏:《中国宪法学方法论反思》,《法学研究》2011 年第 2 期。

[17] 林莱梵:《法学的祛魅》,《中国法律评论》2014 年第 4 期。

[18] 强世功:《"不成文宪法":英国宪法学传统的启示》,《读书》2009 年第 11 期。

[19] 邱昭继:《20 世纪英美法理学论战中的概念分歧》,《北方方学》2013 年第 4 期。

[20] 舒国滢:《罗马法学成长中的方法论因素》,《比较法研究》2013 年第 1 期。

[21] 舒国滢:《欧洲人文主义法学的方法论与知识谱系》,《清华法学》2014 年第 1 期。

[22] 舒国滢:《寻访法学的问题立场——兼谈"论题学法"的思考方式》,《法学研究》2005 年第 3 期。

[23] 舒国滢:《优士丁尼〈学说汇纂〉文本的流传、修复与勘校》,《清华法学》2019 年第 5 期。

[24] 舒国滢:《中国法学之问题——中国法律知识谱系的梳理》,《清华法学》2018 年第 3 期。

[25] 苏力:《中国法学研究格局的流变》,《法商研究》2014 年第 5 期。

[26] 田飞龙:《中国宪法学脉络中的政治宪法学》,《学海》2013 年第 2 期。

[27] 夏彦才:《白芝浩和他的〈英国宪法〉——白芝浩〈英国宪法〉译后》,《武汉

理工大学学报(社会科学版)》2006 年第 4 期。

[28] 谢红星:《论英国宪法的进化及其启示:一种宪法发展形态的研究》,《理论月刊》2009 年第 7 期。

[29] 杨代雄:《萨维尼法学方法论中的体系化方法》,《法制与社会发展》2006 年第 6 期。

[30] 叶海波:《我国宪法学方法论争的理论脉络与基本共识》,《清华法学》2013 年第 3 期。

[31] 于明:《"不可追忆时代"的用途与滥用——英国"古代宪法"理论的再检讨》,《学术月刊》2019 年第 5 期。

[32] 翟小波:《无用之大用:法哲学的性质与用途》,《中国法律评论》2018 年第 3 期。

[33] 翟小波:《宪法是关于主权的真实规则》,《法学研究》2004 年第 6 期。

[34] 翟志勇:《英国不成文宪法的观念流变——兼论不成文宪法概念在我国的误用》,《清华法学》2013 年第 3 期。

[35] 张绍欣:《中国政治宪法学与规范宪法学之争的吊诡》,《清华大学学报》(哲学社会科学版)2015 年第 5 期。

[36] 张龑:《多元一统的政治宪法结构——政治宪法学理论基础的反思与重建》,《法学研究》2015 年第 6 期。

[37] 周尚君:《法教义学的话语反思与批判》,《国家检察官学院学报》2015 年第 5 期。

(四) 学位论文类

[1] 王笑红:《试论教会法的演变及其对世俗法律的影响》,华东政法大学博士学位论文。

[2] 杨晓聪:《〈权利请愿书〉研究》,吉林大学 2009 年硕士学位论文。

二、外文文献

[1] Andrew Blick, Your Constitution, The Constitution Society, 2024.

[2] A. V. Dicey, *Introduction to the Study of the Law of the Constitution*, Macmillan, 1915.

[3] Frederick Pollock, Frederic William Maitland, *The History of English Law before the Time of Edward I*(*Volume I*), Cambridge University Press, 1898.

[4] Martin Loughlin, *The British Constitution: A Very Short Introduction*, Oxford University Press, 2023.

[5] Martin Loughlin, *The British Constitution*: Thoughts on the Cause of Present Discontents, Law, Society and Economy Working, 2018.

[6] Vernon Bogdanor, Brexit and Our Unprotected Constitution, The Constitution Society, 2018.

附　录

表 1　英国国王世系表

	在位时间(年)	国王及其世系关系	
撒克逊及丹麦系	802—839	埃格伯特	Egbert
	839—856	埃塞沃尔夫,埃格伯特之子	Ethewulf
	856—860	埃塞巴德,埃塞沃尔夫之子	Ethebald
	860—866	埃塞伯特,埃塞沃尔夫之次子	Ethebert
	866—871	埃塞雷德,埃塞沃尔夫之三子	Ethelred
	871—899	阿尔弗雷德,埃塞沃尔夫之幼子	Alfred
	901—925	老爱德华,阿尔弗雷德之子	Edward the elder
	925—939	埃瑟尔斯坦,爱德华之子	Athelstan
	939—946	爱德蒙一世,爱德华之三子	Edmund I
	946—955	伊德雷德,爱德华之四子	Edred
	955—959	埃德威格,爱德蒙之子	Edwy
	959—975	埃德加,爱德蒙之次子	Edgar
	975—979	爱德华,埃德加之子	Edward
	979—1016	爱塞雷德,埃德加之次子	Ethelred
	1016—1016	爱德蒙二世,爱塞雷德之子	Edmund II
	1016—1035	卡纽特,丹麦王	Canut
	1035—1040	哈罗德一世,卡纽特之子	Harold I
	1040—1042	哈迪卡纽特,卡纽特之次子	Hardicanute
	1042—1066	忏悔者爱德华,爱塞雷德之子	Edward the Confessor
	1066	哈罗德二世,最后的撒克逊系王	Harold II

(续表)

王朝	在位时间(年)	国王及其世系关系	
诺曼王朝	1066—1087	威廉一世(即征服者威廉)	William I
	1087—1100	威廉二世(即红脸威廉),威廉一世之三子	William II
	1100—1135	亨利一世,威廉一世之幼子	Henry I
	1135—1154	布鲁瓦的斯蒂芬,威廉一世之女阿德莉西娅之子	Stephen of Blois
金雀花(安茹)王朝	1154—1189	亨利二世,亨利一世之女玛德之子	Henry II
	1189—1199	理查一世,亨利二世之子	Richard I
	1199—1216	约翰,亨利二世之幼子	John
	1216—1272	亨利三世,约翰之子	Henry III
	1272—1307	爱德华一世,亨利三世之子	Edward I
	1307—1327	爱德华二世,爱德华一世之子	Edward II
	1327—1377	爱德华三世,爱德华二世之子	Edward III
	1377—1399	理查二世,爱德华三世之孙	Richard II
兰开斯特王朝	1399—1413	亨利四世,爱德华三世之孙,兰开斯特公爵冈特的约翰之子	Henry IV
	1413—1422	亨利五世,亨利四世之子	Henry V
	1422—1461	亨利六世,亨利五世之子	Henry VI
约克王朝	1461—1483	爱德华四世,爱德华三世之曾孙,约克公爵之子	Edward IV
	1483—1483	爱德华五世,爱德华四世之子	Edward V
	1483—1485	理查三世,爱德华三世之弟	Richard III
都铎王朝	1485—1509	亨利七世,爱德华三世之子冈特的约翰的外孙	Henry VII
	1509—1547	亨利八世,亨利七世之子	Henry VIII
	1547—1553	爱德华六世,亨利八世之子	Edward VI
	1553—1558	玛丽一世,亨利八世之女	Mary I
	1558—1603	伊丽莎白一世,亨利八世之次女	Elizabeth I
斯图亚特王朝	1603—1625	詹姆斯一世	James I
	1625—1649	查理一世,詹姆斯一世之子	Charles I
共和政体时期	1653—1658	奥利弗·克伦威尔	Oliver Cromwell
	1658—1659	理查·克伦威尔	Richard Cromwell

(续表)

	在位时间(年)	国王及其世系关系	
斯图亚特王朝	1660—1685	查理二世,查理一世之子	Charles II
	1685—1688	詹姆斯二世,查理一世之次子	James II
	1689—1702	威廉三世(查理一世之外孙)和玛丽二世(詹姆斯二世之女)	William III and Mary II
	1702—1714	安妮,詹姆斯二世之次女	Ann
汉诺威王朝	1714—1727	乔治一世,詹姆斯一世孙女索菲娅之子	George I
	1727—1760	乔治二世,乔治一世之子	George II
	1760—1820	乔治三世,乔治二世之子	George III
	1820—1830	乔治四世,乔治三世长子	George IV
	1830—1837	威廉四世,乔治三世第三子	William IV
	1837—1901	维多利亚女王,乔治三世的孙女	Queen Victoria
萨克森-科堡-哥达王朝	1901—1910	爱德华七世,维多利亚女王之子	Edward VII
温莎王朝(1917年开始使用该名称)	1910—1936	乔治五世,爱德华七世的次子(1910—1917年作为萨克森-科堡-哥达王朝国王)	George V
	1936—1936	爱德华八世,乔治五世和玛丽王后的嫡长子	Edward VIII
	1936—1952	乔治六世,乔治五世次子	George VI
	1952—2022	伊丽莎白二世,乔治六世的长女	Elizabeth II
	2022—至今	查尔斯三世,伊丽莎白二世之子	Charles III

注:该表是对《英国法释义》之"古代英国王系一览"的补充,具体补充了乔治三世之后的王系内容。

资料来源:〔英〕威廉·布莱克斯通:《英国法释义(第一卷)》,游云庭、缪苗译,上海人民出版社2006年版。

后 记

对于宪法学方法论的深刻反思缘于九年前的一次晚间读书会。一位硕士研究生同学极其认真地追问:"为何读了四年法学本科,到了读研阶段对于宪法是什么仍然不得而知?"这一"宪法之问"带给我的内心触动不亚于"时间之问"于奥古斯丁,奥古斯丁说:"时间究竟是什么?没有人问我,我倒清楚;有人问我,我想说明,便茫然不解了"。坦诚地讲,彼时,我对"宪法之问"并不能从科学原理上作出清晰解答,但它却作为最为深刻的宪法学问题隐匿地刺中了我。2016年初的寒假,我反复研读马丁·洛克林的《公法与政治理论》,意图从世界宪法母国的学科谱系中找寻一个确切的答案,随即发现"宪法之问"本质上也是一个宪法学"方法论之问"。由于19世纪的英国宪法学已经呈现出明显的体系化倾向及规范主义和功能主义的方法论分野,于是揭开英国宪法学体系化及其方法论的神秘面纱就很可能会发现"宪法之问"的谜底。基于以上预设和考量,探寻英国宪法学方法论的学术根柢便成为过去五年我的知识冒险。

2018年秋季开始,为了解英国历史和西方观念史概貌,我阅读了一些西方哲学史和英国史专著,包括罗素的《西方哲学史》,休谟的六卷本《英国史》,梅特兰的《英格兰宪政史》以及《盎格鲁-撒克逊编年史》。之后,又略读了林立的《法学方法论与德沃金》以及包括《认真对待权利》在内的九本德沃金专著,意图从哈特论战对手的思想轨迹中觅到些许英国法学的发展线索,但是结果并不令人满意。直至遇见文德尔班的《哲学史教程》,我才真正豁然开朗:法学乃至宪法学科学性论争的起底还是要回溯至"科学摇篮"古希腊。

入口的时空浩渺意味着迈向出口的旅程必然漫长而艰险,唯一的出路是循着知识图谱上那些璀璨经典的光亮,尝试在一般逻辑链条上缝合起各类思想谱系的串珠,否则可能寸步难行或者在中途就折戟沉沙。摆在眼前的迷离问题层层叠叠:首先,古希腊的科学哲学根柢究竟在何处?苏格拉底是怎样将科学哲学从天上请到地上的?柏拉图谱系又是如何承袭和发展了苏格拉底谱系?苏格拉底谱系又如何衍生出了亚里士多德谱系?其次,古典罗马法学以何种方式演绎了亚里士多德谱系?后古典罗马法学又是如何沿袭了柏拉图谱系?再次,中世纪英国普通法学如何因袭了实践技艺性的世俗罗马法学?衡平法学又如何植入了罗马教会法学?近代英国实证主义法学又如何转向了柏拉图的"理念理性"法概念?最后,19世纪英国宪法学的体系化与其一般法学又存在怎样的方法论勾连?以上种种叩问仿佛蛛网般缠绕在一起,复杂难解!

历经五年的艰辛探索,当我拖着疲惫不堪的沉重肉身走出自我设定的问题洞穴时,欣喜与悲伤竟然一同袭来。悲伤的是,追问元知识几乎是一桩漫长而孤寂的费力不讨喜的自伤,以至于大半年我都不愿意再看一眼自己的成稿;欣喜的是,竟然发现自己对于学术界的无数口水挞伐秘密能够了然于胸了。不再迷惑于耶林的"法律的戏谑与认真",奥斯丁的"知识之扣",德沃金的"法律的一般理论必须是规范性的又是概念性的";也了然了梅特兰的"历史是一张无接缝的网",黑尔的"归来时的阿戈尔号还是出海时的阿戈尔号"。至于英国的普通法宪法,17世纪的柯克将其神秘化,视它为自黑森林走出的神秘的"古代宪法";18世纪的布莱克斯通开始尝试在大学讲授英国普通法并从自然法视角阐释其独特意义;19世纪的边沁则痛批"自然权利说"是"踩着高跷说胡话",诅咒普通法像"狗法"。前有车,后有辙,作为边沁衣钵弟子的奥斯丁明显转向了重视制定法价值的实证主义,吸收了奥斯丁方法论的戴雪因此被詹宁斯誉为"将法学方法引入宪法的第一人"。戴雪以实证主义方法论不遗余力地批判弗里曼的浪漫历史主义和白芝浩的政治功能主义,他一方面在宪法形式上强调宪法渊源的纯粹性,另一方面在宪法内容上肯定"宪法包括两种规则",这与20世纪哈特的"宪法包括法律与事实两个面向"说极度暗合。不得不承认,宪法内容之法律性和政治性双重面相正是宪法规范主义和功能主义两种方法论对立存在、相辅相成的隐秘所在。

子曰:"述而不作,信而好古",其巧思和精妙与罗马法谚的"游支流不如探源头"可谓异曲同工。追溯思想之源、常怀思想之脉、辨析思想之流绝非囿于保守主义,也并非纯粹的拾人牙慧。初衷应该是正确的,当然,研究质量的优劣尚需静待阅读者的审视。拙作出版之际,心中小部分是欢喜,大部分是忧虑,因为域外问题的天然隔膜感最可能产出隔靴搔痒、蜻蜓点水之作。故而,敬请感兴趣的阅读者能对所见之不妥,不吝指正!

还需说明的是,本书是以我的博士论文为基础修改而成。我是一个极其慢节奏的人,我的博士经历很晚,晚于出国访学,晚于教授资格评聘。此处,特别感谢西南政法大学的包容与接纳,感谢于我有知遇之恩的谭宗泽教授、汪太贤教授。同时,也对西南政法大学宪法学与行政法学导师组的王学辉教授、喻少如教授、张震教授、温泽彬教授一并致以我最诚挚的敬意,感谢他们给予我无私的帮助!

最后,真诚感谢北京大学出版社对于拙作的赏识,遇见北京大学出版社是一场美好的缘分,北京大学出版社的徐音编辑学术敏感性极高,她在2018年南京的宪法学年会上看到我的选题后,当即主动联系了我。虽时隔六年,感念于她的慧眼和专业,我执着地选择了与持久注重学术品位的北京大学出版社结缘。付梓成书之际,还要特别感谢北京大学出版社的姚沁钰女士,作为本书的责任编辑,她的敬业精神同样令人触动——果然我们共同编织着美好!这个冬天依然温暖!

是为记。

2024年11月6日

于黄河唯一穿城而过的中国城市兰州